ŒUVRES

DE

GEORGE SAND

PARIS

IMPRIMERIE DE J. CLAYE

RUE SAINT-BENOÎT, 7

ŒUVRES
DE
GEORGE SAND

PICCININO

TOME DEUXIÈME

PARIS

J. HETZEL ET Cie   VICTOR LECOU
RUE RICHELIEU, 78   RUE DU BOULOI 10

1855

LE PICCININO

XXXVI.

LES PORTRAITS DE FAMILLE.

« Eh bien, répondit Michel enhardi par la haute raison et la sincère bonté de son hôte, je dirai toute ma pensée ; et que maître Barbagallo me permette de la dire devant lui, dût-elle le choquer dans ses croyances. Si l'étude de la science héraldique était un enseignement utile et moralisateur, maître Barbagallo, nourrisson privilégié de cette science, tiendrait tous les hommes pour égaux devant Dieu, et n'établirait de différence sur la terre qu'entre les hommes bornés ou méchants et les hommes intelligents ou vertueux. Il connaîtrait à fond la vanité des titres et la valeur suspecte des généalogies. Il aurait, sur l'histoire du genre humain, comme nous disions tout à l'heure, des données plus larges ; et il jetterait sur cette grande histoire un coup d'œil aussi ferme que désintéressé. Au lieu que, si je ne me trompe, il la voit avec une certaine étroitesse que je ne puis accepter. Il estime la noblesse une race excellente, parce qu'elle est privilégiée ; il méprise la plèbe, parce qu'elle est privée d'histoire et de souvenirs. Je parie qu'il se dédaigne lui-même à force d'admirer la grandeur d'autrui ; à moins qu'il n'ait découvert, dans la poussière des bibliothèques, quelque document qui lui procure l'honneur de se croire apparenté au quatorzième degré avec quelque illustre famille.

— Je n'ai point cet honneur-là, dit le majordome un peu décontenancé; cependant, j'ai eu la satisfaction de m'assurer que je n'étais point issu d'une race vile : j'ai eu des ascendants mâles assez honorables dans le clergé et l'industrie.

— Je vous en fais mon compliment sincère, dit Michel avec ironie; quant à moi, je n'ai jamais songé à demander à mon père si nous avions eu des ascendants peintres d'enseignes, sacristains ou majordomes; j'avoue même que cela m'est parfaitement indifférent, et que je n'ai jamais eu qu'une préoccupation à cet égard, c'est de devoir mon illustration à moi-même et de me créer mes armoiries avec une palette et des pinceaux.

— A la bonne heure, répondit le marquis, c'est une noble ambition; tu voudrais être la souche d'une race illustre dans les arts, et acquérir ta noblesse au lieu de la laisser perdre, comme font tant de pauvres sires indignes d'un grand nom. Mais trouverais-tu mauvais d'avance que tes descendants fussent fiers de porter le tien?

— Oui, monsieur le marquis, je trouverais cela mauvais, si mes descendants étaient des ignorants et des sots.

— Mon ami, reprit le marquis avec un grand calme, je sais fort bien que la noblesse est dégénérée en tous pays, et je n'ai pas besoin de te dire qu'elle est d'autant moins pardonnable qu'elle avait plus d'illustration à porter et de grandeur à soutenir. Mais en sommes-nous à faire le procès à telle ou telle caste de la société, et avons-nous à nous occuper ici du plus ou moins de mérite des individus qui la composent? Ce qui pouvait être intéressant, et même utile pour nous tous, dans une discussion de ce genre, c'était l'examen de l'institution en elle-même. Veux-tu me dire tes idées, Michel, et si tu blâmes ou si tu approuves les distinctions établies entre les hommes?

— Je les approuve, dit Michel sans hésiter, car j'aspire moi-même à me distinguer ; mais je désavoue tout principe d'hérédité dans ces distinctions.

— Tout principe d'hérédité? reprit le marquis. En tant que fortune et pouvoir, je le conçois. C'est une idée française, une idée hardie.....; elles me plaisent, ces idées-là ! Mais, en tant que gloire désintéressée, en tant que pur honneur..., veux-tu me permettre de te faire quelques questions, mon enfant?

« Supposons que Michel-Ange Lavoratori ici présent soit né il y a seulement deux ou trois cents ans. Supposons qu'il ait été l'émule de Raphaël ou de Titien, et qu'il ait laissé un nom digne de rivaliser avec ces noms magnifiques. Je suppose encore que ce palais où nous voici lui ait appartenu, et qu'il soit resté l'héritage de ses descendants. Supposons enfin que tu sois le dernier rejeton de cette famille et que tu ne cultives point l'art de la peinture. Tes inclinations t'ont poussé vers une autre profession, peut-être même n'as-tu aucune profession; car tu es riche, les nobles travaux de ton illustre aïeul t'ont constitué une fortune que ses descendants t'ont transmise fidèlement. Tu es ici chez toi, dans la galerie de peinture où tes ancêtres sont venus succcessivement prendre place. De plus, tu connais leur histoire à tous. Elle a été consignée dans des manuscrits qui se sont conservés et continués avec soin dans ta famille.

« J'entre ici, moi, enfant ramassé sur les marches d'un hospice, supposons cela encore. J'ignore le nom de mon père et jusqu'à celui de l'infortunée qui m'a donné le jour. Je ne tiens à rien sur la terre dans le passé, et, né d'hier, je contemple avec surprise cette succession d'aïeux qui te fait vivre depuis bientôt trois siècles. Je t'interroge avec stupeur, et même je me sens porté à te railler un peu de vivre ainsi avec les morts et par les morts, et je doute que cette postérité brillante ne se soit pas un peu détériorée en route.

« Tu me réponds en me montrant avec orgueil le chef de ta race, le célèbre Michel-Ange Lavoratori, qui, de rien, était devenu un grand homme, et dont le souvenir ne sera jamais perdu. Puis, tu m'apprends un fait dont je m'émerveille : c'est que les fils et les filles de ce Michel, pleins de vénération pour la mémoire de leur père, ont voulu être aussi des artistes. L'un a été musicien, l'autre graveur, un troisième peintre. S'ils n'ont pas reçu du ciel les mêmes dons que leur père, ils ont du moins conservé dans leur âme et transmis à leurs enfants le respect et l'amour de l'art. Ceux-ci, à leur tour, ont agi de même, et tous ces portraits, toutes ces devises, toutes ces biographies, que tu me montres et m'expliques, m'offrent le spectacle de plusieurs générations d'artistes jaloux de ne point déroger à leur profession héréditaire. Certes, parmi tous ces postulants à la gloire, quelques-uns seulement ont mérité grandement le nom qu'ils portaient. Le génie est une exception, et tu m'as bientôt montré le petit nombre d'artistes remarquables qui ont continué par eux-mêmes la gloire de ta race. Mais ce petit nombre a suffi pour retremper votre sang généreux et pour entretenir dans les idées des générations intermédiaires un certain feu, une certaine fierté, une certaine soif de grandeur qui pourra encore produire des sujets distingués.

« Pourtant, moi, bâtard, isolé dans l'abîme des temps (je continue mon apologue), contempteur naturel de toutes les illustrations de famille, je cherche à rabaisser ton orgueil. Je souris d'un air de triomphe quand tu m'avoues que tel ou tel aïeul, dont le portrait me frappe par son air candide, n'a jamais été qu'un pauvre génie, une cervelle étroite ; que tel autre, dont je n'aime point le costume débraillé et la moustache hérissée, fut un mauvais sujet, un fou ou un fanatique ; enfin, je te donne à entendre que tu es un artiste dégénéré, parce que tu n'as point hérité du feu sacré, et que tu t'es endormi dans un doux *far niente*, en contemplant la vie fructueuse de tes pères.

« Alors tu me réponds ; et permets que je place dans ta bouche quelques paroles qui ne me paraissent pas dénuées de sens :

« Je ne suis rien par moi-même ; mais je serais moins
« encore si je ne tenais à un passé respectable. Je me
« sens accablé par l'apathie naturelle aux âmes privées
« d'inspiration ; mais mon père m'a enseigné une chose
« qui de son sang a passé dans le mien : c'est que j'étais
« d'une race distinguée, et que si je ne pouvais rien
« faire pour raviver son éclat, je devais, du moins,
« m'abstenir des goûts et des idées qui pouvaient le ter-
« nir. A défaut de génie, j'ai le respect de la tradition
« de famille, et, ne pouvant m'enorgueillir de moi-même,
« je répare le tort que ma nullité pourrait faire à mes
« aïeux en leur rendant une sorte de culte. Je serais
« cent fois plus coupable si, me targuant de mon igno-
« rance, je brisais leurs images et profanais leur souve-
« nir par des airs de mépris. Renier son père parce qu'on
« ne peut l'égaler est le fait d'un sot ou d'un lâche. Il y
« a de la piété, au contraire, à invoquer son souvenir
« pour se faire pardonner de valoir moins que lui ; et les
« artistes que je fréquente et auxquels je ne puis mon-
« trer mes œuvres, m'écoutent, du moins, avec intérêt,
« quand je leur parle de celles de mes aïeux. »

« Voilà ce que tu me répondrais, Michel, et crois-tu que cela serait sans effet sur moi? Il me semble que, si j'étais ce pauvre enfant abandonné que j'ai supposé, je tomberais dans une grande tristesse et que j'accuserais le sort de m'avoir jeté seul, et, pour ainsi dire, *irresponsable* sur la terre!

« Mais pour te conter un apologue moins lourd et plus conforme à ton imagination d'artiste, en voici un que tu interrompras, dès le premier mot, si tu le connais déjà... On a attribué le fait à plusieurs personnages taillés sur le type de don Juan, et, comme les vieilles histoires se rajeunissent en traversant les générations, on l'a attribué, dans ces derniers temps, à César de Castro-Reale, *Il Destatore*, ce fameux bandit qui n'était un homme ordinaire ni dans le bien, ni dans le mal.

« A Palerme, dans le temps où il cherchait à s'étourdir dans de folles ivresses, incertain s'il parviendrait à s'abrutir, ou s'il se déciderait à lever l'étendard de la révolte, on raconte qu'il alla visiter, un soir, un antique palais qu'il venait de perdre au jeu, et qu'il voulait revoir une dernière fois avant d'en sortir pour n'y jamais rentrer. C'était le dernier débris de sa fortune, et le seul, peut-être, qui lui causât un regret; car c'est là qu'il avait passé ses jeunes années, là que ses parents étaient, là, enfin, que les portraits de ses ancêtres étaient plongés dans la poussière d'un long oubli.

« Il y vint donc pour signifier à son intendant de recevoir, dès le lendemain, comme le possesseur de ce manoir, le seigneur qui l'avait gagné sur un coup de dé. — Quoi! dit cet intendant, qui avait, comme messire Barbagallo, le respect des traditions et des portraits de famille: vous avez tout joué, même la tombe de votre père, même les portraits de vos ancêtres?

« Tout joué et tout perdu, répondit Castro-Reale avec

insouciance. Pourtant, il est quelques objets que je suis en mesure de racheter, et que mon vainqueur au jeu ne me fera pas marchander. Voyons-les donc, ces portraits de famille ! Je ne me les rappelle plus. Je les ai admirés dans un temps où je ne m'y connaissais pas. S'il en est quelques-uns qui aient du mérite, je les marquerai pour m'en arranger ensuite avec leur nouveau possesseur. Prends un flambeau, et suis-moi.

« L'intendant, ému et tremblant, suivit son maître dans la galerie sombre et déserte. Castro-Reale marchait le premier avec une assurance hautaine ; mais on dit que, pour se donner du stoïcisme ou de l'insouciance jusqu'au bout, il avait bu d'une manière immodérée en arrivant dans son château. Il poussa lui-même la porte rouillée, et voyant que le vieux majordome tenait le flambeau d'une main vacillante, il le prit dans la sienne et l'éleva au niveau de la tête du premier portrait qui s'offrait à l'entrée de la galerie. C'était un fier guerrier armé de pied en cap, avec une large fraise de dentelle de Flandre sur sa cuirasse de fer. Tiens !..... le voici, Michel ! car ces mêmes tableaux, qui jouent un rôle dans mon récit, ils sont tous devant tes yeux ; ce sont les mêmes qu'on m'a envoyés de Palerme comme au dernier héritier de la famille. »

Michel regarda le vieux guerrier, et fut frappé de sa mâle figure, de sa rude moustache et de son air sévère.

« Eh bien, Excellence, dit-il, cette tête peu enjouée et peu bénigne fit rentrer le *dissoluto* en lui-même, sans doute ?

— D'autant plus, poursuivit le marquis, que cette tête s'anima, fit rouler ses yeux courroucés sous leurs sombres orbites, et prononça ces mots d'une voix sépulcrale : « *Je ne suis pas content de vous !* » Castro-Reale frissonna et recula d'épouvante ; mais, se croyant la dupe de sa propre imagination, il passa au portrait suivant et le regarda au visage avec une insolence qui tenait un peu du délire. C'était une antique et vénérable abbesse des Ursulines de Palerme, une arrière grand'tante, morte en odeur de sainteté. Tu peux la regarder, Michel, la voilà sur la droite, avec son voile, sa croix d'or, sa figure jaune et ridée comme du parchemin, son œil pénétrant et plein d'autorité. Je ne pense pas qu'elle te dise rien ; mais, lorsque Castro-Reale éleva la bougie jusqu'à elle, elle cligna des yeux comme éblouie de cette clarté soudaine, et lui dit d'une voix stridente : « *Je ne suis pas contente de vous !* »

« Cette fois le prince eut peur ; il se retourna vers l'intendant, dont les genoux se choquaient l'un contre l'autre. Mais, résolu de lutter encore contre les avertissements du monde surnaturel, il s'adressa brusquement à un troisième portrait, à celui du vieux magistrat que tu vois à côté de l'abbesse. Il posa la main sur le cadre, n'osant trop regarder son manteau d'hermine qui se confond avec une longue barbe blanche ; mais il essaya de le secouer en lui disant : « *Et vous ?* »

« *Ni moi non plus*, » répondit le magistrat du ton accablant d'un juge qui prononce une sentence de mort.

« Castro-Reale laissa, dit-on, tomber son flambeau, et, ne sachant ce qu'il faisait, trébuchant à chaque pas, il gagna le fond de la galerie, tandis que le pauvre majordome, transi de peur, se tenait éperdu à la porte par où ils venaient d'entrer, n'osant ni le suivre, ni l'abandonner. Il entendait son maître courir dans les ténèbres, d'un pas inégal et précipité, heurtant les meubles et, murmurant des imprécations ; et il entendait aussi chaque portrait l'apostropher, au passage, de ces mots terribles et monotones : « *Ni moi non plus !... Ni moi non plus !.. Ni moi non plus !...* » Les voix s'affaiblissaient en se perdant une à une dans la profondeur de la galerie ; mais toutes répétaient clairement la sentence fatale, et Castro-Reale ne put échapper à cette longue malédiction dont aucun de ses ancêtres ne le dispensa. Il demeura bien longtemps, à ce qu'il paraît, à gagner la porte du fond. Quand il l'eut franchie et refermée avec violence derrière lui, comme s'il se fût cru poursuivi par des spectres, tout rentra dans le silence ; et je ne sache pas que, depuis ce jour-là, les portraits qui sont ici aient jamais repris la parole. »

— Dites le reste, dites le reste, Excellence ! s'écria Fra-Angelo qui avait écouté cette histoire avec des yeux brillants et la bouche entr'ouverte ; car, malgré son intelligence et l'instruction qu'il avait acquise, l'ex-bandit de l'Etna était trop moine et trop Sicilien pour n'y pas ajouter foi jusqu'à un certain point ; dites que, depuis ce moment-là, ni l'intendant du palais de Castro-Reale, ni aucun habitant du pays de Palerme n'a jamais revu le prince de Castro-Reale. Il y avait, au bout de cette galerie, un pont-levis qu'on l'entendit franchir, et, comme on trouva son chapeau à plumes flottant sur l'eau, on présuma qu'il s'y était noyé, bien qu'on cherchât vainement son corps.

— Mais la leçon eut un effet plus salutaire, ajouta le marquis. Il s'enfuit dans la montagne, y organisa des partisans, et y combattit dix ans pour sauver ou du moins venger son pays. Fausse ou vraie, l'aventure eut cours assez longtemps, et le nouveau possesseur de Castro-Reale y crut, au point de ne vouloir pas garder ces terribles portraits de famille et de mes les envoyer sur-le-champ.

— Je ne sais si l'histoire est bien certaine, reprit Fra-Angelo. Je n'ai jamais osé le demander au prince ; mais il est certain que la résolution qu'il prit de se faire partisan lui vint dans le manoir de ses ancêtres, la dernière fois qu'il alla le visiter. Il est certain aussi qu'il y éprouva de violentes émotions, et qu'il n'aimait point qu'on lui parlât de ses aïeux. Il est certain encore que sa raison n'a jamais été bien saine depuis ce moment-là, et que, souvent, je l'ai entendu qui disait dans ses jours de chagrin : « Ah ! j'aurais dû me brûler la cervelle en franchissant le pont-levis de mon château pour la dernière fois. »

— Voilà certainement, dit Michel, tout ce qu'il y a de vrai dans ce conte fantastique. N'importe ! Quoiqu'il n'y ait pas la moindre relation entre ces personnages illustres et mon humble naissance, et bien que je ne sache pas avoir à me rien reprocher vis-à-vis d'eux, je serais un peu ému, ce me semble, s'il me fallait passer la nuit, seul, dans cette galerie.

— Moi, dit Pier-Angelo sans fausse honte, je ne crois pas un mot de l'histoire ; et pourtant monsieur le marquis me donnerait sa fortune, et son palais avec, que je n'en voudrais pas à la condition de rester seul une heure, après le soleil couché, avec madame l'abbesse, monseigneur le grand-justicier, et tous les illustres militaires et religieux qui sont ici. Les domestiques ont plus d'une fois essayé de m'y enfermer pour se divertir ; mais je ne m'y laissais pas prendre, car j'aurais plutôt sauté par les fenêtres.

— Et que conclurons-nous de la noblesse à propos de tout cela ? dit Michel en s'adressant au marquis.

— Nous en conclurons, mon enfant, répondit M. de la Serra, que la noblesse privilégiée est une injustice, mais que les traditions et les souvenirs de famille ont beaucoup de force, de poésie et d'utilité. En France, on a cédé à un beau mouvement en invitant la noblesse à brûler ses titres, et elle a accompli un devoir de savoir-vivre et de bon goût en consommant l'holocauste ; mais, ensuite, on a brisé des tombes, exhumé des cadavres, insulté jusqu'à l'image du Christ, comme si l'asile des morts n'était pas sacré, et comme si le fils de Marie était le patron des grands seigneurs et non celui des pauvres et des petits. Je pardonne à tous les délires de cette révolution, et je les comprends peut-être mieux que ceux qui vous en ont parlé, mon jeune ami ; mais je sais aussi qu'elle n'a pas été une philosophie bien complète et bien profonde, et que, par rapport à l'idée de noblesse, comme par rapport à toutes les autres idées, elle a su détruire plus qu'édifier, déraciner mieux que semer. Laissez-moi vous dire encore un mot à ce sujet, et nous irons prendre des glaces au grand air, car je crains que tous ces trépassés ne vous ennuient et ne vous attristent.

XXXVII.

BIANCA.

— Tenez, Michel, poursuivit M. de la Serra en prenant la main de Pier-Angelo dans sa main droite et celle de Fra-Angelo dans sa main gauche : tous les hommes sont nobles ! Et je parierais ma tête que la famille Lavoratori vaut celle de Castro-Reale. Si l'on juge des morts d'après les vivants, voici, certes, deux hommes qui ont dû avoir pour ancêtres des gens de bien, des hommes de tête et de cœur, tandis que le *Destatore*, mélange de grandes qualités et de défauts déplorables, tour à tour prince et bandit, dévot repentant et suicidé désespéré, a, certes, donné bien des démentis formels à la noblesse des fiers personnages dont l'effigie nous entoure. Si vous êtes riche un jour, Michel, vous commencerez une galerie de famille sans vous en apercevoir, car vous peindrez ces deux belles têtes de votre père et de votre oncle, et vous ne les vendrez jamais.

— Et celle de sa sœur ! s'écria Pier-Angelo, il ne l'oubliera pas non plus, car elle servira de preuve, un jour, que notre génération n'était pas désagréable à voir.

— Eh bien, ne trouvez-vous pas, reprit le marquis en s'adressant toujours à Michel, qu'il y a pour vous une chose bien regrettable ? C'est que vous n'ayez pas le portrait et que vous ne sachiez pas l'histoire du père de votre père et de votre oncle ?

— C'était un brave homme ! s'écria Pier-Angelo : il avait servi comme soldat, il fut ensuite bon ouvrier, et je l'ai connu bon père.

— Et son frère était moine comme moi, dit Fra-Angelo. Il fut pieux et sage ; son souvenir m'a beaucoup influencé quand j'hésitais à prendre le froc.

— Voyez l'influence des souvenirs de famille ! dit le marquis. Mais votre grand-père et votre grand-oncle, mes amis, qu'étaient-ils ?

— Quant à mon grand-oncle, répondit Pier-Angelo, je ne sais s'il a jamais existé. Mais mon grand-père était paysan.

— Comment vécut-il ?

— On me l'a dit dans mon enfance probablement, mais je ne m'en souviens pas.

— Et votre bisaïeul ?

— Je n'en ai jamais entendu parler.

— Ni moi non plus, répondit Fra-Angelo ; j'ai quelque vague souvenir que nous avons eu un trisaïeul marin, et des plus braves. Mais son nom m'a échappé. Le nom de Lavoratori ne date pour nous que de deux générations. C'est un sobriquet comme la plupart des noms plébéiens. Il marque la transition du métier dans notre famille, lorsque, de paysan de la montagne, notre grand-père passa à l'emploi d'artisan de la ville. Notre grand-père s'appelait Montanari : c'était un sobriquet aussi ; son grand-père s'appelait autrement, sans doute. Mais là commence pour nous la nuit éternelle, et notre généalogie se plonge dans un oubli qui équivaut au néant.

— Eh bien, reprit M. de la Serra, vous venez de résumer toute l'histoire du peuple dans l'exemple de votre lignée. Deux ou trois générations sentent un lien entre elles ; mais toutes celles qui ont précédé et toutes celles qui suivront leur sont à jamais étrangères. Est-ce que vous trouvez cela juste et digne, mon cher Michel? N'est-ce pas une sorte de barbarie, un état sauvage, un mépris révoltant de la race humaine, que cet oubli complet du passé, cette insouciance de l'avenir, et cette absence de solidarité pour les générations intermédiaires?

— Vous avez raison, et je vous comprends, monsieur le marquis, répondit Michel. L'histoire de chaque famille est celle du genre humain, et quiconque sait l'une sait l'autre. Certes, l'homme qui connaît ses aïeux, et qui, dès l'enfance, puise dans l'examen de leurs existences successives une série d'exemples à suivre ou à éviter, porte, pour ainsi dire, la vie humaine plus intense et plus complète dans son sein que celui qui ne se rattache qu'à deux ou trois ombres vagues et insaisissables du passé. C'est donc un grand privilége social que la noblesse d'origine ; si elle impose de grands devoirs, elle fournit en principe de grandes lumières et de grands moyens. L'enfant qui épelle la connaissance du bien et du mal dans des livres écrits avec le propre sang qui coule dans ses veines, et dans les traits de ces visages peints qui lui retracent sa propre image comme des miroirs où il aime à se retrouver lui-même, devrait toujours être un grand homme, ou au moins, comme vous le disiez, un homme épris de la vraie grandeur, ce qui est une vertu acquise à défaut de vertu innée. Je comprends maintenant ce qu'il y a de vrai et de bon dans ce principe d'hérédité qui rend les générations solidaires les unes des autres. Ce qu'il y a de funeste, je ne vous le rappellerai pas, vous le savez mieux que moi.

— Ce qu'il y a de funeste, je vais le dire moi-même, reprit le marquis; c'est que la noblesse soit une jouissance exclusive et que toutes les familles humaines n'y aient point part; c'est que les distinctions établies reposent sur un faux principe, et que le paysan héros ne soit pas illustré et inscrit dans l'histoire comme le héros patricien; c'est que les vertus domestiques de l'artisan ne soient pas enregistrées dans un livre toujours ouvert à sa postérité; c'est que la vertueuse et pauvre mère de famille, belle et chaste en vain, ne laisse pas son nom et son image sur les murs de son pauvre réduit; c'est que ce réduit du pauvre ne soit pas même un refuge assuré à ses descendants; c'est que tous les hommes ne soient pas riches et libres, afin de pouvoir consacrer des monuments, des pensées et des œuvres d'art à la religion de leur passé; c'est enfin que l'histoire de la race humaine n'existe pas, et ne se rattache qu'à quelques noms sauvés de l'oubli, qu'on appelle des noms illustres, sans songer qu'à de certaines époques des nations entières s'illustrèrent sous l'influence du même fait et de la même idée.

» Qui nous dira les noms de tous les enthousiastes et de tous les cœurs généreux qui jetèrent la bêche ou la houlette pour aller combattre les infidèles? Tu as des ancêtres parmi ceux-là, sans doute, Pier-Angelo, et tu n'en sais rien! Ceux de tous les moines sublimes qui prêchèrent la loi de Dieu à de barbares populations? Tes oncles sont là aussi, Fra-Angelo, et tu n'en sais rien non plus! Ah! mes amis, que de grands cœurs éteints à jamais, que de nobles actions ensevelies sans profit pour les vivants d'aujourd'hui! Que cette nuit impénétrable du passé est triste et fatale pour le peuple, et que je souffre de songer que vous êtes issus probablement du sang des martyrs et des braves sans que vous puissiez retrouver la moindre trace de leur passage sur vos sentiers! Tandis que moi, qui ne vous vaux point, je puis apprendre de maître Barbagallo quel oncle me naquit et me mourut ce mois-ci, il y a cinq cents ans! Voyez! d'un côté l'abus extravagant de cette religion patricienne, de l'autre l'horreur d'une tombe immense, qui dévore pêle-mêle les os sacrés et les os impurs de la plèbe! L'oubli est un châtiment qui ne devrait frapper que les hommes pervers, et pourtant, dans nos orgueilleuses familles, il ne frappe personne; tandis que dans les vôtres il envahit les plus grandes vertus! L'histoire est confisquée à notre profit, et vous autres, vous ne semblez pas tenir à l'histoire, qui est votre ouvrage plus que le nôtre, cependant!

— Eh bien, dit Michel ému des idées et des sentiments du marquis, vous m'avez fait concevoir, pour la première fois, l'idée de noblesse. Je la plaçais dans quelques personnalités glorieuses qu'il fallait isoler de leur lignée. Maintenant, je conçois des pensées généreuses et fières, se succédant pour les générations, les rattachant les unes aux autres, et tenant autant de compte des humbles vertus que des actions éclatantes. C'est juger comme Dieu pèse, monsieur le marquis, et, si j'avais l'honneur et le chagrin d'être noble (car c'est un lourd fardeau pour qui le comprend), je voudrais voir et penser comme vous!

— Je t'en remercie, répondit M. de la Serra en lui prenant la main et en l'emmenant sur la terrasse de son palais. » Fra-Angelo et Pier-Angelo se regardèrent avec attendrissement; l'un et l'autre avaient compris toute la portée des idées du marquis, et ils se sentaient grandis et fortifiés par ce nouvel aspect qu'il venait de donner à la vie collective et à la vie individuelle. Quant à maître Barbagallo, il avait écouté cela avec un respect religieux, mais il n'y avait absolument rien compris; et il s'en allait, se demandant à lui-même comment on pouvait être noble sans palais, sans parchemins, sans armoiries, et surtout sans portraits de famille. Il en conclut que la noblesse ne pouvait se passer de richesse : merveilleuse découverte qui le fatigua beaucoup.

A ce moment-là, tandis que le bec d'un grand pélican de bois doré qui servait d'aiguille à une horloge monumentale, dans la galerie du palais de la Serra, marquait quatre heures de l'après-midi, les cinq ou six montres à répétition du Piccinino lui semblaient en retard, tant il attendait impatiemment l'arrivée de Mila. Il allait de la montre anglaise à la montre de Genève, dédaignant la montre de Catane qu'il aurait pu se procurer avec son argent (car les Catanais sont horlogers comme les Genevois), et de celle qui était entourée de brillants à celle qui était ornée de rubis. Amateur de bijoux, il ne prélevait sur le butin de ses hommes que les objets d'une qualité exquise. Personne ne savait donc mieux l'heure que lui, qui savait si bien la mettre à profit, et disposer avec méthode l'emploi du temps pour faire marcher ensemble la vie d'étude et de recueillement, la vie d'aventures, d'intrigues et de coups de main, enfin la vie de plaisir et de volupté, qu'il ne pouvait et ne voulait savourer qu'en cachette.

Ardent jusqu'au despotisme dans l'impatience, autant il aimait à faire attendre les autres et à les inquiéter par d'habiles lenteurs, autant il était incapable d'attendre

lui-même. Cette fois pourtant, il avait cédé à la nécessité
de venir le premier au rendez-vous. Il ne pouvait compter que Mila aurait le courage de l'attendre, et même
celui d'entrer chez lui, s'il n'allait pas lui-même à sa
rencontre. Il y alla plus de dix fois, et revint sur ses pas
avec humeur, n'osant se hasarder hors du chemin couvert qui bordait son jardin, et craignant, s'il rencontrait
quelqu'un, d'avoir l'air d'être occupé d'un désir ou d'un
projet quelconque. La principale science de l'arrangement
de sa vie consistait à se montrer toujours calme et indifférent aux gens paisibles, toujours distrait et préoccupé aux gens affairés.

Enfin, lorsque Mila parut au haut du sentier vert qui
descendait en précipice vers son verger, il était véritablement en colère contre elle, car elle était en retard
d'un quart d'heure, et, parmi les belles filles de la montagne, grâce au discernement ou aux séductions du Piccinino, il n'en était pas une qui, dans une affaire d'amour, l'eût jamais laissé venir au rendez-vous le premier.
Le cœur sauvage du bandit était donc agité d'une sombre
fureur; il oubliait qu'il n'avait point affaire à une maîtresse, et il s'avança vers Mila d'un air impérieux, prit
la bride de sa monture, et, soulevant la jeune fille dans
ses bras dès qu'elle fut devant la porte du jardin, il la fit
glisser à terre en serrant son beau corps avec une sorte
de violence.

Mais Mila, entr'ouvrant les plis de sa double mante de
mousseline, et le regardant avec surprise : « Sommes-nous donc déjà en danger, seigneur? lui dit-elle, ou
croyez-vous donc que je me sois fait suivre par quelqu'un? Non, non! Voyez, je suis seule, je suis venue
avec confiance, et vous n'avez pas sujet d'être mécontent de moi. »

Le Piccinino rentra en lui-même en regardant Mila.

2.

Elle avait mis ingénument sa parure du dimanche pour se présenter devant son protecteur. Son corsage de velours pourpre laissait voir un second corset bleu-pâle, brodé et lacé avec goût. Un léger réseau de fil d'or, à la mode du pays, retenait sa splendide chevelure, et, pour préserver sa figure et sa toilette de l'ardeur du soleil, elle s'était couverte de la *mantellina*, grand et léger voile blanc qui enveloppe la tête et toute la personne, quand elle est jetée avec art et portée avec aisance. La vigoureuse mule du Piccinino, sellée d'un siége plat en velours garni de clous dorés, sur lequel une femme pouvait facilement s'asseoir de côté, était haletante et enflammée, comme si elle eût été fière d'avoir porté et sauvé de tout péril une si belle amazone. On voyait bien, à son flanc baigné d'écume, que la petite Mila ne l'avait pas ménagée, ou qu'elle s'était confiée bravement à son ardeur. La course avait été périlleuse pourtant : des arêtes de laves à gravir, des torrents à traverser, des précipices à côtoyer ; la mule avait pris le plus court. Elle avait grimpé et sauté comme une chèvre. Mila, voyant sa force et son adresse, n'avait pu, malgré son anxiété, se défendre de ce plaisir mystérieux et violent que les femmes trouvent dans le danger. Elle était fière d'avoir senti le courage physique s'éveiller en elle avec le courage moral ; et, tandis que le Piccinino admirait l'éclat de ses yeux et de ses joues animées par la course, elle, ne songeant qu'aux mérites de la mule blanche, se retourna pour lui donner un baiser sur les naseaux, en lui disant : « Tu serais digne de porter le pape ! »

Le brigand ne put s'empêcher de sourire, et il oublia sa colère.

— Chère enfant, dit-il, je suis heureux que ma bonne Bianca vous plaise, et maintenant je crois qu'elle serait digne de manger dans une auge d'or, comme le cheval d'un empereur romain. Mais venez vite, je ne voudrais pas qu'on vous vît entrer ici. »

Mila doubla le pas avec docilité, et, quand le bandit lui eut fait traverser son jardin après en avoir fermé la porte à double tour, elle se laissa conduire dans sa maison, dont la fraîcheur et la propreté la charmèrent.

« Êtes-vous donc ici chez vous, seigneur? demanda-t-elle au Piccinino.

— Non, répondit-il. Nous sommes chez Carmelo Tomabene, comme je vous l'ai dit; mais il est mon obligé et mon ami, et j'ai chez lui une chambre où je me retire quelquefois, quand j'ai besoin de repos et de solitude. »

Il lui fit traverser la maison, qui était arrangée et meublée rustiquement, mais avec une apparence d'ordre, de solidité et de salubrité qu'ont rarement les habitations des paysans enrichis. Au fond de la galerie de ventilation qui traversait l'étage supérieur, il ouvrit une double porte dont la seconde était garnie de lames de fer, et introduisit Mila dans cette tour tronquée qu'il avait incorporée pour ainsi dire à son habitation, et dans laquelle il s'était mystérieusement créé un boudoir délicieux.

Aucune princesse n'en avait un plus riche, plus parfumé et orné d'objets plus rares. Aucun ouvrier n'y avait pourtant mis la main. Le Piccinino avait lui-même caché les murailles sous des étoffes de soie d'Orient brochées d'or et d'argent. Le divan de satin jaune était couvert d'une grande peau de tigre royal dont la tête fit d'abord peur à la jeune fille ; mais elle se familiarisa bientôt jusqu'à toucher sa langue de velours écarlate, ses yeux d'émail, et à s'asseoir sur ses flancs rayés de noir. Puis elle promena ses regards éblouis sur les armes brillantes, sur les sabres turcs ornées de pierreries, sur les pipes à glands d'or, sur les brûle-parfums, sur les vases de Chine, sur ces mille objets d'un goût, d'un luxe, ou d'une étrangeté qui souriaient à son imagination, comme les descriptions de palais enchantés dont elle était remplie.

« C'est encore plus incompréhensible et plus beau que tout ce que j'ai vu au palais Palmarosa, se disait-elle, et certainement ce prince-ci est encore plus riche et plus illustre. C'est quelque prétendant à la couronne de Sicile, qui vient travailler en secret à la chute du gouvernement napolitain. » Qu'eût pensé la pauvre fille, si elle eût connu la source de ce luxe de pirate?

Tandis qu'elle regardait toutes choses avec l'admiration naïve d'un enfant. le Piccinino, qui avait fermé la porte au verrou et baissé le store chinois de la croisée, se mit à regarder Mila avec une surprise extrême. Il s'était attendu à la nécessité de lui débiter les plus incroyables histoires, les plus audacieux mensonges, pour la décider à le suivre dans son repaire, et la facilité de son succès commençait déjà à l'en dégoûter. Mila était bien la plus belle créature qu'il eût encore vue; mais sa tranquillité était-elle de l'audace ou de la stupidité? Une fille si désirable pouvait-elle ignorer à ce point l'émotion que devaient produire ses charmes? Une fille si jeune pouvait-elle braver un tête-à-tête de ce genre, sans éprouver seulement un moment de crainte et d'embarras?

Le Piccinino, remarquant qu'elle avait au doigt une fort belle bague, et croyant suivre le fil de ses pensées en observant la direction de ses regards, lui dit en souriant : « Vous aimez les bijoux, ma chère Mila, et, comme toutes les jeunes filles, vous préférez encore la parure à toutes les choses de ce bas monde. Ma mère m'a laissé quelques joyaux de prix, qui sont là dans cette cassette de lapis, à côté de vous. Voulez-vous les regarder?

— S'il n'y a pas d'indiscrétion, je le veux bien, répondit Mila. »

Carmelo prit la cassette, la plaça sur les genoux de la jeune fille, et, s'agenouillant lui-même devant elle sur le bord de la peau de tigre, il étala sous ses yeux une masse de colliers, de bagues, de chaînes, d'agrafes, entassés dans la cassette avec une sorte de mépris superbe pour tant d'objets précieux, dont les uns étaient des chefs-d'œuvre de ciselure ancienne, les autres des trésors pour la beauté des pierres et la grosseur des diamants.

« Seigneur, dit la jeune fille en promenant ses doigts curieux sur toutes ces richesses, tandis que le Piccinino attachait sur elle à bout portant ses yeux secs et enflammés, vous n'avez pas assez de respect pour les bijoux de madame votre mère. La mienne ne m'a laissé que quelques rubans et une paire de ciseaux à branches d'argent, que je conserve comme des reliques, et qui sont rangés et serrés dans mon armoire avec grand soin. Si nous en avions le temps, avant l'arrivée de ce maudit abbé, je vous mettrais cette cassette en ordre.

— Ne prenez pas cette peine, dit le Piccinino; d'ailleurs le temps nous manquerait. Mais vous avez celui de puiser là tout ce qu'il vous plaira de garder.

— Moi? dit Mila en riant et en replaçant la cassette sur la table de mosaïque; qu'en ferais-je? Outre que j'aurais honte, moi, pauvre fileuse de soie, de porter les bijoux d'une princesse, et que vous ne devez donner ceux de votre mère qu'à la femme qui sera votre fiancée, je serais fort embarrassée de tous ces joujoux incommodes. J'aime les bijoux pour les voir, un peu aussi pour les toucher, comme les poules retournent, dit-on, avec leurs pattes, ce qui brille par terre. Mais j'aime mieux les voir au cou et aux bras d'une autre qu'aux miens. Je trouverais cela si gênant, que si j'en possédais, je ne m'en servirais jamais.

— Et le plaisir de posséder, vous le comptez donc pour rien? dit le bandit stupéfait du résultat de son épreuve.

— Posséder ce dont on n'a que faire me semble un grand embarras, dit-elle; et, à moins que ce ne soit un dépôt, je ne comprends pas qu'on surcharge sa vie de ces niaiseries.

— Voici pourtant une belle bague! dit le Piccinino en lui baisant la main.

— Oh! monseigneur, dit la jeune fille en retirant sa main d'un air fâché, êtes-vous digne de baiser cette bague?... Pardon, si je vous parle ainsi, mais c'est qu'elle n'est pas à moi, voyez-vous, et que je dois la rendre ce soir à la princesse Agathe, qui m'avait chargée de la reprendre chez le bijoutier.

— Je parie, dit le Piccinino en examinant toujours Mila avec défiance et suspicion, que la princesse Agathe vous comble de présents et que c'est à cause de cela que vous dédaignez les miens!

— Je ne dédaigne rien ni personne, répondit Mila; et quand la princesse Agathe jette une aiguille à tapisserie ou un bout de soie, je les ramasse et les garde comme des reliques. Mais si elle voulait me combler de riches présents, je la prierais de les garder pour ceux qui en ont besoin. Je dois pourtant dire la vérité : elle m'a donné un beau médaillon où j'ai mis des cheveux de mon frère. Mais je le cache, car je n'aimerais pas à me parer autrement que ma condition ne le comporte.

— Dites-moi, Mila, reprit le Piccinino après un instant de silence, vous n'avez donc plus peur?

— Non, seigneur, répondit-elle avec assurance; depuis que je vous ai aperçu dans le chemin, auprès de cette maison, la peur m'a quittée. Jusque-là, je vous avoue que je tremblais fort, que je ne sais pas trop comment j'ai fait la route, et que derrière chaque buisson je croyais voir la tête de cet affreux abbé. Quand j'ai vu que la bonne Bianca me conduisait si loin, quand j'ai enfin aperçu cette tour et ces arbres : Mon Dieu ! me disais-je, si mon protecteur n'avait pu s'y rendre ! si ce méchant abbé, qui est capable de tout, l'avait fait prendre par les *campieri*, ou assassiner en chemin, que deviendrais-je ? Alors j'étais épouvantée, non pas seulement à cause de moi, mais parce que je vous regarde comme notre ange gardien, et qu'il me semble que votre vie est bien plus précieuse que la mienne. »

Le Piccinino, qui s'était senti très-froid, et quasi mécontent de Mila depuis son arrivée, éprouva une légère émotion et s'assit à ses côtés sur la peau de tigre.

XXXVIII.

COUP DE MAIN.

« Vous me portez donc un peu d'intérêt sincère, vous, mon enfant ? lui dit-il en attachant sur elle ce dangereux regard dont il connaissait la puissance.

— Sincère? oui, sur mon âme, répondit la jeune fille, et je vous le dois bien, après celui que vous témoignez à ma famille.

— Et vous pensez que votre famille est dans les mêmes sentiments que vous?

— Mais... comment pourrait-il en être autrement?... Cependant, pour dire la vérité, personne ne m'a parlé de vous, et je ne sais point vos secrets : on m'a traitée comme une petite fille babillarde; mais vous me rendez plus de justice, car vous voyez que je ne suis pas curieuse et que je ne vous demande pas seulement qui vous êtes.

— Et vous n'avez pas envie de le savoir? Ce n'est pas une manière de me le demander?

— Non, monseigneur, je n'oserais vous faire de questions, et j'aime mieux ne pas savoir ce que mes parents ont jugé devoir me taire. C'est ma fierté, à moi, de travailler avec vous à leur salut, sans vouloir soulever le bandeau dont ils ont couvert mes yeux.

— C'est beau à vous, Mila, dit le Piccinino, qui commençait à se sentir piqué de la grande tranquillité de cette jeune fille; c'est trop beau peut-être!

— Pourquoi et comment cela peut-il être beau?

— Parce que vous bravez de grands dangers avec une imprudence sans exemple.

— Quels dangers, seigneur? ne m'avez-vous pas promis devant Dieu que vous me préserveriez de tout danger?

— De la part du vilain moine, je vous en réponds sur ma vie. Mais vous n'en avez donc pas soupçonné d'autres?

— Si fait, dit Mila après avoir réfléchi un instant. Vous avez prononcé à la fontaine un nom qui m'a fait grand'peur. Vous avez parlé comme si vous étiez lié avec le Piccinino. Mais vous m'avez dit encore une fois, ensuite : « Viens sans crainte; » et je suis venue. Non pas sans crainte, je le confesse, tant que j'ai été seule sur les chemins. Quand je sortirai d'ici, je crois bien que j'aurai peur encore; mais, tant que je suis avec vous, je ne crains riens; je me sens très-brave, et il me semble que si on nous attaquait, j'aiderais à notre mutuelle défense.

— Même contre le Piccinino?

— Ah! cela, je n'en sais rien... Mais, mon Dieu! est-ce qu'il va venir?

— S'il venait ici, ce serait pour punir le moine et pour vous protéger. Pourquoi donc avez-vous si grand'-peur de lui?

— Après tout, je n'en sais rien; mais chez nous, quand une jeune fille s'en va seule par la campagne, on se moque d'elle, et on lui dit : « Prends garde au Picci-« nino! »

— Vous pensez alors qu'il égorge les jeunes filles?

— Oui, seigneur, car on dit que là où il les mène, elles n'en reviennent jamais, ou que si elles en reviennent, il vaudrait mieux pour elles d'y être restées.

— Ainsi, vous le haïssez?

— Non, je ne le hais pas, parce qu'on dit qu'il fait beaucoup de mal aux Napolitains, et que si on avait le courage de l'aider, il ferait beaucoup de bien à son pays. Mais j'ai peur de lui, ce qui n'est pas la même chose.

— Et l'on vous a dit qu'il était fort laid?

— Oui, parce qu'il a une grande barbe, et que je pense qu'il doit ressembler au moine que je déteste. Mais ce moine, il ne vient donc pas? Quand il sera venu, je pourrai m'en aller, n'est-ce pas, seigneur?

— Vous avez hâte de partir, Mila? vous vous déplaisez donc beaucoup ici?

— Oh! nullement; mais j'aurais peur de m'en aller la nuit.

— Je vous reconduirai, moi.

— Vous êtes bien bon, seigneur; je ne demande pas mieux, pourvu qu'on ne vous voie pas. Mais cet abbé Ninfo, est-ce que vous allez lui faire du mal?

— Aucun mal. Je présume que vous n'auriez pas de plaisir à l'entendre crier?

— Dieu du ciel! je ne voudrais être ni le témoin ni la

cause d'aucune cruauté; mais si le Piccinino vient ici, je tremble qu'il n'y ait du sang répandu. Vous souriez, seigneur! dit Mila en pâlissant... Oh! j'ai peur maintenant! Faites-moi partir aussitôt que l'abbé aura mis le pied dans la maison.

— Mila, je vous jure que l'abbé ne sera l'objet d'aucune cruauté de ma part. Dès que je serai assuré de sa personne, le Piccinino viendra et l'emmènera prisonnier.

— Et c'est par l'ordre de madame Agathe que tout cela se fait?

— Vous devriez le savoir.

— En ce cas, je suis tranquille. Elle ne voudrait pas la mort du dernier des hommes.

— Mila, vous êtes bien miséricordieuse, et je vous aurais crue plus forte et plus fière. Ainsi, vous n'auriez pas le courage de tuer cet homme s'il venait ici vous insulter?

— Pardon, seigneur, dit Mila en tirant de son sein un poignard que la princesse avait donné la veille à Magnani, et dont elle avait trouvé moyen de s'emparer sans qu'il s'en aperçût : de sang-froid, je ne pourrais pas voir égorger un homme sans m'évanouir, je crois; mais offensée, je crois aussi que ma colère me mènerait loin.

— Ainsi, vous étiez armée en guerre, Mila? vous n'avez donc pas confiance en moi?

— Comme en Dieu, seigneur; excepté que Dieu est partout, et qu'un malheur imprévu pouvait vous empêcher d'être ici.

— Savez-vous que c'est fort brave de votre part, Mila, d'être venue? et que si on le savait...

— Eh bien! seigneur?

— Au lieu d'admirer votre héroïsme, on blâmerait votre imprudence.

— Il y a une chose que je sais fort bien, reprit Mila, avec une sorte d'enjouement exalté ; c'est que, si on me savait enfermée ici, avec vous, je serais perdue.

— Sans doute ! la médisance...

— La médisance et la calomnie ! Il n'en faut pas la moitié pour qu'une jeune fille soit décriée et avilie à tout jamais.

— Et vous avez compté qu'un mystère impénétrable envelopperait à jamais votre démarche?

— J'ai compté sur votre discrétion, et j'ai mis le reste entre les mains de Dieu. Je sais fort bien qu'il y a beaucoup de risques à courir; mais ne m'avez-vous pas dit qu'il s'agissait de sauver la vie de mon père et l'honneur de madame Agathe?

— Et vous avez poussé le dévouement jusqu'à compromettre le vôtre sans trop de regret?

— Compromettre dans l'opinion? j'aime encore mieux cela que de laisser tuer et déshonorer ceux que j'aime. Victime pour victime, ne vaut-il pas mieux que ce soit moi? Mais qu'est-ce à dire, seigneur? vous me parlez singulièrement; on dirait que vous me blâmez d'avoir cru en vous, et de faire ce que vous m'avez conseillé?

— Non, Mila, je t'interroge ; pardonne-moi si je veux te comprendre et te connaître, afin de t'estimer autant que tu le mérites.

— A la bonne heure, je vous répondrai toujours franchement.

— Eh bien ! mon enfant, dites-moi tout. La pensée ne vous est-elle pas venue que je pourrais, moi, vous tendre un piége, et vous attirer ici pour vous outrager, ou du moins pour chercher à vous séduire? »

Mila regarda le Piccinino en face pour voir ce qui pouvait l'engager à lui présenter une semblable supposition. Si c'était une manière de l'éprouver, elle la trouvait offensante ; si c'était une plaisanterie, elle la trouvait de mauvais goût de la part d'un homme qui lui paraissait un être supérieur et un personnage élevé. C'était le moment décisif pour elle et pour lui. Qu'elle eût éprouvé la moindre terreur (et elle n'était pas femme à le cacher, comme la princesse Agathe), le Piccinino s'enhardissait ; car il savait que la peur est le commencement de la faiblesse. Mais elle le regarda avec une hardiesse si franche, et d'un air de mécontentement si brave, qu'il sentit enfin qu'il avait affaire à un être véritablement fort et sincère ; et dès lors il n'eut plus la moindre envie d'engager le combat. Il sentit qu'une lutte de ruses avec une âme si droite ne pouvait lui procurer que de la honte ou du remords.

« Eh bien ! mon enfant, lui dit-il, en lui pressant la main d'une manière amicale et simple, je vois que vous avez eu en moi une confiance qui nous honore tous les deux. Voulez-vous me permettre de vous faire encore une question ? Avez-vous un amant ?

— Un amant ? non, seigneur, répondit Mila en rougissant beaucoup ; mais, sans hésiter, elle ajouta : Je puis vous dire seulement qu'il y a un homme que j'aime.

— Où est-il maintenant ?

— A Catane.

— Est-il riche, bien élevé ?

— Il a un noble cœur et deux bons bras.

— Et vous aime-t-il comme vous méritez de l'être ?

— Cela ne vous regarde pas, seigneur ; je ne répondrai plus rien à cette question-là.

— Vous êtes venue ici au risque de perdre son amour, pourtant !

— Hélas ! vous le voyez bien, dit Mila en soupirant.

— O femmes ! est-ce que vous vaudriez mieux que

nous? » dit le Piccinino en se levant. Mais à peine eut-il jeté un coup d'œil dehors, qu'il prit Mila par la main.

« Voici l'abbé ! dit-il ; suivez-moi : pourquoi tremblez-vous?

— Ce n'est pas de peur, répondit-elle ; c'est de répugnance et de déplaisir ; mais je vous suis. »

Ils gagnèrent le jardin.

« Vous ne me laisserez pas seule avec lui, seulement une minute? dit Mila, au moment de franchir le seuil de la maison : s'il me donnait seulement un baiser sur la main, je serais forcée de brûler la place avec un fer rouge.

— Et moi je serais forcé de le tuer, répondit le Piccinino. »

Ils marchèrent sous la tonnelle jusqu'à un point où le berceau faisait ouverture. Là, le Piccinino se glissa derrière la treille et suivit ainsi Mila jusqu'à la porte du jardin. Rassurée par sa présence, elle l'ouvrit, et fit signe à l'abbé d'entrer.

« Vous êtes seule? lui dit-il en se hâtant d'entr'ouvrir son froc de moine, pour se montrer galamment habillé de noir, en abbé musqué. »

Elle ne lui répondit qu'en disant : « Entrez vite. » A peine eut-elle refermé la porte, que le Piccinino se montra, et jamais on ne vit figure plus désappointée que celle de l'abbé Ninfo. « Pardon, seigneur, dit le Piccinino, en prenant un air de simplicité qui étonna sa compagne ; j'ai su par ma cousine Mila que vous désiriez voir mon pauvre jardin, et j'ai voulu vous y faire entrer moi-même. Excusez-moi, ce n'est qu'un jardin de paysan ; mais les arbres fruitiers sont si vieux et si beaux qu'on vient de tous côtés pour les voir. Malheureusement j'ai affaire, et il faut que je m'en aille dans cinq minutes ; mais ma cousine m'a promis de vous faire les hon-

3.

neurs du logis, et je me retirerai si Votre Seigneurie le permet, aussitôt que je lui aurai offert le vin et les fruits.

— Ne vous gênez pas, brave homme! répondit l'abbé, rassuré par ce discours. Allez à vos affaires, et ne faites pas de cérémonie. Allez, allez vite, vous dis-je, je n'entends pas vous déranger.

— Je m'en irai dès que je vous verrai à table; Seigneur Dieu! vous mourez de chaud. Nos chemins sont si durs! Venez à la maison, je vous verserai le premier coup, et puis, je m'en irai, puisque votre seigneurie veut bien y consentir.

— Mon cousin ne s'en ira pas tant que vous ne serez pas dans la maison, dit Mila, obéissant au regard d'intelligence du Piccinino. »

L'abbé, voyant qu'il ne se débarrasserait de cet hôte obséquieux qu'en cédant à son désir, traversa la tonnelle sans pouvoir adresser un mot ou un regard à Mila; car le Piccinino, jouant toujours son rôle de paysan respectueux et d'hôte empressé, se plaça entre eux. L'abbé fut introduit dans une salle fraîche et sombre, où une collation était servie. Mais, au moment d'y entrer, le Piccinino dit à l'oreille de Mila : « Laissez-moi remplir votre verre, mais ne le respirez seulement pas. »

Un moscatel couleur de topaze brillait dans un grand flacon placé dans un vase de terre cuite rempli d'eau fraîche. L'abbé, qui était un peu ému de la présence du paysan, but sans hésiter, d'un seul trait, le verre que celui-ci lui présenta.

« Maintenant, dit-il, partez vite, mon garçon! Je ne me pardonnerais pas de vous avoir fait manquer vos affaires.

— Mila, suis-moi, dit le Piccinino. Il faut fermer la porte après moi, car les enfants entreraient pour me voler mes pêches si le jardin restait ouvert, ne fût-ce qu'un instant. »

Mila ne se fit pas prier pour s'élancer sur les traces du Piccinino; mais il n'alla pas plus loin que la porte de la salle, et, quand il l'eut poussée derrière lui, il mit un doigt sur ses lèvres, se retourna, et resta l'œil collé au trou de la serrure, dans une immobilité complète. Après deux ou trois minutes, il se releva en disant tout haut : « C'est fini! » Et il rouvrit la porte toute grande.

Mila vit l'abbé, rouge et haletant, étendu sur le carreau.

— Ah! mon Dieu! s'écria-t-elle, est-ce que vous l'avez empoisonné, seigneur?

— Non, certes, répondit Carmelo; car il se peut que nous ayons besoin plus tard de ses paroles. Il n'est qu'endormi, le cher homme, mais endormi très-profondément.

— Oh! seigneur, ne parlez pas si haut : il nous voit, il nous entend! Il a les yeux ouverts et fixés sur nous.

— Et pourtant, il ne sait qui nous sommes, il ne comprend plus rien. Que lui sert de voir et d'entendre, puisque rien n'offre plus aucun sens à sa pauvre cervelle? N'approche pas, Mila, si la vipère engourdie te fait peur encore; moi, il faut que j'étudie encore un peu les effets de ce narcotique. Ils varient suivant les individus. »

Le Piccinino approcha tranquillement de l'abbé, tandis que Mila, stupéfaite, restait sur le seuil et le suivait des yeux avec terreur. Il toucha sa proie comme le loup flaire avant de dévorer. Il s'assura que la tête et les mains passaient rapidement d'une chaleur intense à un froid glacial, que la figure se décolorait vite, que la respiration devenait égale et faible.

« C'est un bon résultat, dit-il comme se parlant à lui-même; et une si faible dose! Je suis content de l'expérience. Cela est très-préférable à des coups, à une lutte, à des cris étouffés par un bâillon ! n'est-ce pas Mila? Une femme peut assister à cela sans attaque de nerfs? Voilà les moyens que j'aime, et, si on les connaissait bien, on n'en emploierait jamais d'autres. Vous n'en parlerez pourtant jamais, Mila, entendez-vous? car on en abuserait, et vous voyez que personne, non, personne, ne pourrait s'en préserver. Si j'avais voulu vous endormir comme cela, il n'eût tenu qu'à moi !... Accepteriez-vous maintenant un verre d'eau de ma main, si je vous l'offrais?

— Oui, seigneur, je l'accepterais, répondit Mila, qui prit ce défi pour une plaisanterie. — Il plaisante à propos de tout, se disait Mila. C'est un esprit railleur comme Michel.

— Vous n'auriez donc pas plus de méfiance que ce pauvre abbé? reprit le Piccinino d'un ton distrait; car il était occupé à fouiller son dormeur avec beaucoup de sang-froid.

— Vous m'avez défendu de respirer seulement ce vin, répondit Mila; donc vous n'aviez pas envie de me jouer un mauvais tour !

— Ah ! voici !... murmura le Piccinino, en prenant un portefeuille dans la poche de l'abbé. Ne vous impatientez pas, Mila ; il faut que j'examine cela. »

Et, s'asseyant devant la table, il ouvrit le portefeuille et en tira divers papiers dont il prit connaissance avec une promptitude calme.

« Une délation contre Marc-Antonio Ferrera !..., un homme obscur; sans doute un mari dont il voulait corrompre la femme! Tenez, Mila, voici mon briquet à fumer. Voulez-vous allumer la lampe et brûler ça? Ce Marc-Antonio ne se doute point que votre belle main le sauve de la prison....

« Et ceci? Ah! c'est plus significatif; un avis anonyme donné au capitaine de la ville, que le marquis de la Serra ourdit une conspiration contre le gouvernement! Le cher abbé voulait écarter le Sigisbée de la princesse, ou l'occuper, tout au moins! L'imbécile! il ne sait pas seulement contrefaire son écriture! Au feu, Mila! ceci n'ira point à son adresse.

« Autre avis! continua le Piccinino en dépouillant toujours le portefeuille. Misérable! il voulait faire saisir le brave champion qui l'avait mis en relation avec le Piccinino! Ceci est à conserver. Malacarne verra qu'il a bien fait de ne point se fier aux promesses de ce drôle, et qu'il eût été bien puni de ne point s'adresser à son chef!

« Je m'étonne de ne rien trouver contre votre père, Mila. Ah! si fait! voilà! Toutes les mesures de monsieur l'abbé étaient prises pour frapper ce grand coup. Ce soir Pier-Angelo Lavoratori et..... Fra-Angelo aussi!... Ah! tu comptais sans ton hôte, ami! Tu ne savais pas que le Piccinino ne laissera jamais toucher à cette tête rasée! Que tu étais donc mal informé! Mais, Mila, cet homme, dont on se faisait un monstre, n'était qu'un idiot, en vérité!

— Et de quoi accusait-il mon père et mon oncle?

— De conspirer, toujours le même refrain; c'est si usé! Il y a une chose qui m'étonne; c'est que la police s'émeuve encore de ces vieilles platitudes. La police est aussi stupide que les gens qui la poussent.

— Donnez, donnez, que je brûle cela en conscience! s'écria Mila.

— En voici encore! qu'est-ce que c'est que... Antonio Magnani? »

Mila ne répondit pas; elle tendit la main pour saisir et brûler cette nouvelle dénonciation, avec tant de vivacité, que le Piccinino se retourna, et vit son visage coloré d'une soudaine rougeur.

« Je comprends, dit-il, en lui donnant le papier. Mais il aurait dû envoyer cette dénonciation avant d'oser vous faire la cour? Toujours trop tard, toujours à côté, pauvre homme! »

Le Piccinino ouvrit et parcourut encore quelques papiers qui ne mentionnaient que des noms inconnus, et que Mila fit brûler sans les regarder. Mais tout à coup il tressaillit et s'écria :

« Tout de bon? Ceci entre ses mains? A la bonne heure! Je ne vous aurais jamais cru capable de cette capture. Pardon! monsieur l'abbé, dit-il en mettant dans sa poche un papier plus volumineux que les autres, et en adressant un salut ironique à l'être misérable qui gisait à ses pieds, la bouche entr'ouverte et l'œil terne. Je vous rends mon estime jusqu'à un certain point. Vrai, je ne vous en croyais pas capable! »

L'œil de Ninfo parut s'animer. Il essaya de faire un mouvement, et une sorte de râle s'exhala de sa poitrine.

« Ah! est-ce que nous sommes encore là? dit le Piccinino en lui plaçant le goulot du flacon narcotisé dans la bouche. Ceci vous a réveillé? Ceci vous tenait plus au cœur que la belle Mila? En ce cas, vous ne deviez pas songer à la galanterie et venir ici au lieu de courir aux affaires! Dormez donc, Excellence, car, si vous comprenez, il vous faudra mourir! »

L'abbé retomba sur le carreau, son regard vitreux resta attaché comme celui d'un cadavre sur la figure ironique du Piccinino.

« Il a besoin de repos, dit ce dernier à Mila avec un cruel sourire; ne le dérangeons pas davantage. »

Il alla fermer avec de grandes barres de fer cadenassées les solides contrevents de la fenêtre, et sortit avec

Mila, après avoir enfermé l'abbé à double tour et mis la clé dans sa poche.

XXXIX.

IDYLLE.

Le Piccinino ramena sa jeune compagne dans le jardin, et, devenu tout à coup pensif, il s'assit sur un banc, sans paraître se souvenir de sa présence. C'était pourtant à elle qu'il pensait; et voici ce qu'il se disait à lui-même :

« Laisser partir d'ici cette belle créature, aussi calme et aussi fière qu'elle y est entrée, ne sera-ce pas le fait d'un niais?

« Oui, ce serait le fait d'un niais pour l'homme qui aurait résolu sa perte; mais moi, je n'ai voulu qu'essayer l'empire de mon regard et de ma parole pour l'attirer dans ma cage, comme un bel oiseau qu'on aime à regarder de près, et auquel on donne ensuite la volée parce qu'on ne veut pas qu'il meure.

« Il y a toujours un peu de haine dans le désir violent qu'une femme nous inspire. » (C'est toujours le Piccinino qui raisonne et résume ses impressions.) « Car la victoire, en pareil cas, est affaire d'orgueil, et il est impossible de lutter, même en jouant, sans un peu de colère.

« Mais il n'y a pas plus de haine que de désir ou de dépit dans le sentiment que cette enfant m'inspire. Elle n'a pas seulement l'idée d'être coquette avec moi; elle ne me craint pas; elle me regarde en face sans rougir; elle n'est pas émue par ma présence. Que j'abuse de son isolement et de sa faiblesse, elle se défendra peut-être mal, mais elle sortira d'ici toute en pleurs, et elle se tuera peut-être, car il y en a qui se tuent... Elle détestera tout au moins mon souvenir et rougira de m'avoir appartenu. Or, il ne faut pas qu'un homme comme moi soit méprisé. Il faut que les femmes qui ne le connaissent point le craignent; il faut que celles qui le connaissent l'estiment ou le désirent : il faut que celles qui l'ont connu le regrettent.

« Il y a, certes, à la limite de l'audace et de la violence, une ivresse infinie, un sentiment complet de la victoire ; mais c'est à la limite seulement : une ligne au-delà, et il n'y a plus que bêtise et brutalité. Dès que la femme peut vous reprocher d'avoir employé la force, elle règne encore, bien que vaincue, et vous risquez de devenir son esclave, pour avoir été son maître malgré elle. J'ai ouï dire qu'il y avait eu quelque chose de ce genre dans la vie de mon père, bien que Fra-Angelo n'ait pas voulu s'expliquer là-dessus. Mais tout le monde sait bien que mon père manquait de patience et qu'il s'enivrait. C'étaient les folies de son temps. On est plus civilisé et plus habile aujourd'hui. Plus moral? non; mais plus raffiné, et plus fort par conséquent.

« Y aurait-il beaucoup de science et de mérite à obtenir de cette fille ce qu'elle n'a pas encore accordé à son amant? Elle est trop confiante pour que la moitié du chemin ne soit pas facile. La moitié du chemin est faite, d'ailleurs. Elle a été fascinée par mes airs de vertu chevaleresque. Elle est venue, elle est entrée dans mon boudoir; elle s'est assise à mes côtés. Mais l'autre moitié n'est pas seulement difficile, elle est impossible. Lui faire désirer de me combattre et de céder pour obtenir, voilà ce qui n'entrera jamais dans son esprit. Si elle était à moi, je l'habillerais en petit garçon et je l'emmènerais avec moi à la chasse. Au besoin, elle chasserait au Napolitain comme elle vient de chasser à l'abbé. Elle serait vite aguerrie. Je l'aimerais comme un page; je ne verrais point en elle une femme. »

« Eh bien! seigneur, dit Mila, un peu ennuyée du long silence de son hôte, est-ce que vous attendez l'arrivée du Piccinino? Est-ce que je ne pourrais pas m'en aller, à présent?

— Tu veux t'en aller? répondit le Piccinino en la regardant d'un air préoccupé.

— Pourquoi pas? vous avez mené les choses si vite, qu'il est encore de bonne heure, et que je peux m'en retourner seule au grand jour. Je n'aurai plus peur, à présent que je sais où est l'abbé, et combien il est incapable de courir après moi.

— Tu ne veux donc pas que je t'accompagne, au moins jusqu'à Bel-Passo?

— Il me paraît bien inutile que vous vous dérangiez.

— Eh bien, va, Mila; tu es libre, puisque tu es si pressée de me quitter, et que tu te trouves si mal avec moi.

— Non, seigneur, ne dites pas cela, répondit ingénûment la jeune fille. Je suis très-honorée de me trouver avec vous, et, s'il n'y avait pas à cela le danger que vous savez d'être épiée et faussement accusée, j'aurais du plaisir à vous tenir compagnie; car vous me paraissez triste, et je servirais, du moins, à vous distraire. Quelquefois madame Agathe est triste aussi, et quand je veux la laisser seule, elle me dit : « Reste près de moi, ma petite Mila; quand même je ne te parle pas, ta présence me fait du bien. »

— Madame Agathe est triste quelquefois? En savez-vous la cause?

— Non; mais j'ai dans l'idée qu'elle s'ennuie. »

Là-dessus, le Piccinino fit beaucoup de questions, auxquelles Mila répondit avec sa naïveté habituelle, mais sans vouloir ni pouvoir lui apprendre autre chose que ce qu'il avait déjà entendu dire : à savoir qu'elle vivait dans la chasteté, dans la retraite, qu'elle faisait de bonnes œuvres, qu'elle lisait beaucoup, qu'elle aimait les arts, et qu'elle était d'une douceur et d'une tranquillité voisine de l'apathie, dans ses relations extérieures. Cependant la confiante Mila ajouta qu'elle était sûre que sa chère princesse était plus ardente et plus dévouée dans ses affections qu'on ne le pensait; qu'elle l'avait vue souvent s'émouvoir jusqu'aux larmes au récit de quelque infortune, ou seulement à celui de quelque naïveté touchante.

« Par exemple! dit le Piccinino; cite-m'en un exemple?

— Eh bien! une fois, dit Mila, je lui racontais qu'il y a eu un temps où nous étions bien pauvres, à Rome. Je n'avais alors que cinq ou six ans, et comme nous avions à peine de quoi manger, je disais quelquefois à mon frère Michel que je n'avais pas faim, afin qu'il mangeât ma part. Mais Michel, s'étant douté de mon motif, se mit à dire, de son côté, qu'il n'avait pas faim; si bien que souvent notre pain resta jusqu'au lendemain, sans que nous voulussions convenir, l'un et l'autre, que nous avions grande envie de le manger. Et cette cérémonie fit que nous nous rendions plus malheureux que nous ne l'étions réellement. Je racontais cela en riant à la princesse; tout à coup je la vis fondre en larmes, et elle me pressa contre son cœur en disant : « Pauvres enfants! pauvres chers enfants! » Voyez, seigneur, si c'est là un cœur froid et un esprit endormi, comme on veut bien le dire? »

Le Piccinino prit le bras de Mila sous le sien et la promena dans son jardin, tout en la faisant parler de la princesse. Toute son imagination se reportait vers cette femme qui lui avait fait une impression si vive, et il oublia complétement que Mila aussi avait occupé ses pensées et troublé ses sens pendant une partie de la journée.

La bonne Mila, toujours persuadée qu'elle parlait à un ami sincère, s'abandonna au plaisir de louer celle qu'elle chérissait avec enthousiasme, et *oublia qu'elle s'oubliait*, comme elle le dit elle-même, après une heure de promenade sous les magnifiques ombrages du jardin de Nicolosi.

Le Piccinino avait le cerveau impressionnable et l'humeur mobile. Toute sa vie était tour à tour méditation et curiosité. L'entretien gracieux et simple de cette jeune fille, la suavité de ses pensées, l'élan généreux de ses affections, et je ne sais quoi de grand, de brave et d'enjoué qu'elle tenait de son père et de son oncle, charmèrent peu à peu le bandit. Des perspectives nouvelles s'ouvraient devant lui, comme si, d'un drame tourmenté et fatigant, il entrait dans une idylle riante et paisible. Il avait trop d'intelligence pour ne pas comprendre tout, même ce qui était le plus opposé à ses instincts et à ses habitudes. Il avait dévoré les poëmes de Byron. Il s'était élevé dans ses rêves jusqu'à don Juan et jusqu'à Lara; mais il avait lu aussi Pétrarque, il le savait par cœur; et même il avait souri, au lieu de bâiller, en murmurant tout seul à voix basse les *concetti* de l'*Aminta* et du *Pastor fido*. Il se sentit calmé par ses épanchements avec la petite Mila, encore mieux qu'il ne l'était d'ordinaire lorsqu'il lisait ces puérilités sentimentales pour apaiser les orages de sa volonté.

Mais, enfin, le soleil baissait. Mila pensait à Magnani et demandait à partir.

« Eh bien, adieu, ma douce Mila, dit le Piccinino; mais, en te reconduisant jusqu'à la porte du jardin, je veux faire sérieusement pour toi ce que je n'ai jamais fait pour aucune femme que par intérêt ou par moquerie.

— Quoi donc, seigneur? dit Mila étonnée.

— Je veux te faire un bouquet, un bouquet tout virginal, avec les fleurs de mon jardin » répondit-il avec un sourire où, s'il entrait un peu de raillerie, c'était envers lui-même seulement.

Mila trouva cette galanterie beaucoup moins surprenante qu'elle ne le semblait au Piccinino. Il cueillit avec soin des roses blanches, des myrtes, de la fleur d'oranger; il ôta les épines des roses; il choisit les plus belles fleurs; et, avec plus d'adresse et de goût qu'il ne s'en fût supposé à lui-même, il fit un magnifique bouquet pour son aimable hôtesse.

« Ah! dit-il au moment de le lui offrir, n'oublions pas le cyclamen. Il doit y en avoir dans ces gazons... Non, non, Mila, ne cherche pas; je veux les cueillir moi-même, pour que la princesse ait du plaisir à respirer mon bouquet. Car tu lui diras qu'il vient de moi, et que c'est la seule galanterie que je me sois permise avec toi, après un tête-à-tête de deux heures dans ma maison.

— Vous ne me défendez donc pas de dire à madame Agathe que je suis venue ici?

— Tu le lui diras, Mila. Tu lui diras tout. Mais à elle seule, entends-tu? Tu me le jures sur ton salut, car tu crois à cela, toi?

— Et vous, seigneur, est-ce que vous n'y croyez pas?

— Je crois, du moins, que je mériterais aujourd'hui d'aller en Paradis, si je mourais tout de suite; car j'ai le cœur pur d'un petit enfant depuis que tu es avec moi.

— Mais, si la princesse me demande qui vous êtes, seigneur, et de qui je lui parle, comment vous désignerai-je pour qu'elle le devine?

— Tu lui diras ce que je veux que tu saches aussi, Mila... Mais il se présentera peut-être des occasions, par la suite, où ma figure et mon nom ne se trouveront plus d'accord. Alors, tu te tairas, et, au besoin, tu feindras de ne m'avoir jamais vu; car, d'un mot, tu pourrais m'envoyer à la mort.

— A Dieu ne plaise! s'écria Mila avec effusion. Ah! seigneur, comptez sur ma prudence et sur ma discrétion comme si ma vie était liée à la vôtre.

— Eh bien! tu diras à la princesse que c'est Carmelo Tomabene qui l'a délivrée de l'abbé Ninfo, et qui t'a baisé la main avec autant de respect qu'il la baiserait à elle-même.

— C'est à moi de vous baiser la main, seigneur, repondit l'innocente fille, en portant la main du bandit à ses lèvres, dans la conviction que c'était au moins le fils d'un roi qui la traitait avec cette courtoisie protectrice; car vous me trompez, ajouta-t-elle. Carmelo Tomabene est un *villano*, et cette demeure n'est pas plus vôtre que son nom. Vous pourriez habiter un palais si vous le vouliez; mais vous vous cachez pour des motifs politiques que je ne dois pas et que ne veux pas savoir. J'ai dans l'idée que vous serez un jour roi de Sicile. Ah! que je voudrais être un homme, afin de me battre pour votre cause! car vous ferez le bonheur de votre peuple, j'en suis certaine, moi!»

La riante extravagance de Mila fit passer un éclair de folie dans la tête audacieuse du bandit. Il eut comme un instant de vertige et éprouva presque la même émotion que si elle eût deviné la vérité au lieu de faire un rêve.

Mais aussitôt il éclata d'un rire presque amer, qui ne dissipa point les illusions de Mila; elle crut que c'était un effort pour détruire ses soupçons indiscrets, et elle lui demanda candidement pardon de ce qui venait de lui échapper.

« Mon enfant, répondit-il en lui donnant un baiser au front et en l'aidant à remonter sur sa mule blanche, la princesse Agathe te dira qui je suis. Je te permets de le lui demander ; mais, quand tu le sauras, souviens-toi que tu es ma complice, ou qu'il faut m'envoyer à la potence.

— J'irais plutôt moi-même ! » dit Mila en s'éloignant et en lui montrant qu'elle baisait respectueusement son bouquet.

« Eh bien ! se dit le Piccinino, voici la plus agréable et la plus romanesque aventure de ma vie. J'ai joué au roi déguisé, sans le savoir, sans m'en donner la peine, sans avoir rien médité ou préparé pour me procurer cet amusement. Les plaisirs imprévus sont les seuls vrais, dit-on ; je commence à le croire. C'est peut-être pour avoir trop prémédité mes actions et trop arrangé ma vie que j'ai trouvé si souvent l'ennui et le dégoût au bout de mes entreprises. Charmante Mila ! quelle fleur de poésie, quelle fraîcheur d'imagination dans ta jeune tête ! Oh ! que n'es-tu un adolescent de mon sexe ! que ne puis-je te garder près de moi sans te faire rien perdre de tes riantes chimères et de ta bienfaisante pureté ! Je trouverais la douceur de la femme dans un compagnon fidèle, sans risquer d'inspirer ou de ressentir la passion qui gâte et envenime toutes les intimités ! Mais de tels êtres n'existent pas. La femme ne peut manquer de devenir perfide, l'homme ne peut pas cesser d'être brutal. Ah ! il m'a manqué, il me manquera toujours de pouvoir aimer quelqu'un. Il m'eût fallu rencontrer un esprit différent de tous les autres, et encore plus différent de moi-même... ce qui est impossible !

« Suis-je donc un caractère d'exception ? se demandait

encore le Piccinino, en suivant des yeux la trace que les petits pieds de Mila avaient laissée sur le sable de son jardin. Il me semble que oui, quand je me compare aux montagnards avec lesquels je suis forcé de vivre, et à ces bandits que je dirige. Parmi eux, j'ai, dit-on, plus d'un frère. Ce qui m'empêche d'y croire, c'est qu'ils n'ont rien de moi. Les passions qui servent de lien entre nous diffèrent autant que les traits de nos visages et les forces de nos corps. Ils aiment le butin pour convertir en monnaie tout ce qui n'est pas monnaie; et moi, je n'aime que ce qui est précieux par la beauté ou la rareté. Ce qu'ils peuvent acquérir, ils le gardent par cupidité; moi, je le ménage par magnificence, afin de pouvoir agir royalement avec eux dans l'occasion, et d'étendre mon influence et mon pouvoir sur tout ce qui m'environne.

« L'or n'est donc pour moi qu'un moyen, tandis que pour eux c'est le but. Ils aiment les femmes comme des choses, et moi, hélas! je voudrais pouvoir les aimer comme des êtres! Ils sont enivrés par des actes de violence qui me répugnent, et dont je me sentirais humilié, moi, qui sais que je puis plaire, et qui n'ai jamais eu besoin de m'imposer. Non, non! ils ne sont pas mes frères; s'ils sont les fils du *Destatore*, ils sont les enfants de l'orgie et de son âge de décadence morale. Moi, je suis le fils de Castro-Reale; j'ai été engendré dans un jour de lucidité. Ma mère n'a pas été violée comme les autres. Elle s'est abandonnée volontairement, et je suis le fruit du commerce de deux âmes libres, qui ne m'ont pas donné la vie malgré elles.

« Mais, dans ce monde qui s'intitule la société, et que j'appelle, moi, le milieu légal, n'y a-t-il pas beaucoup d'êtres de l'un et de l'autre sexe, avec lesquels je pourrais m'entendre pour échapper à cette affreuse solitude de mes pensées? N'y a-t-il pas des hommes intelligents et doués de fines perceptions, dont je pourrais être l'ami? N'y a-t-il pas des femmes habiles et fières dont je pourrais être l'amant, sans être forcé de rire de la peine que je me serais donnée pour les vaincre? Enfin, suis-je condamné à ne jamais trouver d'émotions dans cette vie que j'ai embrassée comme la plus féconde en émotions violentes? Me faudra-t-il toujours dépenser des ressources d'imagination et de savoir-faire infinies, pour arriver au pillage d'une barque sur les récifs de la côte, ou d'une caravane de voyageurs dans les défilés de la montagne? Le tout pour conquérir beaucoup de petits objets de luxe, quelques sommes d'argent, et le cœur de quelques Anglaises laides ou folles, qui aiment les aventures de brigands comme un remède contre le spleen?

« Mais je me le suis fermé à jamais, ce monde où je pourrais trouver mes égaux et mes semblables. Je n'y puis pénétrer que par les portes secrètes de l'intrigue, et, si je veux paraître au grand jour, c'est à la condition d'y être suivi par le mystère de mon passé, c'est-à-dire par un arrêt de mort toujours suspendu sur ma tête. Quitterai-je le pays? C'est le seul peut-être où la profession de bandit soit plus périlleuse que déshonorante. Partout ailleurs, on me demandera la preuve que j'ai toujours vécu dans le monde légal: et, si je ne puis la fournir, on m'assimilera à ce que ces nations ont de plus avili dans les bourbiers obscurs de leur prétendue civilisation!

« O Mila! que vous avez éclairé de douleurs et d'épouvante ce cœur où vous avez fait entrer un rayon de votre soleil! »

XL.

DÉCEPTION.

Ainsi se tourmentait cet homme si déplacé dans la vie par le contraste de son intelligence avec sa position. La culture de l'esprit, qui faisait ses délices, faisait aussi son tourment. Ayant lu de tout sans ordre et sans choix, les livres les plus pervers et les plus sublimes, et se laissant successivement impressionner par tous, il était aussi savant dans le mal que dans le bien, et il arrivait insensiblement à ce scepticisme qui ne croit plus à l'un ni à l'autre d'une manière absolue.

Il rentra dans sa maison pour y prendre quelques mesures relatives à l'abbé Ninfo, afin que, dans le cas imprévu où son domicile serait envahi, rien n'y portât les traces de la violence. Il fit disparaître le vin narcotisé, et en plaça de pur dans la carafe, afin de pouvoir en faire, au besoin, la feinte expérience sur lui-même. Il jeta l'abbé sur un lit de repos, éteignit la lampe qui brûlait encore, et balaya les cendres des papiers que Mila avait anéantis. Personne n'entrait jamais chez lui en son absence. Il n'avait point de serviteurs attitrés, et la propreté élégante qu'il maintenait lui-même dans sa maison ne lui coûtait pas beaucoup de peine, puisqu'il n'y occupait que peu de pièces, dans lesquelles même il n'entrait pas tous les jours. Il travaillait son jardin, dans ses heures de loisir, pour entretenir ses forces, et pour n'avoir pas l'air de déroger à sa condition de paysan. Il avait appliqué lui-même à toutes les issues de son habitation un système de clôture simple et solide qui pouvait résister longtemps à des tentatives d'effraction. Enfin, il lâcha deux énormes et affreux chiens de montagne, espèce de bêtes féroces, qui ne connaissaient que lui, et qui eussent infailliblement étranglé le prisonnier, s'il eût pu essayer de s'échapper.

Toutes ces précautions prises, le Piccinino alla se laver, se parfumer, et, avant de se diriger vers la plaine, il se montra dans le village de Nicolosi, où il était fort considéré de tous les habitants. Il causa en latin, avec le curé, sous le berceau de vigne du presbytère. Il échangea des quolibets malicieux avec les jolies filles de l'endroit, qui l'agaçaient du seuil de leurs maisons. Il donna plusieurs consultations d'affaires et d'agriculture à des gens sensés qui appréciaient son intelligence et ses lumières. Enfin, comme il sortait du village, il rencontra une espèce de brigadier de *campieri* avec lequel il fit route quelque temps, et qui lui apprit que le Piccinino continuait à échapper aux recherches de la police et de la brigade municipale.

Mila, impatiente de raconter tous ses secrets à la princesse, et de profiter, pour en savoir le mot, de la permission de son mystérieux prince, marchait aussi vite que le pouvait Bianca en descendant des pentes rapides et dangereuses. Mila ne songeait point à la retenir; elle aussi était rêveuse et absorbée. Les personnes très-pures et très-calmes doivent avoir remarqué que, lorsqu'elles communiquent leur disposition d'esprit à des âmes agitées et troublées, leur propre sérénité diminue d'autant. Elles ne donnent qu'à la condition de s'endetter un peu; car la confiance est un échange, et il n'est point de cœur si riche et si fort qui ne risque quelque chose à la bienfaisance.

Peu à peu cependant, la belle Mila se sentit plus joyeuse qu'effrayée. La conversation du Piccinino avait laissé je ne sais quelle suave musique dans ses oreilles, et le parfum de son bouquet l'entretenait dans l'illusion

qu'elle était toujours dans ce beau jardin rustique, sous
l'ombrage des figuiers noirs et des pistachiers, foulant
des tapis de mousse semés de mauve, d'orchis et de
fraxinelle, accrochant parfois son voile aux aloès et aux
rameaux de smylax épineux, dont la main empressée
de son hôte le dégageait avec une respectueuse galanterie. Mila avait les goûts simples de sa condition, joints
à la poésie romanesque de son intelligence. Si les fontaines de marbre et les statues de la villa Palmorosa la
jetaient dans une extase rêveuse, les berceaux de vigne
et les vieux pommiers sauvages du jardin de Carmelo
parlaient davantage à son cœur. Elle avait déjà oublié le
boudoir oriental du bandit; elle ne s'y était pas sentie
à l'aise comme sous la tonnelle. Il s'y était montré ironique et froid presque tout le temps; au lieu que,
parmi les buissons fleuris et près de la source argentée,
il avait eu l'esprit naïf et le cœur tendre.

D'où vient que cette jeune fille, qui venait de voir des
choses si bizarres ou si pénibles, le boudoir d'une reine
dans la maison d'un paysan, et la scène d'affreuse léthargie de l'abbé Ninfo, ne se souvenait plus de ce qui
aurait dû tant frapper son imagination? Cette surprise
et cette frayeur s'étaient effacées comme un rêve, et son
esprit restait absorbé par un dernier tableau frais et
pur, où elle ne voyait plus que des fleurs, des gazons, des
oiseaux babillant dans le feuillage, et un beau jeune
homme qui la guidait dans ce labyrinthe enchanté, en
lui disant de douces et chastes paroles.

Lorsque Mila eut dépassé la croix du *Destatore*, elle
descendit de sa monture, ainsi que, par prudence pour
elle-même, Carmelo le lui avait recommandé. Elle attacha les rênes à l'arçon de la selle, et fit siffler une
branche aux oreilles de *Bianca*. L'intelligente bête bondit
et reprit au galop le chemin de Nicolosi, n'ayant besoin

de personne pour regagner son gîte. Mila continua donc la route à pied, évitant d'approcher de Mal-Passo : mais, par une véritable fatalité, Fra-Angelo revenait en cet instant du palais de la Serra, et il regagnait son couvent par un chemin détourné, si bien que Mila se trouva face à face avec lui.

La pauvrette essaya bien de croiser sa *mantellina* et de marcher vite, comme si elle ne voyait point son oncle.

« D'où venez-vous, Mila? fut l'apostrophe qui l'arrêta au passage, et d'un ton qui ne souffrait pas l'hésitation.

— Ah! mon oncle, répondit-elle en écartant son voile : je ne vous voyais pas, j'avais le soleil dans les yeux.

— D'où venez-vous, Mila? répéta le moine sans daigner discuter la vraisemblance de cette réponse.

— Eh bien! mon oncle, dit résolument Mila, je ne vous ferai pas de mensonge : je vous voyais fort bien.

— Je le sais; mais vous me direz d'où vous venez?

— Je viens du couvent, mon oncle... Je vous cherchais... et, ne vous y trouvant point, je retournais à la ville.

— Qu'aviez-vous donc de si pressé à me dire, ma chère fille? Il faut que ce soit bien important, pour que vous osiez courir seule ainsi la campagne, contrairement à vos habitudes? Allons, répondez donc! vous ne dites rien! vous ne pouvez pas mentir, Mila!

— Si fait, mon oncle, si fait!... Je venais... » Et elle s'arrêta court, tout éperdue, car elle n'avait rien préparé pour cette rencontre, et tout son esprit l'abandonnait.

— Vous perdez la tête, Mila, reprit le moine, car je vous dis que vous ne savez pas mentir, et vous me répondez : *Si fait!* Grâce au ciel, vous n'y entendez rien. N'essayez donc pas, mon enfant, et dites-moi franchement d'où vous venez.

— Eh bien! mon oncle, je ne peux pas vous le dire.

— Oui-da! s'écria Fra-Angelo en fronçant le sourcil. Je vous ordonne de le dire, moi!

— Impossible, mon cher oncle, impossible, dit Mila en baissant la tête, vermeille de honte, et les yeux pleins de larmes; car il lui était bien douloureux de voir, pour la première fois, son digne oncle courroucé contre elle.

— Alors, reprit Fra-Angelo, vous m'autorisez à croire que vous venez de faire une démarche insensée, ou une mauvaise action!

— Ni l'une ni l'autre! s'écria Mila en relevant la tête. J'en prends Dieu à témoin!

— O Dieu! dit le moine d'un ton désolé, que vous me faites de mal en parlant ainsi, Mila! seriez-vous capable de faire un faux serment?

— Non, mon oncle, non, jamais!

— Mentez à votre oncle, si bon vous semble, mais ne mentez pas à Dieu!

— Suis-je donc habituée à mentir? s'écria encore la jeune fille avec fierté; et dois-je être soupçonnée par mon oncle, par l'homme qui me connaît si bien, et à l'estime duquel je tiens plus qu'à ma vie?

— En ce cas, parle! répondit Fra-Angelo en lui prenant le poignet d'une manière qu'il crut engageante et paternelle, mais qui meurtrit le bras de l'enfant et lui arracha un cri d'effroi. Pourquoi donc cette terreur? reprit le moine stupéfait. Ah! vous êtes coupable, jeune fille; vous venez de faire, non un péché, je ne puis le croire, mais une folie, ce qui est le premier pas dans la mauvaise voie. S'il n'en était pas ainsi, vous ne reculeriez pas effrayée devant moi; vous n'auriez pas essayé de me cacher votre visage en passant; vous n'auriez pas surtout essayé de mentir! Et maintenant, comme il est impossible que vous ayez un secret innocent pour moi, vous ne refuseriez pas de vous expliquer.

— Eh bien, mon oncle, c'est pourtant un secret très-innocent qu'il m'est impossible de vous révéler. Ne m'interrogez plus. Je me laisserais tuer plutôt que de parler.

— Au moins, Mila, promettez-moi de le dire à votre père, ce secret que je ne dois pas savoir !

— Je ne vous promets pas cela; mais je vous jure que je le dirai à la princesse Agathe.

— Certes, j'estime et je vénère la princesse Agathe, répondit le moine; mais je sais que les femmes ont entre elles une rare indulgence pour certains écarts de conduite, et que les femmes vertueuses ont d'autant plus de tolérance qu'elles connaissent moins le mal. Je n'aime donc pas que vous ayez à chercher un refuge contre la honte dans le sein de votre amie, au lieu de pouvoir expliquer, la tête haute, votre conduite à vos parents. Allez, Mila, je n'insiste pas davantage, puisque vous m'avez retiré votre confiance; mais je vous plains de n'avoir pas le cœur pur et tranquille, ce soir, comme vous l'aviez ce matin. Je plains mon frère, qui mettait en vous son orgueil et sa joie; je plains le vôtre, qui bientôt sans doute aura à répondre de votre conduite devant les hommes, et qui se fera de mauvaises affaires s'il ne veut vous laisser insulter à son bras. Malheur, malheur aux hommes d'une famille, quand les femmes, qui en devraient garder l'honneur, comme les Vestales gardaient le feu sacré, violent les lois de la prudence, de la pudeur et de la vérité. »

Fra-Angelo passa outre, et la pauvre Mila resta atterrée sous cette malédiction, à genoux sur les pierres du chemin, la joue pâle et le cœur oppressé de sanglots.

« Hélas ! se disait-elle, il me semblait jusqu'ici que ma conduite n'était pas seulement innocente, mais qu'elle était courageuse et méritoire. Oh! que les lois de la réserve et la nécessité d'une bonne renommée sont donc rudes pour les femmes, puisque, lors même qu'il s'agit de sauver sa famille, il faut s'attendre au blâme des êtres qu'on aime le mieux! Ai-je donc eu tort de me fier aux promesses du *prince?* Il pouvait me tromper, il est vrai! Mais puisque sa conduite m'a prouvé sa loyauté et sa vertu, dois-je me reprocher d'avoir cru en lui? N'était-ce pas la divination de la vérité qui me poussait vers lui, et non une folle et imprudente curiosité? »

Elle reprit le chemin de la plaine; mais, tout en marchant, elle interrogea sévèrement sa conscience, et quelques scrupules lui vinrent. N'avait-elle pas été poussée par l'orgueil d'accomplir des choses difficiles et périlleuses, dont on ne l'avait pas jugée capable? Ne s'était-elle pas laissé influencer par la grâce et la beauté de l'inconnu, et aurait-elle eu autant de confiance dans un homme moins jeune et moins éloquent?

« Mais qu'importe, après tout, se disait-elle. Quel mal ai-je fait, et qu'aurait-on à me reprocher, si on avait eu les yeux sur moi? J'ai risqué d'être méconnue et calomniée, et certes c'est là une faute quand on agit ainsi par égoïsme ou par coquetterie; mais quand on s'expose pour sauver son père et son frère!

« Madame Agathe sera mon juge; elle me dira si j'ai bien ou mal fait, et si elle eût agi comme moi. »

Mais que devint la pauvre Mila, lorsque, dès les premiers mots de son récit, la princesse l'interrompit en lui disant : « O ma fille! c'était le Piccinino! »

Mila essaya de se débattre contre la réalité. Elle raconta qu'au dire de tout le monde, le Piccinino était court, trapu, mal fait, affligé d'une laideur atroce, et qu'il avait la figure ombragée d'une chevelure et d'une barbe touffues; tandis que l'étranger était si élégant dans sa petite taille, si gracieux et si noble dans ses manières!

« Mon enfant, dit la princesse, il y a un faux Piccinino qui joue le rôle de son maître auprès des gens dont ce dernier se méfie, et qui le jouerait au besoin en face des gendarmes et des juges, s'il tombait en leur pouvoir. C'est une horrible et féroce créature, qui ajoute, par la terreur de son aspect, à celle que répandent les expéditions de la bande. Mais le vrai Piccinino, celui qui s'intitule le *justicier d'aventure* et qui dirige toutes les opérations des brigands de la montagne, celui qu'on ne connaît point et qu'on saisirait sans pouvoir constater qu'il ait jamais été le chef ou le complice de ces bandes, c'est un beau jeune homme, instruit, éloquent, libertin et rusé : c'est Carmelo Tomabene que vous avez vu à la fontaine. »

Mila fut si interdite, qu'elle faillit ne pas continuer son récit. Comment avouer qu'elle avait été la dupe d'un hypocrite, et qu'elle s'était mise à la merci d'un libertin? Elle confessa tout, cependant, avec une sincérité complète, et, quand elle eut fini, elle se remit à pleurer, en songeant aux dangers qu'elle avait courus, et aux suppositions dont elle serait l'objet si le Piccinino venait à se vanter de sa visite.

Mais Agathe, qui avait plus d'une fois tremblé en l'écoutant, et qui s'était promis de lui reprocher son imprudence en lui démontrant que le Piccinino était trop habile pour avoir eu réellement besoin de son secours, fut désarmée par son chagrin naïf, et la pressa contre son sein pour la consoler. Ce qui la frappait d'ailleurs, au moins autant que la témérité de cette jeune fille, c'était le courage physique et moral qui l'avait inspirée ; c'était sa résolution de se tuer à la moindre imminence d'une insulte ; c'était son dévouement sans bornes et sa confiance généreuse. Elle la remercia donc avec tendresse de ce qu'elle avait été mue en partie par le désir de la délivrer d'un ennemi ; et, enfin, en recevant l'assurance que l'abbé Ninfo était bien entre les mains du *justicier*, un autre sentiment de joie la domina tellement, qu'elle baisa les mains de la petite Mila en l'appelant sa bonne fée et son ange de salut.

Mila consolée et réconciliée avec elle-même, la princesse, retrouvant avec elle un éclair de gaieté enfantine, lui proposa de faire une autre toilette pour se rafraîchir de son voyage, et d'aller ensuite surprendre son père et son frère chez le marquis. « Nous irons à pied, lui dit-elle, car c'est tout près d'ici, en passant par nos jardins, et nous dînerons ensemble auparavant. Si bien que nous aurons l'ombre et la brise de la première heure de nuit, et puis un compagnon de voyage sur lequel vous ne comptez peut-être pas, mais qui ne vous déplaira point, car il est de vos amis.

— Nous verrons qui ce peut être, » dit en souriant Mila, qui devinait fort bien, mais qui, à l'endroit de son secret de cœur, et pour cela seulement, retrouvait toute la prudence de son esprit féminin.

Le repas et les préparatifs des deux amies prirent environ une heure ; après quoi la camériste vint dire à l'oreille de la princesse : « Le jeune homme d'hier soir, au fond du jardin, près de la grille de l'Est. »

« C'est cela, dit la princesse entraînant Mila ; c'est notre chemin. » Et elles se mirent à courir à travers le parc, joyeuses et légères ; car toutes deux renaissaient à l'espérance du bonheur.

Magnani se promenait mélancolique et absorbé, attendant qu'on vînt l'avertir d'entrer dans le palais, lorsque deux femmes voilées, sortant des buissons de myrtes et d'orangers et accourant à lui, s'emparèrent chacune d'un de ses bras, et l'entraînèrent dans leur course folâtre sans lui rien dire. Il les reconnut bien, la princesse cependant plutôt que Mila, qui ne lui paraissait pas vêtue comme de coutume sous sa mante légère ; mais il se sentait trop ému pour parler, et il feignait d'accepter cette plaisanterie gracieuse avec gaieté. Le sourire errait sur ses lèvres, mais le trouble était dans son cœur, et s'il essayait de se distraire de celui que lui causait Agathe, il ne retrouvait pas beaucoup de calme en sentant Mila s'appuyer sur son bras.

Ce ne fut qu'à l'entrée du parc de la Serra que la princesse entr'ouvrit son voile pour lui dire : « Mon cher enfant, j'avais l'intention de causer avec vous chez moi ; mais l'impatience que j'éprouve d'annoncer une bonne nouvelle à nos amis, réunis chez le marquis, m'a engagée à vous y amener avec nous. La soirée tout entière nous appartient, et je vous parlerai ici aussi bien qu'ailleurs. Mais avançons sans faire de bruit ; on ne nous attend pas, et je veux que nous les surprenions. »

Le marquis et ses hôtes, après avoir longtemps causé, étaient encore sur la terrasse du palais à contempler l'horizon maritime embrasé par les derniers rayons du soleil, tandis que les étoiles s'allumaient au zénith. Michel écoutait avec un vif intérêt M. de la Serra, dont la conversation était instructive sans jamais cesser d'être aimable et naturelle. Quelle fut sa surprise, lorsqu'en se retournant il vit trois personnes assises autour de la table chargée de rafraîchissements qu'il venait de quitter pour s'approcher de la balustrade, et que, dans ces trois personnes, il reconnut Agathe, Mila et Magnani !

Il n'eut d'yeux d'abord que pour Agathe, à tel point qu'il reconnaissait à peine sa sœur et son ami. La princesse était cependant mise le plus simplement du monde, d'une petite robe de soie gris de perle avec un *guarda-*

spalle de dentelle noire jeté sur sa tête et sur ses épaules. Elle lui parut un peu moins jeune et moins fraîche qu'il ne l'avait vue aux lumières. Mais, au bout d'un instant, la grâce de ses manières, son sourire candide, son regard pur et ingénu, la lui firent trouver plus jeune et plus attrayante encore que le premier jour.

« Vous êtes étonné de voir ici votre chère enfant? dit-elle à Pier-Angelo. Mais ne vous avait-elle pas déclaré qu'elle ne dînerait point seule? Et vous voyez! vous l'avez laissée à la maison, et, comme la *Cenerentola*, elle vous paraît au milieu de la fête, resplendissante de parure et de beauté. Quant à maître Magnani, c'est l'enchanteur qui l'accompagne; mais comme nous n'avons point affaire ici à don Magnifico, l'enchanteur ne fascinera pas ses yeux pour l'empêcher de reconnaître sa fille chérie. Cendrillon peut donc braver tous les regards.

En parlant ainsi, Agathe enleva le voile de Mila, qui parut *resplendissante comme un soleil;* c'est le style de la légende.

Michel regarda sa sœur. Elle était radieuse de confiance et de gaieté. La princesse lui avait mis une robe de soie rose vif et plusieurs rangs de grosses perles fines autour du cou et des bras. Une couronne de fleurs naturelles d'une beauté splendide et arrangées avec un art exquis ceignait sa tête brune sans cacher les trésors de sa chevelure. Ses petits pieds étaient chaussés avec recherche, et ses jolis doigts faisaient rouler et étinceler le riche éventail d'Agathe avec autant de grâce et de distinction qu'une *marchesina*. C'était, à la fois, une muse de la renaissance, une jeune patricienne et une belle fille du Midi, brillante de santé, de noblesse et de poésie.

Agathe la regardait d'un air d'orgueil maternel, et parlait d'elle avec un tendre sourire à l'oreille de Pier-Angelo.

Michel observa ensuite Magnani. Ce dernier regardait tour à tour la modeste princesse et la belle filandière du faubourg avec une émotion étrange. Il ne comprenait pas plus que Michel dans quel rêve bizarre et enivrant il se trouvait lancé. Mais il est certain qu'il ne voyait plus Mila qu'à travers un reflet d'or et de feu émané d'Agathe et projeté sur elle comme par magie.

XLI.

JALOUSIE ET RECONNAISSANCE.

La princesse attira le marquis et Pier-Angelo à l'écart pour leur dire que l'abbé était entre les mains du Piccinino et qu'elle venait d'en recevoir la nouvelle par un témoin oculaire qu'il lui était interdit de nommer.

On apporta ensuite de nouveaux sorbets et on se remit à causer. Malgré le trouble et la timidité de Magnani, malgré l'enivrement et les distractions de Michel, la princesse et le marquis eurent bientôt tranquillisé ces deux jeunes gens, grâce à l'intelligente prévenance et au grand art d'être simple que possèdent les gens bien élevés quand le fond du caractère répond chez eux au charme du savoir-vivre. Ainsi, Agathe sut interroger Michel à propos des choses qu'il savait et sentait bien. De son côté, le jeune artiste fut ravi de la manière dont elle comprenait l'art, et il grava dans sa mémoire plusieurs définitions profondes qui lui échappèrent plutôt qu'elle ne les formula, tant il y eut de naturel dans son expression. En s'adressant à lui elle semblait le consulter plutôt que l'instruire, et son regard, animé d'une sympathie pénétrante, semblait chercher, dans celui de Michel, la sanction de ses opinions et de ses idées.

Magnani comprenait tout, et, s'il se hasardait rarement à prendre la parole, il était facile de lire dans sa physionomie intelligente que rien de ce qu'on disait ne dépassait la portée de son esprit. Ce jeune homme avait d'heureuses facultés qui seraient peut-être restées incultes sans sa passion romanesque. Dès le jour où il s'était épris de la princesse, il n'avait cessé d'occuper une partie de ses loisirs à lire et à s'instruire dans l'étude des œuvres d'art qu'il avait pu contempler. Il avait employé ses vacances, que les artisans appellent la *morte-saison*, à parcourir à pied la Sicile et à voir les richesses que l'antiquité a semées sur cette terre, si belle d'ailleurs par elle-même. Tout en se disant qu'il était résolu à rester humble et obscur, et en se persuadant qu'il ne voulait pas déroger à la rude simplicité de sa race, il avait été poussé à s'éclairer par un instinct irrésistible.

L'entretien, devenu général, fut plein d'abandon, de charme et même d'enjouement, grâce aux saillies de Pier-Angelo et aux naïvetés de Mila. Mais ces naïvetés furent si touchantes que, loin de faire souffrir l'amour-propre de Michel en présence de la princesse, elles lui firent apparaître sous un jour nouveau les quinze ans de sa petite sœur. Il est certain qu'il n'avait pas assez tenu compte de l'immense changement qu'une année de plus apporte dans les idées d'une jeune fille de cet âge, lorsque, croyant encore avoir affaire à un enfant irréfléchi et craintif, il avait, d'un mot, cherché à ruiner toutes les espérances de son cœur. Dans chaque parole que disait Mila il y avait pourtant un progrès bien grand de l'intelligence et de la volonté, et le contraste de ce développement de l'esprit avec l'inexpérience, la candeur et l'abandon de l'âme, offrait un spectacle à la fois plaisant et attendrissant. La princesse, avec ce tact délicat que possèdent seules les femmes, faisait ressortir par ses réponses la charmante Mila, et jamais Michel, ni Magnani, ni Pier-Angelo lui-même, ne se fussent avisés auparavant du plaisir qu'on pouvait goûter à causer avec cette jeune fille.

La lune monta, blanche comme l'argent, dans le ciel pur. Agathe proposa une promenade dans les jardins. On partit ensemble; mais bientôt la princesse s'éloigna avec Magnani, dont elle prit familièrement le bras, et ils se tinrent, pendant une demi-heure, à une telle distance de leurs amis, que souvent même Michel les perdit de vue.

Ce qu'Agathe put dire et confier au jeune artisan, pendant cette promenade, qui parut si longue et si extraordinaire au jeune Michel-Angelo, nous ne le dirons point ici; nous ne le dirons même pas du tout. Le lecteur le devinera en temps et lieu.

Mais Michel ne pouvait s'en faire la moindre idée, et il était au supplice. Il n'écoutait plus le marquis, il avait besoin de contredire et de tourmenter Mila. Il railla et blâma tout bas sa toilette, et la fit presque pleurer : si bien que la petite lui dit à l'oreille : « Michel, tu as toujours été jaloux, et tu l'es dans ce moment-ci.

— Et de quoi donc? répondit-il avec amertume : de ta robe rose et de ton collier de perles ?

— Non pas, dit-elle, mais de ce que la princesse témoigne de l'amitié et de la confiance à ton ami. Oh! quand nous étions enfants, je me souviens bien que tu boudais quand notre mère m'embrassait plus que toi! »

Lorsque la princesse et Magnani vinrent les rejoindre, Agathe paraissait calme et Magnani attendri. Pourtant sa noble figure était plus sérieuse encore que de coutume, et Michel remarqua que ses manières avaient subi un notable changement. Il ne paraissait plus éprouver la moindre confusion en présence d'Agathe. Lorsqu'elle lui adressait la parole, la réponse ne tremblait plus sur ses lèvres, il ne détournait plus ses regards avec effroi, et, au lieu de cette angoisse terrible qu'il avait montrée auparavant, il était calme, attentif et recueilli. On causa encore quelques instants, puis la princesse se leva pour partir. Le marquis lui offrit sa voiture. Elle la refusa. « J'aime mieux m'en aller à pied, par les sentiers, comme je suis venue, dit-elle ; et, comme il me faut un cavalier, quoique nous n'ayons plus d'ennemis à craindre, je prendrai le bras de Michel-Angelo.... à moins qu'il ne me le refuse ! » ajouta-t-elle avec un sourire tranquille en voyant l'émotion du jeune homme.

Michel ne sut rien répondre ; il s'inclina et offrit son bras. Une heure plus tôt il aurait été transporté de joie. Maintenant, son orgueil souffrait de recevoir en public une faveur que Magnani avait obtenue en particulier et comme en secret.

Pier-Angelo partit de son côté avec sa fille, à laquelle Magnani n'offrit point le bras. Tant de cérémonie courtoise n'était point dans ses habitudes. Il affectait d'ignorer la politesse par haine pour l'imitation ; mais, au fond, il avait toujours des manières douces et des formes bienveillantes. Au bout de dix pas, il se trouva si près de Mila, que, naturellement, pour l'aider à se diriger dans les ruelles obscures du faubourg, il prit le coude arrondi de la jeune fille dans sa main, et la guida ainsi, en la soutenant, jusque chez elle.

Michel était parti cuirassé dans sa fierté, accusant, *in petto*, la princesse de caprice et de coquetterie, et bien résolu à ne pas se laisser éblouir par ses avances. Cependant, il s'avouait à lui-même qu'il ne comprenait absolument rien au dépit qu'il ressentait contre elle. Il était forcé de se dire qu'elle était d'une incomparable bonté, et que si, en effet, elle était l'obligée du vieux Pier-Angelo, elle payait sa dette avec tous les trésors de sensibilité et de délicatesse que peut renfermer le cœur d'une femme.

Mais Michel ne pouvait oublier tous les problèmes que son imagination cherchait depuis deux jours à résoudre; et la manière dont, en ce moment même, la princesse serrait son bras en marchant, comme une amante passionnée ou comme une personne nerveuse peu habituée à la marche, en était un nouveau que n'expliquait pas suffisamment la vraisemblance d'un service rendu par son père à la signora.

Il avança d'abord résolument et en silence, se disant qu'il ne parlerait point le premier, qu'il ne se sentirait point ému, qu'il n'oublierait pas que le bras de Magnani avait pu être pressé de la même façon; qu'enfin il se tiendrait sur ses gardes : car, ou la princesse Agathe était folle, ou elle cachait, sous les dehors de la vertu et de l'abattement, une coquetterie insensée.

Mais tous ces beaux projets échouèrent bientôt. La région ombragée qu'ils traversaient, parmi des terres cultivées et plantées avec soin, était une suite de petits jardins appartenant à des artisans aisés ou à des bourgeois de la ville. Un joli sentier côtoyait ces enclos, séparés seulement par des buissons, des rosiers ou des plates-bandes d'herbes aromatiques. Çà et là des berceaux de vigne jetaient une ombre épaisse sur les pas de Michel. La lune ne lui prêtait plus que des rayons obliques et incertains. Mille parfums s'exhalaient de la campagne en fleurs, et la mer bruissait au loin d'une voix amoureuse derrière les collines. Les rossignols chantaient dans les jasmins. Quelques voix humaines chantaient aussi à distance, et défiaient gaiement l'écho; mais il n'y avait personne sur le sentier que suivaient Michel et Agathe. Les petits jardins étaient déserts. Michel se sentait oppressé, sa marche se ralentissait, son bras trem-

blait convulsivement. Une légère brise faisait flotter près
de son visage le voile de la princesse, et il s'imaginait
entendre des paroles mystérieuses se glisser à son oreille.
Il n'osait pas se retourner pour voir si c'était le souffle
d'une femme ou celui de la nuit qui le caressait de si
près.

« Mon cher Michel, lui dit la princesse d'un ton calme
et confiant qui le fit tomber du ciel en terre, je vous demande pardon ; mais il faut que je reprenne haleine. Je
n'ai guère l'habitude de marcher, et je me sens très-
fatiguée. Voici un banc sous une tonnelle de girofliers
qui m'invite à m'asseoir cinq minutes, et je ne pense pas
que les propriétaires de ce petit jardin me fissent un
crime d'en profiter s'ils me voyaient. »

Michel la conduisit au banc qu'elle lui désignait, et,
encore une fois ramené à la raison, il s'éloigna respectueusement de quelques pas pour aller contempler une
petite fontaine dont le doux gazouillement ne put le distraire de sa rêverie.

« Oui, oui, c'était un rêve, ou bien c'est ma petite
sœur Mila qui m'a donné ce baiser. Elle est railleuse et
folâtre ! elle eût pu m'expliquer le grand mystère du
médaillon, si je l'eusse interrogée franchement et sérieusement. Sans doute il y a à tout cela une cause très-
naturelle dont je ne m'avise pas. N'en est-il pas toujours
ainsi des causes premières ? La seule qu'on ne devine
pas, c'est justement la plus simple. Ah ! si Mila savait
avec quel danger elle se joue, et le mal dont elle pourrait préserver ma raison en me disant la vérité !... Je la
presserai tellement demain qu'elle m'avouera tout ! »

Et pendant que Michel se parlait ainsi à lui-même,
l'eau cristalline murmurait toujours dans l'étroit bassin
où tremblotait le spectre de la lune. C'était un petit
monument de terre cuite, d'une naïveté classique, qui

épanchait cette onde discrète ; un Cupidon marin saisissant une grosse carpe, dont la bouche lançait d'un pied de haut le filet d'eau dans le réservoir. L'artisan qui avait exécuté cette figurine avait voulu lui donner l'air mutin, mais il n'avait réussi qu'à donner aux gros yeux de la carpe une expression de férocité grotesque. Michel regardait ce groupe sans le voir, et c'était en vain que la nuit se faisait belle et parfumée ; lui, l'amant passionné de la nature, perdu dans ses propres pensées, lui refusait ce soir-là son hommage accoutumé.

Et pourtant ce murmure de l'eau agissait sur son imagination sans qu'il voulût s'en rendre compte. Il lui rappelait une harmonie semblable, le murmure timide et mélancolique dont la Naïade de marbre remplissait la grotte du palais Palmarosa en épanchant son urne dans la conque ; et les délices de son rêve repassaient devant lui, et Michel eût voulu pouvoir s'endormir là pour retrouver son hallucination.

« Mais quoi ! se dit-il tout à coup, ne suis-je pas un novice bien ridicule ? Ne s'est-on pas arrêté ici pour m'inviter à prolonger un tête-à-tête brûlant ? Ce que j'ai pris pour une froide explication du trouble qu'on éprouvait, cette fatigue soudaine, cette fantaisie de s'asseoir dans le jardin du premier venu, n'est-ce point un encouragement à ma timidité farouche ? »

Il s'approcha vivement de la princesse, et se sentit enhardi par l'ombre de la tonnelle. Le banc était si petit, qu'à moins de l'engager à lui faire place, il ne pouvait s'asseoir à ses côtés. Il s'assit sur l'herbe, non pas précisément à ses pieds, mais assez près pour être bientôt plus près encore.

« Eh bien, Michel, lui dit-elle avec une incroyable douceur dans la voix, êtes-vous donc fatigué, vous aussi ?

— Je suis brisé, répondit-il d'un ton ému qui fit tressaillir la princesse.

— Quoi donc! seriez-vous malade, mon enfant? » lui dit-elle en étendant vers lui sa main qui rencontra, dans l'obscurité, la chevelure soyeuse du jeune homme.

D'un bond il fut à ses genoux, la tête courbée et comme fasciné sous cette main qui ne le repoussait point, les lèvres collées sur un pan de cette flottante robe de soie qui ne pouvait révéler ses transports ; incertain, hors de lui, sans courage pour déclarer sa passion, sans force pour y résister.

« Michel, s'écria la princesse en laissant retomber sa main sur le front brûlant du jeune fou, vous avez la fièvre, mon enfant! votre tête brûle!... Oui, oui, ajouta-t-elle en touchant ses joues avec une tendre sollicitude, vous avez eu trop de fatigue ces jours derniers; vous avez veillé deux nuits de suite, et quoique vous vous soyez jeté quelques heures ce matin sur votre lit, vous n'avez peut-être pas dormi. Et moi, je vous ai fait trop parler ce soir. Il faut rentrer. Partons; vous me laisserez à la porte de mon parc ; vous irez bien vite chez vous. Je voulais vous dire quelque chose ce soir; mais je crains que vous ne tombiez malade ; quand vous serez tout à fait reposé, demain peut-être, je vous parlerai. »

Elle voulait se lever ; mais Michel était agenouillé sur le bas de sa robe. Il retenait contre son visage, il attirait à ses lèvres cette belle main qui ne se dérobait point à ses caresses.

« Non, non, s'écria impétueusement Michel, laissez-moi mourir ici. Je sais bien que demain vous me chasserez à jamais de votre présence; je sais bien que je ne vous reverrai plus, maintenant que vous voyez ce qui se passe en moi. Mais il est trop tard, et je deviens fou! Ah! ne feignez pas de croire que je sois malade pour avoir travaillé le jour et veillé la nuit! Ne soyez pas effrayée de découvrir la vérité : c'est votre faute, Madame, vous l'avez voulu! Pouvais-je résister à tant de joies? Agathe, repoussez-moi, maudissez-moi; mais demain, mais ce soir, rendez-moi le baiser que j'ai rêvé dans la grotte de la Naïade!

— Ah! Michel, s'écria la princesse avec un accent impossible à rendre, tu l'as donc senti ; tu m'as donc vue? tu sais donc tout? On te l'a dit, ou tu l'as deviné? C'est Dieu qui le veut. Et tu crains que je ne te chasse? tu crains que je ne te maudisse? Oh! mon Dieu! est-ce possible! Et ce qui se passe dans ton cœur ne te révèle-t-il pas l'amour dont le mien est rempli?»

En parlant ainsi, la belle Agathe jeta ses deux bras autour du cou de Michel, et, attirant sa tête contre son sein, elle la couvrit de baisers ineffables.

Michel avait dix-huit ans, une âme de feu, une organisation inquiète et dévorante, un grand orgueil, un esprit entreprenant. Toutefois, son âme était pure comme son âge, et le bonheur le trouva chaste et religieusement prosterné. Toute sa jalousie, tous ses soupçons outrageants s'évanouirent. Il ne songea plus à se demander comment une personne si austère et qui passait pour n'avoir jamais eu d'amant, pouvait tout à coup, à la première vue, s'éprendre d'un enfant tel que lui, et le lui déclarer avec un abandon si complet. Il ne sentit que la joie d'être aimé, une reconnaissance enthousiaste et sans bornes, une adoration fervente, aveugle. Des bras d'Agathe il tomba à ses pieds et les couvrit de baisers passionnés, presque dévots.

«Non, non, pas à mes pieds, sur mon cœur!» s'écria la princesse; et l'y retenant longtemps avec une étreinte exaltée, elle fondit en larmes.

Ces larmes étaient si vraies, elles avaient une si sainte

éloquence, que Michel fut inondé de sympathie. Son sein se gonfla et se brisa en sanglots, une volupté divine effaça toute idée de volupté terrestre. Il s'aperçut que cette femme ne lui inspirait aucun désir profane, qu'il était heureux et non agité dans ses bras, que mêler ses larmes aux siennes et se sentir aimé d'elle était un bonheur plus grand que tous les transports que sa jeunesse avait rêvés; qu'enfin il la respectait jusqu'à la crainte en la tenant pressée sur son cœur, et que jamais, entre elle et lui, il n'y aurait une pensée que les anges ne pussent lire en souriant.

Il sentit tout cela confusément sans doute, mais si profondément et d'une façon tellement victorieuse, qu'Agathe ne se douta jamais du mauvais mouvement de fatuité qui l'avait attiré à ses pieds quelques minutes auparavant.

Alors Agathe, levant vers le ciel ses beaux yeux humides, pâle au clair de la lune, et comme ravie dans une divine extase, s'écria avec transport : « O mon Dieu! que je te remercie! Voici le premier moment de bonheur que tu me donnes; mais je ne me plains pas de l'avoir attendu si longtemps : car il est si grand, si pur, si complet, qu'il efface et rachète toutes les douleurs de ma vie ! »

Elle était si belle, elle parlait avec un enthousiasme si sincère, que Michel crut voir une sainte des anciens jours. « O mon Dieu ! mon Dieu ! dit-il d'une voix étouffée, moi aussi je te bénis ! qu'ai-je fait pour mériter un semblable bonheur? Être aimé d'elle ! Oh ! c'est un rêve, je crains de m'éveiller !

— Non, ce n'est pas un rêve, Michel, reprit la princesse en reportant sur lui son regard inspiré; c'est la seule réalité de ma vie, et ce sera celle de toute la tienne. Dis-moi, quel autre être que toi pouvais-je aimer sur la terre? Jusqu'ici je n'ai fait que souffrir et languir; mais, à présent que tu es là, il me semble que j'étais née pour les plus grandes félicités humaines. Mon enfant, mon bien-aimé, ma consolation souveraine, mon seul amour ! Oh ! je ne puis plus parler, je ne saurais rien te dire, la joie m'inonde et m'accable !...

— Non, non, ne parlons pas, s'écria Michel, aucune parole ne pourrait rendre ce que j'éprouve ; et, grâce au ciel, je ne comprends pas encore toute l'étendue de mon bonheur, car, si je le comprenais, il me semble que j'en mourrais ! »

XLII.

CONTRE-TEMPS.

Des pas qui se firent entendre à peu de distance les arrachèrent tous les deux à cette enivrante divagation. La princesse se leva, un peu effrayée de l'approche de ces promeneurs, et, saisissant le bras de Michel, elle reprit avec lui le chemin de sa villa. Elle marchait plus vite qu'auparavant, soigneusement voilée, mais appuyée sur lui avec une sainte volupté. Et lui, palpitant, éperdu de joie, mais pénétré d'un respect immense, il osait à peine de temps en temps porter à ses lèvres la main d'Agathe qu'il tenait dans les siennes.

Ce ne fut qu'en apercevant devant lui la grille du jardin de la villa qu'il recouvra la parole avec l'inquiétude... « Eh quoi ! déjà vous quitter ? dit-il ; nous séparer si tôt ! C'est impossible ! Je vais expirer d'ivresse et de désespoir.

— Il faut nous quitter ici, dit la princesse. Le temps n'est pas encore venu où nous ne nous quitterons plus. Mais cet heureux jour luira bientôt pour nous. Sois tranquille, laisse-moi faire. Repose-toi sur moi et sur ma tendresse infinie du soin de nous réunir pour jamais.

— Est-ce possible ? ce que j'entends est-il sorti de votre bouche ? Ce jour viendra ! nous serons unis ? nous ne nous quitterons jamais ? Oh ! ne vous jouez pas de ma simplicité ! Je n'ose pas croire à tant de bonheur, et pourtant, quand c'est vous qui le dites, je ne peux pas douter !

— Doute plutôt de la durée des étoiles qui brillent sur nos têtes, doute plutôt de ta propre existence que de la force de mon âme pour vaincre ces obstacles qui te semblent si grands et qui me paraissent à moi si petits désormais ! Ah ! le jour où je n'aurai plus à craindre que le monde, je me sentirai bien forte, va !

— Le monde ! dit Michel, oui, j'y songe ; j'avais oublié tout ce qui n'était pas vous et moi. Le monde vous reniera, le monde s'indignera contre vous, et cela à cause de moi ! Mon Dieu, pardonne-moi les élans d'orgueil que j'ai ressentis ! Je les déteste à présent... Oh ! que personne ne le sache jamais, et que mon bonheur soit enseveli dans le mystère ! Je le veux ainsi, je ne souffrirai jamais que vous vous perdiez pour l'amour de moi.

— Noble enfant ! s'écria la princesse, rassure-toi ; nous vaincrons ensemble ; mais je te remercie de ce mouvement de ton cœur. Oh ! oui, tous tes élans sont généreux, je le sais. Je ne suis pas seulement heureuse, je suis fière de toi ! »

Et elle prit à deux mains la tête de l'enfant pour l'embrasser encore.

Mais Michel crut entendre encore des pas à peu de distance, et la crainte de compromettre cette femme si brave l'emporta sur le sentiment de son bonheur. « Nous pouvons être surpris ou épiés, lui dit-il : je suis sûr qu'on vient par ici. Fuyez ! moi je me tiendrai caché dans ces massifs jusqu'à ce que ces curieux ou ces passants se soient éloignés. Mais à demain, n'est-ce pas ?...

— Oh ! certes, à demain, répondit-elle. Viens ici dès

le matin, comme pour travailler, et monte jusqu'à mon casino. »

Elle le pressa encore dans ses bras, et, entrant dans le parc, elle disparut derrière les arbres.

Le bruit qui s'était fait entendre avait cessé, comme si les gens qui s'approchaient avaient changé de direction.

Michel resta longtemps immobile et comme privé de raison. Après tant d'illusions charmantes, après tant d'efforts pour n'y point croire, il retombait plus que jamais sous l'empire des songes, du moins il le craignait. Il n'osait se croire éveillé, il avait peur de faire un pas, un mouvement, qui dissipassent encore une fois le prestige, comme dans la grotte de la Naïade. Il ne pouvait se décider à interroger la réalité. La vraisemblance même l'épouvantait. Comment et pourquoi Agathe l'aimait-elle? A cela il ne trouvait point de réponse, et alors il repoussait cette interrogation comme un blasphème. « Elle m'aime, elle me l'a dit! s'écriait-il intérieurement. En douter serait un crime; si je me méfiais de sa parole, je ne serais pas digne de son amour. »

Et il se plongeait dans un océan de délices. Il élevait ses pensées vers le ciel qui l'avait fait naître si heureux. Il se sentait capable des plus grandes choses, puisqu'il était jugé digne des plus grandes joies. Jamais il n'avait cru avec tant de ferveur à la bonté divine, jamais il ne s'était senti si fier et si humble, si pieux et si brave.

« Ah! pardonne-moi, mon Dieu, disait-il encore dans son cœur; jusqu'à ce jour je me croyais quelque chose. J'avais de l'orgueil, je m'abandonnais à l'amour de moi-même; et pourtant je n'étais pas aimé! C'est d'aujourd'hui seulement que j'existe. J'ai reçu la vie, j'ai reçu une âme, je suis homme! Mais je n'oublierai plus que, seul, je ne suis rien, et que l'enthousiasme qui me possède, la puissance qui me déborde, la chasteté dont je sens aujourd'hui le prix, sont nés sous le souffle de cette femme et ne vivent en moi que par elle. O jour de félicités sans bornes ! calme souverain, ambition assouvie sans égoïsme et sans remords ! Victoire enivrante qui laisse le cœur modeste et généreux ! L'amour est tout cela, et plus encore. Que tu es bon, mon Dieu, de ne m'avoir pas permis de le deviner d'avance, et que cette surprise augmente l'ivresse d'une âme au sortir de son propre néant !... »

Il allait se retirer lentement lorsqu'il vit une forme noire glisser le long du mur et disparaître dans les branches. Il se dissimula encore plus dans l'ombre pour observer, et bientôt il reconnut le Piccinino sortant de son manteau qu'il jeta par-dessus le mur, afin de se disposer à l'escalader plus lestement.

Tout le sang de Michel reflua vers son cœur. Carmelo était-il attendu ? La princesse l'avait-elle autorisé à conférer avec elle, n'importe à quelle heure, et à s'introduire, n'importe par quel moyen ? Il est vrai qu'il avait à traiter avec elle de secrets d'importance, et que sa manière la plus naturelle de marcher étant, comme il disait, le vol d'oiseau, l'escalade nocturne rentrait, pour lui, dans les choses naturelles. Il avait bien averti Agathe qu'il reviendrait peut-être sonner à la grille de son parterre au moment où elle l'attendrait le moins. Mais n'avait-elle pas eu tort de le lui permettre ? Qui pouvait deviner les intentions d'un homme comme le Piccinino ? Agathe était seule ; aurait-elle l'imprudence de lui ouvrir et de l'écouter ? Si elle poussait à ce point la confiance, Michel ne pouvait se résoudre à la partager. Avait-elle compris que cet homme était amoureux d'elle, ou qu'il feignait de l'être ? Que s'étaient-ils dit dans le parterre, lorsque Michel et le marquis avaient assisté à leur entretien sans l'entendre ?

Michel tombait du ciel en terre. Un violent accès de jalousie s'emparait de lui, et, pour se donner le change, il essayait de se persuader qu'il ne craignait que le danger d'une insulte pour sa dame bien-aimée. N'était-il pas de son devoir de veiller à sa sûreté et de la protéger envers et contre tous?

Il ouvrit sans bruit la grille, dont il avait conservé la clef, ainsi que celle du parterre, et il se glissa dans le parc, résolu à observer l'ennemi. Mais, après avoir vu le Piccinino enjamber adroitement le mur, il lui fut impossible de retrouver aucune trace de lui.

Il se dirigea vers les rochers, et, s'étant bien assuré qu'il n'y avait personne devant lui, il se décida à gravir l'escalier de laves, se retournant à chaque instant pour voir si le Piccinino ne le suivait pas. Le cœur lui battait bien fort, car une rencontre avec lui sur cet escalier eût été décisive. En le voyant là, le bandit aurait compris qu'on l'avait trompé, que Michel était l'amant d'Agathe, et quelle n'eût pas été sa fureur? Michel ne redoutait point une lutte sanglante pour lui-même; mais comment prévenir la vengeance de Carmelo contre Agathe, s'il sortait vivant de cette rencontre?

Néanmoins Michel monta jusqu'en haut, et s'étant bien assuré qu'il n'était pas suivi, il entra dans le parterre, le referma, et s'approcha du boudoir d'Agathe. Cette pièce était éclairée, mais déserte. Une femme de chambre vint au bout d'un instant éteindre le lustre et s'éloigna. Tout rentra dans le silence et l'obscurité.

Jamais Michel n'avait été aux prises avec une plus violente anxiété. Son cœur battait à se rompre, à mesure que ce silence et cette incertitude se prolongeaient. Que se passait-il dans les appartements d'Agathe? Sa chambre à coucher était située derrière le boudoir; on y pénétrait du parterre par une courte galerie où une lampe brûlait encore. Michel s'en aperçut en regardant à travers la serrure de la petite porte en bois sculpté et armorié. Peut-être cette porte n'était-elle pas fermée en dedans? Michel essaya, et, ne rencontrant pas d'obstacle, il entra dans le casino.

Où allait-il et que voulait-il? Il ne le savait pas bien lui-même. Il se disait qu'il allait au secours d'Agathe menacée par le Piccinino. Il ne voulait pas se dire qu'il était poussé par le démon de la jalousie.

Il crut entendre parler dans la chambre d'Agathe. C'étaient deux voix de femme : ce pouvait être la camériste répondant à sa maîtresse; mais ce pouvait être aussi la voix douce et quasi féminine de Carmelo.

Michel resta irrésolu et tremblant. S'il retournait dans le parterre, cette porte de la galerie serait sans doute bientôt fermée par la camériste, et alors, quel moyen de rentrer, à moins de casser une vitre du boudoir, expédient qui ne pouvait convenir qu'au Piccinino, et auquel Michel répugnait naturellement?

Il lui semblait que des siècles s'étaient écoulés depuis qu'il avait vu le bandit escalader le mur; il n'y avait pourtant pas un quart d'heure; mais on peut vivre des années pendant une minute, et il se disait que, puisque le Piccinino tardait tant à le suivre, apparemment il l'avait précédé.

Tout à coup la porte de la chambre d'Agathe s'ouvrit, et Michel n'eut que le temps de se dissimuler derrière le piédestal de la statue qui portait la lampe. « Ferme bien la porte du parterre, dit Agathe à sa camériste qui sortait, mais laisse celle-ci ouverte; il fait horriblement chaud chez moi. »

La jeune fille rentra après avoir obéi aux ordres de sa maîtresse. Michel était rassuré, Agathe était seule avec sa femme de chambre. Mais il était enfermé, lui!

et comment sortirait-il? ou comment expliquerait-il sa présence si on le découvrait ainsi caché à la porte de la princesse?

« Je dirai la vérité, pensa-t-il sans s'avouer à lui-même que ce n'était que la moitié de la vérité. Je raconterai que j'ai vu le Piccinino escalader le mur du parc, et que je suis venu pour défendre celle que j'adore contre un homme auquel je ne me fie point. »

Mais il se promit d'attendre que la suivante se fût retirée, car il ne savait pas si elle avait la confiance entière de sa maîtresse, et si elle n'incriminerait point cette marque de leur intimité.

Peu d'instants après, Agathe la congédia en effet; il se fit un bruit de portes et de pas, comme si cette femme fermait toutes les issues en se retirant. Ne voulant point tarder à se montrer, Michel entra résolument dans la chambre d'Agathe, mais il s'y trouva seul. Avant de se coucher, la princesse était entrée dans son oratoire, et Michel l'apercevait, agenouillée sur un coussin de velours. Elle était vêtue d'une longue robe blanche flottante; ses cheveux noirs tombaient jusqu'à ses pieds, en deux grosses nattes dont le poids eût gêné son sommeil si elle les eût gardées la nuit autour de sa tête. Un faible reflet de lampe sous un globe bleuâtre l'éclairait d'une lueur transparente et triste qui la faisait ressembler à une ombre. Michel s'arrêta saisi de crainte et de respect.

Mais, comme il hésitait à interrompre sa prière et se demandait comment il éveillerait son attention sans l'effrayer, il entendit ouvrir la porte de la petite galerie, et des pas, si légers qu'il fallait l'oreille d'un jaloux pour les distinguer, s'approcher de la chambre d'Agathe. Michel n'eut que le temps de se jeter derrière le lit d'ébène sculpté et incrusté de figurines d'ivoire. Ce lit n'était pas collé à la muraille comme les nôtres, mais isolé, comme il est d'usage dans les pays chauds, et le pied tourné vers le centre de l'appartement. Entre le mur et le dossier élevé de ce meuble antique, il y avait donc assez de place pour que Michel pût se tenir caché. Il n'osa se baisser, dans la crainte d'agiter les rideaux de satin blanc brodés en soie mate. Il n'avait plus le temps de prendre beaucoup de précautions. Le hasard le servit, car, malgré le coup d'œil rapide et curieux que le Piccinino promena dans l'appartement, ce dernier ne vit aucun désordre, aucun mouvement qui pût trahir la présence d'un homme arrivé avant lui.

Il allait pourtant se livrer à une prudente perquisition lorsque la princesse, avertie par le bruit léger de ses pas, se leva à demi en disant : « Est-ce toi, Nunziata ? »

Ne recevant pas de réponse, elle écarta la portière qui lui cachait à demi l'intérieur de sa chambre à coucher, et vit le Piccinino debout en face d'elle. Elle se leva tout à fait et resta immobile de surprise et d'effroi.

Mais, sachant bien qu'elle ne devait pas trahir sa pénible émotion en présence d'un homme de ce caractère, elle garda le silence pour que sa voix altérée ne révélât rien, et elle marcha vers lui, comme si elle attendait qu'il lui expliquât son audacieuse visite.

Le Piccinino mit un genou en terre, et, lui présentant un parchemin plié :

« Madame, dit-il, je savais que vous deviez être dans une grande inquiétude à propos de cet acte important, et je n'ai pas voulu remettre jusqu'à demain pour vous le rapporter. Je suis venu ici dans la soirée ; mais vous étiez absente, et j'ai dû attendre que vous fussiez rentrée. Pardonnez si ma visite est un peu contraire aux convenances du monde où vous vivez ; mais Votre Altesse n'ignore pas que je suis forcé d'agir en toutes choses, et en cette occasion particulièrement, avec le plus grand secret.

— Seigneur capitaine, répondit Agathe après avoir ouvert et regardé le parchemin, je savais que le testament de mon oncle avait été soustrait, ce matin, au docteur Recuperati. Ce pauvre docteur est venu, tout hors de lui, dans l'après-midi, pour me conter sa mésaventure. Il ne pouvait imaginer comment son portefeuille avait été enlevé de sa poche, et il accusait l'abbé Ninfo. Je n'ai pas été inquiète parce que je comptais que, dans la journée, l'abbé Ninfo aurait à vous rendre compte de son larcin. J'ai donc rassuré le docteur en l'engageant à ne rien dire et en lui promettant que le testament serait bientôt retrouvé. Vous pouvez bien croire que je ne lui ai pas laissé pressentir de quelle façon et par quel moyen.

« Maintenant, capitaine, il ne me convient pas d'avoir entre les mains un acte que j'aurais l'air d'avoir soustrait par défiance des intentions de mon oncle ou de la loyauté du docteur. C'est vous qui le remettrez par une voie indirecte, mais sûre, au dépositaire qui l'avait accepté, quand le moment de le produire sera venu. Vous êtes trop ingénieux pour ne pas trouver cette voie sans vous trahir en aucune façon.

— Que je me charge encore de cela? Y songez-vous, Madame? » dit le Piccinino qui s'était relevé, et attendait avec impatience qu'on lui dît de s'asseoir ; mais Agathe lui parlait debout, comme quelqu'un qui compte sur la prompte retraite de son interlocuteur; et il voulait, à tout prix, prolonger l'entretien. Il souleva des difficultés.

« C'est impossible, dit-il, le cardinal a l'habitude de faire comprendre par ses regards qu'il veut qu'on lui représente le testament, et cela, il y songe tous les jours. Il est vrai, ajouta-t-il pour gagner du temps et en appuyant sa main sur le dossier d'une chaise, comme un homme très-fatigué, il est vrai que le cardinal étant privé de son truchement, l'abbé Ninfo, il serait facile au docteur de feindre qu'il ne comprend rien aux regards éloquents de Son Éminence... D'autant plus, continua le Piccinino en secouant un peu la chaise et en y appuyant son coude, que la stupidité habituelle du docteur rendrait la chose très-vraisemblable... Mais, reprit-il en offrant la chaise d'un air respectueux à la princesse pour qu'elle lui donnât l'exemple de s'asseoir, le cardinal peut être compris de quelque autre affidé qui mettrait le bon docteur au pied du mur en lui disant : « Vous voyez bien que Son Éminence veut voir le testament ! »

Et le Piccinino fit un geste gracieux pour lui montrer qu'il souffrait de la voir debout devant lui.

Mais Agathe ne voulait pas comprendre, et surtout elle ne voulait pas garder le testament, afin de n'avoir pas à remercier le Piccinino, dans un moment pareil, en des termes qui l'eussent offensé par trop de réserve, ou encouragé par trop d'effusion. Elle tenait à conserver son attitude de fierté en l'accablant d'une confiance sans bornes à l'endroit de ses intérêts de fortune.

« Non, capitaine, répondit-elle toujours debout et maîtresse d'elle-même, le cardinal ne demandera plus à voir le testament, car son état a bien empiré depuis vingt-quatre heures. Il semble que ce misérable Ninfo le tînt dans un état d'excitation qui prolongeait son existence, car, depuis ce matin qu'il a disparu, mon oncle se livre à un repos d'esprit bien voisin sans doute du repos de la tombe. Ses yeux sont éteints, il ne paraît plus se soucier de rien autour de lui, il ne se préoccupe pas de l'absence de son familier, et le docteur est forcé d'user des ressources de l'art pour combattre une somnolence dont il craint de ne pas voir le réveil.

— Le docteur Recuperati a toujours été inepte, reprit le Piccinino en s'asseyant sur le bord d'une console et en laissant tomber son manteau à ses pieds comme par mégarde. Je demande à Votre Altesse, ajouta-t-il en croisant ses bras sur sa poitrine, si les prétendues lois de l'humanité ne sont pas absurdes et fausses en pareil cas, comme presque toutes les lois du respect humain et de la convenance hypocrite? Quel bien procure-t-on à un moribond lorsqu'on essaie de le rappeler à la vie avec la certitude qu'on n'y parviendra pas et qu'on ne fait que prolonger son supplice en ce monde? Si j'étais à la place du docteur Recuperati, je me dirais que Son Éminence a bien assez vécu. L'avis de tous les honnêtes gens, et celui de Votre Altesse elle-même, est certainement que cet homme a trop vécu. Il serait bien temps de le laisser se reposer du voyage fatigant de la vie, puisqu'il paraît le désirer pour sa part et s'arranger commodément sur son oreiller pour son dernier somme... Je demande pardon à Votre Altesse si je m'appuie sur ce meuble; mes jambes se dérobent sous moi, tant j'ai couru aujourd'hui pour ses affaires; et si je ne reprends haleine un instant, il me sera impossible de retourner ce soir à Nicolosi. »

Agathe fit signe au bandit qu'elle l'engageait à s'asseoir sur la chaise qui était restée entre eux; mais elle demeura debout pour lui faire sentir qu'elle n'entendait point qu'il abusât longtemps de la permission.

XLIII.

CRISE.

« Il me semble, dit la princesse en posant le testament auprès du Piccinino sur la console, que nous sortons un peu de la question. Je rends compte des faits à Votre Seigneurie. Mon oncle a peu d'instants à vivre, et il ne pensera plus à son testament. Le jour de produire cet acte est donc proche. Mais je souhaiterais que, ce moment venu, il se trouvât dans les mains du docteur et non dans les miennes.

— C'est un scrupule fort noble, répondit le Piccinino, d'un ton ferme qui cachait son dépit; mais je le partage pour mon propre compte, et, comme tout ce qui se passe d'étrange et de mystérieux dans la contrée est toujours attribué au fantastique capitaine Piccinino, je souhaite, moi, ne me mêler en rien de cette restitution. Votre Seigneurie voudra donc bien l'opérer comme elle le jugera convenable. Ce n'est pas moi qui ai dérobé le testament. Je l'ai trouvé sur le coupable, je le rapporte, et je crois avoir assez fait pour qu'on ne m'accuse pas de tiédeur. Sans aucun doute, la disparition de l'abbé Ninfo ne tardera pas à être remarquée, et le nom du Piccinino va être en jeu dans les imaginations populaires comme dans les cervelles sournoises des gens de police. De là, de nouvelles recherches ajoutées à celles dont ma véritable personnalité est l'objet, et auxquelles je n'ai échappé jusqu'ici que par miracle. J'ai accepté les risques de cette affaire; je tiens *le monstre* dans mes chaînes; Votre Altesse est tranquille sur le sort de ses amis et sur la liberté de ses démarches. Elle est en possession de son titre à la fortune : veut-elle ma vie? Je suis prêt à la donner cent fois pour elle; mais qu'elle le dise, et qu'elle ne me pousse point à ma perte par des faux-fuyants sans me laisser la consolation de savoir que je meurs pour elle. »

Le Piccinino accentua ces dernières paroles de manière à empêcher Agathe d'éviter plus longtemps des explications délicates.

« Capitaine, dit-elle en s'efforçant de sourire, vous me jugez mal si vous croyez que je veux me délivrer du fardeau de la reconnaissance envers vous. Ma répugnance à reprendre cet acte, qui représente pour moi la pos-

7.

session de grandes richesses, devrait vous prouver ma confiance en vous et l'intention où je suis de vous laisser disposer vous-même de tout ce qui m'appartient.

— Je ne comprends pas, Madame, répondit Carmelo en s'agitant sur sa chaise. Vous avez donc cru que je venais à votre secours, pour faire une affaire, et rien de plus?

— Capitaine, reprit Agathe sans se laisser émouvoir par l'indignation feinte ou réelle du Piccinino, vous vous intitulez vous-même, et avec raison, le *justificier d'aventure*. C'est-à-dire que vous rendez la justice suivant votre cœur et votre conscience, sans vous soucier des lois officielles, qui sont fort souvent contraires à celles de la justice naturelle et divine. Vous secourez les faibles, vous sauvez les victimes, vous protégez ceux dont les sentiments et les opinions vous paraissent mériter votre estime, contre ceux que vous regardez comme les ennemis de votre pays et de l'humanité. Vous punissez les lâches, et vous empêchez l'accomplissement de leurs perfides desseins. Tout cela est une mission que le monde légal ne comprend pas toujours, mais dont je connais le mérite sérieux et la tournure héroïque. Ai-je donc besoin de vous tranquilliser sur l'estime que je fais de vous, et trouvez-vous que j'aie manqué à vous la témoigner?

« Mais puisque le monde officiel renie votre intervention, et que, pour la continuer, vous êtes forcé de vous créer par vous-même des ressources d'une certaine importance, il serait insensé, il serait indiscret de réclamer votre protection sans avoir songé à vous offrir les moyens de l'exercer et de l'étendre davantage. J'y avais songé, moi, je le devais, et je m'étais promis de ne point traiter avec vous comme avec un avocat ordinaire, mais de vous laisser régler vous-même le prix de vos généreux et loyaux services. J'aurais cru vous faire injure en les taxant. A mes yeux, ils sont inappréciables;

c'est pourquoi, en vous offrant de puiser à discrétion à une fortune princière, je serai encore obligée de compter sur votre modestie et votre désintéressement pour me croire acquittée avec vous.

— Ce sont là de bien flatteuses paroles, et le doux parler de Votre Altesse me charmerait si j'étais dans les idées qu'elle me suppose. Mais si elle daignait ne pas refuser de s'asseoir un instant pour m'entendre, je pourrais lui expliquer les miennes sans craindre d'abuser de la patience qu'elle m'accorde. »

« Allons! pensa Agathe en s'asseyant à quelque distance du Piccinino, la persistance de cet homme est comme la destinée, inévitable. »

« J'aurai bientôt dit, reprit le Piccinino avec un malin sourire, lorsqu'il la vit enfin assise. Je fais mes affaires en faisant celles des autres, cela est vrai; mais chacun entend les profits de la vie comme il s'y sent porté par la circonstance. Avec certaines gens, il n'y a que de l'or à réclamer. Ce sont les cas vulgaires, le *courant*, comme on dit, je crois. Mais avec certaines autres personnes, riches de plus de qualités et de charmes encore que de ducats, l'homme intelligent aspire à de plus délicates récompenses. La richesse matérielle d'une personne comme la princesse Agathe est bien peu de chose en comparaison des trésors de générosité et de sensibilité que son cœur renferme... Et l'homme d'action qui s'est voué à la servir, s'il l'a fait avec une certaine promptitude et un certain zèle, n'est-il pas libre d'aspirer à quelque jouissance plus noble que celle de puiser dans sa bourse? Oui, certes, il est des joies morales plus élevées et au prix desquelles l'offre de votre fortune me satisfait si peu, qu'elle blesse mon intelligence et mon cœur comme un affront. »

Agathe commença à se sentir gagner par la peur, car

le Piccinino s'était levé et s'approchait d'elle. Elle n'osait changer de place, elle craignait de pâlir et de trembler; et pourtant, quelque brave qu'elle fût, la figure et la voix de ce jeune homme lui faisaient un mal affreux. Son costume, ses traits, ses manières, son organe, réveillaient en elle un monde de souvenirs, et quelque effort qu'elle fît pour l'élever au niveau de son estime et de sa gratitude, une aversion invincible fermait son âme à de tels sentiments. Elle avait si longtemps refusé à Fra-Angelo d'accepter cette intervention, que, certes, elle eût persisté à ne jamais y recourir, si elle n'eût été certaine que l'abbé Ninfo l'avait pressé de faire assassiner ou enlever Michel, en lui montrant le testament comme moyen de récompenser ses services.

Mais il était trop tard. Le noble et naïf capucin de Bel-Passo n'avait pas prévu que son élève, qu'il s'était habitué à regarder comme un enfant, pourrait devenir amoureux d'une femme plus âgée que lui de quelques années. Et pourtant quoi de plus facile à prévoir? Mais les personnes qu'on respecte beaucoup n'ont pas d'âge. Pour Fra-Angelo, la princesse de Palmarosa, sainte Agathe de Catane, et la madone, n'avaient même plus de sexe. Si quelqu'un eût troublé son sommeil pour lui dire qu'en cet instant Agathe courait de grands dangers auprès de son élève, il se fût écrié: Ah! le méchant enfant aura vu ses diamants! Et, tout en se mettant en route pour voler au secours de la princesse, il se fût dit encore que, d'un mot, elle pouvait le tenir à distance; mais ce mot, Agathe éprouvait une répugnance insurmontable à le prononcer, et elle espérait toujours n'être pas forcée d'en venir là.

« Je comprends fort bien, monsieur le capitaine, dit-elle avec une froideur croissante, que vous me demandez mon estime pour toute récompense; mais je répète que je vous l'ai prouvée en cette occasion même, et je crois que votre fierté doit être satisfaite.

— Oui, Madame, ma fierté; mais il ne s'agit pas de ma fierté seulement. Vous ne la connaissez pas assez d'ailleurs pour en mesurer la portée et pour savoir si elle n'est pas au-dessus de tous les sacrifices d'argent que vous pourriez faire en ma faveur. Je ne veux pas de votre testament, je ne veux y avoir jamais aucune part, entendez-vous bien? »

Et il s'agenouilla devant elle, et prit sa main avec une énergie farouche.

Agathe se leva, et, s'abandonnant à un mouvement d'indignation peut-être irréfléchi, elle prit le testament sur la console. « Puisqu'il en est ainsi, dit-elle en essayant de le déchirer, autant vaut que cette fortune ne soit ni à vous ni à moi; car c'est là le moindre service que vous m'ayez rendu, capitaine; et, s'il n'eût été lié à un autre plus important, je ne vous l'eusse jamais demandé. Laissez-moi anéantir ce titre, et ensuite vous pourrez me demander une part légitime dans mes affectations, sans que je rougisse de vous écouter. »

Mais le parchemin résista aux efforts de ses faibles mains, et le Piccinino eut le temps de le lui ôter et de le placer sous un gros bloc de mosaïque romaine qui ornait le dessus de la console et qu'elle aurait eu encore plus de peine à soulever.

« Laissons cela, dit-il en souriant, et n'y pensons plus. Supposons même que ce testament n'ait jamais existé; sachons bien qu'il ne peut pas être un lien entre nous, et que vous ne me devez rien, en échange de votre fortune. Je sais que vous êtes assez riche déjà pour vous passer de ces millions; je sais aussi que, n'eussiez-vous rien, vous n'accorderiez pas votre amitié pour un service d'argent que vous comptiez payer avec de l'argent. J'admire votre fierté, Madame; je la comprends et je suis fier de la comprendre. Ah! maintenant que cette prosaïque pensée est écartée de nos cœurs, je me sens bien plus heureux, car j'espère! Je me sens aussi bien plus hardi, car l'amitié d'une femme comme vous me paraît si désirable que je risquerais tout pour l'obtenir.

— Ne parlez pas encore d'amitié, dit Agathe en le repoussant, car il commençait à toucher à ses longues tresses de cheveux et à les rouler autour de son bras comme pour s'enchaîner à elle; parlez de la reconnaissance que je vous dois; elle est grande, je ne la renierai jamais, et je vous la prouverai dans l'occasion, malgré vous, s'il le faut. Le service que vous m'avez rendu vous en assure d'autres de ma part, et un jour nous serons quittes! Mais l'amitié suppose une mutuelle sympathie, et, pour obtenir la mienne, il faut l'acquérir et la mériter.

— Que faut-il faire? s'écria le Piccinino avec feu. Parlez! oh! je vous en supplie, dites-moi ce qu'il faut faire pour être aimé de vous!

— Me respecter au fond de votre cœur, lui répondit-elle, et ne pas m'approcher avec ces yeux hardis et ce sourire de satisfaction qui m'offensent. »

En la voyant si haute et si froide, le Piccinino eut du dépit; mais il savait que le dépit est un mauvais conseiller. Il voulait plaire, et il se domina.

« Vous ne me comprenez pas, lui dit-il en la ramenant à sa place, et en s'asseyant auprès d'elle. Oh! non, vous ne comprenez rien à une âme comme la mienne! Vous êtes trop femme du monde, trop diplomate; et moi, je suis trop naïf, trop rude, trop sauvage! Vous craignez des emportements de ma part, parce que vous voyez que je vous aime éperdûment; mais vous ne craignez pas de me faire souffrir, parce que vous ne devinez pas le mal que peut me faire votre indifférence. Vous croyez qu'un montagnard de l'Etna, un brigand aventurier, ne peut connaître que de grossiers transports; et, quand je vous demande votre cœur, vous croyez avoir votre personne à défendre. Si j'étais duc ou marquis, vous m'écouteriez sans effroi, vous me consoleriez de ma douleur; et, en me montrant votre amour comme impossible, vous m'offririez votre amitié. Et moi, je serais doux, patient, prosterné dans une reconnaissance mélancolique et tendre. C'est parce que je suis un homme simple, un paysan, que vous me refusez même le mot de sympathie! Votre orgueil s'alarme parce que vous croyez que je la réclame comme un droit acquis par mes services, et vous me jetez toujours mes services à la tête, comme si je m'en faisais un titre auprès de vous, comme si je m'en souvenais quand je vous vois et quand je vous parle! Hélas! c'est que je ne sais point m'exprimer; c'est que je dis ce que je pense, sans me torturer l'esprit à vous le persuader sans vous le dire. J'ignore l'art de vos flatteurs; je ne suis pas plus un courtisan de la beauté qu'un courtisan du pouvoir, et ma vie maudite ne me permet pas de me poser près de vous en cavalier servant comme le marquis de la Serra. Je n'ai qu'une heure dans la nuit pour venir, au péril de ma vie, vous dire que je suis votre esclave, et vous me répondez que vous ne voulez pas être ma souveraine, mais mon obligée, ma cliente, qui me paiera bien! Ah! fi! Madame, vous posez une bien froide main sur une âme en feu!

— Si vous ne me parliez que d'amitié, dit Agathe, si vous n'aspiriez réellement qu'à être un de mes amis, je vous répondrais que cela peut venir...

— Laissez-moi parler! reprit le Piccinino en s'animant et en s'illuminant de ce prestige de beauté qu'il avait quand il commençait à s'émouvoir réellement. Je n'osais d'abord vous demander que votre amitié, et c'est votre frayeur puérile qui a fait sortir le mot d'amour de mes lèvres. Eh bien! qu'est-ce qu'un homme peut dire de plus à une femme pour la rassurer? Je vous aime d'amour, donc vous ne devez pas trembler quand je prends votre main. Je vous respecte, vous le voyez bien, car nous sommes seuls et je suis maître de mes sens : mais je ne suis pas celui de mes pensées et des élans de ma passion. Je n'ai pas toute la vie pour vous la prouver. J'ai cet instant pour vous la dire, sachez-la donc. Si je pouvais passer tous les jours six heures à vos pieds, comme le marquis, je me trouverais peut-être heureux du sentiment que vous lui accordez; mais si j'ai seulement cette heure qui passe devant moi comme une vision, il me faut votre amour, ou un désespoir que je n'ose pressentir. Laissez-moi donc parler d'amour ; écoutez-moi, et n'ayez pas peur. Si vous dites non, ce sera non, mais si vous m'entendiez sans songer à vous préserver, si vous vouliez tout de bon me comprendre, si vous vouliez oublier et votre monde, et l'orgueil qui n'ont rien à faire ici, et qui cessent d'exister dans la sphère où je respire, vous seriez attendrie, parce que vous seriez convaincue. Oh! oui. Si vous étiez une âme simple, et si vous ne mettiez pas les préjugés à la place des pures inspirations de la nature et de la vérité, vous sentiriez qu'il y a là un cœur plus jeune et plus ardent que tous ceux que vous avez repoussés, un cœur de lion ou de tigre avec les hommes, mais un cœur d'homme avec les femmes, un cœur d'enfant avec vous! Vous me plaindriez, du moins. Vous verriez ma vie telle qu'elle est : un tourment, une menace, un cauchemar perpétuels! Et une solitude!... Oh! c'est surtout la solitude de l'âme qui me tue, parce que mon âme est plus difficile encore que mes sens. Tenez! vous savez comment je me suis conduit avec Mila, ce matin! Certes, elle est belle, et son caractère ni son esprit ne sont d'une créature vulgaire. J'aurais voulu l'aimer, et, si j'avais senti que je l'aimais, n'eût-ce été qu'un instant, elle m'eût aimé, elle eût été à moi toute sa vie. Mais, auprès d'elle, je ne pensais qu'à vous. C'est vous que j'aime, et vous êtes la seule femme que j'aie jamais aimée, quoique j'aie été l'amant de bien des femmes! Aimez-moi donc, ne fût-ce qu'un moment, rien que le temps de me le dire, ou, en repassant ce soir à un certain endroit qu'on appelle la Croix du *Destatore*, je deviendrai fou! je gratterai la terre avec mes ongles, pour insulter et jeter au vent les cendres de l'homme qui m'a donné la vie.

A ces derniers mots, Agathe perdit toute sa force; elle pâlit; un frisson parcourut tout son corps, et elle se rejeta sur le dossier de son fauteuil, comme si un spectre ensanglanté eût passé devant ses yeux.

« Ah! taisez-vous, taisez-vous! s'écria-t-elle; vous ne savez pas le mal que vous me faites! »

Le Piccinino ne pouvait comprendre la cause de cette émotion soudaine et terrible; il s'y méprit absolument. Il avait parlé avec une énergie d'accent et de regard qui eussent persuadé toute autre femme que la princesse. Il l'avait fascinée sous ses paupières ardentes; il l'avait enivrée de son souffle, du moins il le croyait. Il avait été si souvent fondé à le croire, alors même qu'il n'avait pas éprouvé la moitié du désir que cette femme lui inspirait! Il la jugea vaincue, et, l'entourant de ses bras, cherchant ses lèvres, il compta que la surprise de ses sens ferait le reste. Mais Agathe échappa à ses caresses avec une énergie inattendue, et, comme elle s'élançait vers une sonnette, Michel s'élança entre elle et le Piccinino, les yeux enflammés et un stylet à la main.

XLIV.

RÉVÉLATION.

A cette apparition inattendue, la stupeur du Piccinino fut telle qu'il resta immobile, sans songer ni à attaquer ni à se défendre. Aussi Michel, au moment de le frapper, s'arrêta-t-il, confondu de sa précipitation ; mais, par un mouvement tellement rapide et adroit qu'il fut invisible, la main du Piccinino fut armée au moment où Michel retirait la sienne.

Néanmoins le bandit, après qu'un éclair de fureur eut jailli de ses yeux, retrouva son attitude dédaigneuse et froide. «A merveille, dit-il, je comprends tout maintenant, et plutôt que d'amener une scène aussi ridicule, la confiance de madame de Palmarosa aurait dû s'étendre jusqu'à me dire : Laissez-moi tranquille, je ne puis vous entendre, j'ai un amant caché derrière mon lit. Je me serais discrètement retiré, au lieu que maintenant il faut que je donne une leçon à maître Lavoratori, pour le punir de m'avoir vu jouer un rôle absurde. Tant pis pour vous, Signora, la leçon sera sanglante ! »

Et il bondit vers Michel avec la souplesse d'un animal sauvage. Mais, quelque agile et rapide que fût son mouvement, la puissance miraculeuse de l'amour rendit Agathe plus prompte encore. Elle s'élança au devant du coup, et l'eût reçu dans la poitrine si le Piccinino n'eût rentré son poignard dans sa manche, si vite, qu'il semblait qu'il eût toujours eu la main vide.

« Que faites-vous, Madame ? dit-il ; je ne veux point assassiner votre amant, mais me battre contre lui. Vous ne le voulez pas ? Soit ! Vous lui faites un rempart de votre sein ? Je ne violerai pas une telle sauvegarde : mais je le retrouverai, comptez sur ma parole !

— Arrêtez! s'écria Agathe en le retenant par le bras, comme il se dirigeait vers la porte. Vous allez abjurer cette folle vengeance et donner la main à ce prétendu amant. Il s'y prêtera de bon cœur, lui, car lequel de vous deux voudrait tuer ou maudire son frère?

— Mon frère?... dit Michel stupéfait en laissant tomber son poignard.

— Mon frère, lui! dit le Piccinino sans quitter le sien. Cette parenté improvisée est fort peu vraisemblable, Madame. J'ai toujours ouï dire que la femme de Pier-Angelo avait été fort laide, et je doute que mon père ait jamais joué aucun mauvais tour aux maris qui n'avaient pas sujet d'être jaloux. Votre expédient n'est point ingénieux! Au revoir, Michel-Angelo Lavoratori!

— Je vous dis qu'il est votre frère! répéta la princesse avec force; le fils de votre père et non celui de Pier-Angelo, le fils d'une femme que vous ne pouvez outrager par vos mépris, et qui n'aurait pu vous écouter sans crime et sans folie. Ne comprenez-vous pas?

— Non, Madame, dit le Piccinino en haussant les épaules; je ne puis comprendre les rêveries qui vous viennent à l'esprit en ce moment pour sauver les jours de votre amant. Si ce pauvre garçon est un fils de mon père, tant pis pour lui; car il a bien d'autres frères que moi, qui ne valent pas grand'chose, et que je ne me gêne point pour frapper à la tête de la crosse de mon pistolet, quand ils manquent à l'obéissance et au respect qu'ils me doivent. Ainsi, ce nouveau membre de ma famille, le plus jeune de tous, ce me semble, sera châtié de ma main comme il le mérite; non pas devant vous, je n'aime point à voir les femmes tomber en convulsions; mais ce beau mignon ne sera pas toujours caché dans votre sein, Madame, et je sais où je le rejoindrai!

— Finissez de m'insulter, reprit Agathe d'un ton

ferme, vous ne pouvez m'atteindre, et si vous n'êtes pas un lâche, vous ne devez pas parler ainsi à la femme de votre père.

—La femme de mon père! dit le bandit, qui commençait à écouter et à vouloir entendre. Mon père n'a jamais été marié, Signora! Ne vous moquez pas de moi.

—Votre père a été marié avec moi. Carmelo! et si vous en doutez, vous en trouverez la preuve authentique aux archives du couvent de Mal-Passo. Allez la demander à Fra-Angelo. Ce jeune homme ne s'appelle point Lavoratori : il s'appelle Castro-Reale, il est le fils, le seul fils légitime du prince César de Castro-Reale.

—Vous êtes donc ma mère? s'écria Michel en tombant sur ses genoux et embrassant ceux d'Agathe avec un mélange d'effroi, de remords et d'adoration.

—Tu le sais bien, lui dit-elle en pressant contre son flanc ému la tête de son fils. Maintenant, Carmelo, viens le tuer dans mes bras; nous mourrons ensemble! Mais, après avoir voulu commettre un inceste, tu consommeras un parricide! »

Le Piccinino, en proie à mille sentiments divers, croisa ses bras sur sa poitrine, et, le dos appuyé contre la muraille, il contempla en silence son frère et sa belle-mère, comme s'il eût voulu douter encore de la vérité. Michel se leva, marcha vers lui, et, lui tendant la main :

« Ton erreur a fait ton crime, dit-il, et je dois te le pardonner, puisque moi-même aussi je l'aimais sans savoir que j'avais le bonheur d'être son fils. Ah! ne trouble pas ma joie par ton ressentiment! Sois mon frère, comme je veux être le tien! Au nom de Dieu, qui nous ordonne de nous aimer, mets ta main dans la mienne, et viens aux pieds de ma mère pour qu'elle te pardonne et te bénisse avec moi. »

A ces paroles, dites avec l'effusion d'un cœur généreux et sincère, le Piccinino faillit s'attendrir; sa poitrine se serra comme si les larmes allaient le gagner; mais l'orgueil fut plus fort que la voix de la nature, et il rougit de l'émotion qui avait menacé de le vaincre.

« Retire-toi de moi, dit-il au jeune homme, je ne te connais pas; je suis étranger à toutes ces sensibleries de famille. J'ai aimé ma mère aussi, moi; mais avec elle sont mortes toutes mes affections. Je n'ai jamais rien senti pour mon père, que j'ai à peine connu, et qui m'a fort peu aimé, si ce n'est que j'avais un peu de vanité d'être le seul fils avoué d'un prince et d'un héros. Je croyais que ma mère était la seule femme qu'il eût aimée; mais on m'apprend ici qu'il avait trompé ma mère, qu'il était l'époux d'une autre, et je ne puis être heureux de cette découverte. Tu es fils légitime, toi, et moi je ne suis qu'un bâtard. Je m'étais habitué à croire que j'étais le seul fondé à me parer, si bon me semblait, du nom que tu vas porter dans le monde et que nul ne te contestera. Et tu veux que je t'aime, toi, doublement patricien et prince par le fait de ton père et de ta mère? toi, riche, toi, qui vas devenir puissant dans la contrée où je suis errant et poursuivi! Toi, qui, bon ou mauvais Sicilien, seras ménagé et flatté par la cour de Naples, et qui ne croiras peut-être pas toujours pouvoir refuser les faveurs et les emplois! Toi qui commanderas peut-être des armées ennemies pour ravager les foyers de tes compatriotes! Toi qui, général, ministre ou magistrat, feras peut-être tomber ma tête, et clouer une sentence d'infamie au poteau où elle sera plantée, pour servir d'exemple et de menace à nos autres frères de la montagne? Tu veux que je t'aime? Je te hais et te maudis, au contraire!

« Et cette femme! continua le Piccinino avec une amertume bilieuse, cette femme menteuse et froide, qui m'a joué jusqu'au bout avec un art infernal, tu veux que je me prosterne devant elle, et que je demande des bénédictions à sa main souillée peut-être du sang de mon père? car je comprends maintenant plus qu'elle ne le voudrait, sans doute! Je ne croirai jamais qu'elle ait épousé de bonne grâce le bandit ruiné, honni, vaincu, dépravé par le malheur, qui ne s'appelait plus que le *Destatore*. Il l'aura enlevée et violentée.... Ah! oui! je me souviens à présent! Il y a une histoire comme cela qui revient par fragments sur les lèvres de Fra-Angelo. Une enfant, surprise à la promenade par les bandits, entraînée avec sa gouvernante dans la retraite du chef, renvoyée au bout de deux heures, mourante, outragée! Ah! mon père, vous fûtes à la fois un héros et un scélérat! Je le sais, et moi je vaux mieux que vous, car je hais ces violences, et l'obscur récit de Fra-Angelo m'a préservé pour jamais d'y chercher la volupté.... C'est donc vous, Agathe, qui avez été la victime de Castro-Reale! Je comprends maintenant pourquoi vous avez consenti à l'épouser secrètement au monastère de Mal-Passo; car ce mariage est un secret, le seul peut-être de ce genre qui n'ait jamais transpiré! Vous avez été habile, mais le reste de votre histoire s'éclaircit devant mes yeux. Je sais maintenant pourquoi vos parents vous ont tenue enfermée un an, si soigneusement qu'on vous a crue morte ou religieuse. Je sais pourquoi on a assassiné mon père, et je ne répondrais pas que vous fussiez innocente de sa mort!

—Infâme! s'écria la princesse indignée, oser me soupçonner du meurtre de l'homme que j'avais accepté pour époux?

—*Si ce n'est toi, c'est donc ton père, ou bien quelqu'un des tiens!* reprit le Piccinino en français, avec un rire douloureux. Mon père ne s'est pas tué lui-même, reprit-il en dialecte sicilien, et d'un air farouche. Il était capable d'un crime, mais non d'une lâcheté, et le pistolet qu'on a trouvé dans sa main, à la *Croce del Destatore*, ne lui avait jamais appartenu. Il n'était point réduit, par la défection partielle des siens, à se donner la mort pour échapper à ses ennemis, et la dévotion que Fra-Angelo cherchait à lui inspirer n'avait pas encore troublé sa raison à ce point qu'il crût devoir se châtier lui-même de ses égarements. Il a été assassiné, et, pour être si aisément surpris aussi près de la plaine, il a fallu qu'on l'attirât dans un piége. L'abbé Ninfo n'est pas étranger à cette trame sanglante. Je le saurai, car je le tiens, et, quoique je ne sois pas cruel, je lui infligerai la torture de mes propres mains jusqu'à ce qu'il se confesse! car ma mission, à moi, c'est de venger la mort de mon père, comme la tienne à toi, Michel, c'est de faire cause commune avec ceux qui l'ont ordonnée.

— Grand Dieu! dit Agathe sans se préoccuper davantage des accusations du Piccinino, chaque jour amènera donc la découverte d'un nouvel acte de fureur et de vengeance dans ma famille!... O sang des Atrides, que les furies ne vous réveillent jamais dans les veines de mon fils! Michel, que de devoirs ta naissance t'impose! Par combien de vertus ne dois-tu pas racheter tant de forfaits commis avant et depuis ta naissance! Carmelo, vous croyez que votre frère se tournera un jour contre son pays et contre vous! S'il en était ainsi, je vous demanderais de le tuer, aujourd'hui qu'il est pur et magnanime; car je sais, hélas! ce que deviennent les hommes qui abjurent l'amour de leur patrie et le respect dû aux vaincus!

— Le tuer tout de suite? dit le Piccinino; j'aurais bien envie de prendre au mot cette métaphore; ce ne serait pas long, car ce Sicilien de fraîche date ne sait pas plus manier un couteau que moi un crayon. Mais je ne l'ai pas fait hier soir quand l'idée m'en est venue sur la tombe de notre père, et j'attendrai que ma colère d'aujourd'hui soit tombée ; car il ne faut tuer que de sang-froid et par jugement de la logique et de la conscience.

« Ah! Michel de Castro-Reale, je ne te connaissais pas hier, quoique l'abbé Ninfo t'eût désigné déjà à ma vengeance. J'étais jaloux de toi parce que je te croyais l'amant de celle qui se dit ta mère aujourd'hui, mais j'avais un pressentiment que cette femme ne méritait pas l'amour qui commençait à m'enflammer pour elle, et, en te voyant brave devant moi, je me disais : « Pourquoi tuer un homme brave pour une femme qui peut être lâche ? »

— Taisez-vous, Carmelo, s'écria Michel en ramassant son stylet ; que je connaisse ou non l'art du couteau, si vous ajoutez une parole de plus à vos outrages contre ma mère, j'aurai votre vie ou vous aurez la mienne.

— Tais-toi toi-même, enfant, dit le Piccinino en présentant sa poitrine demi-nue à Michel avec un air de dédain ; la vertu du monde légal rend lâche, et tu l'es aussi, toi qui as été nourri des idées de ce monde-là ; tu n'oserais seulement égratigner ma peau de lion, parce que tu respectes en moi ton frère. Mais je n'ai pas ces préjugés, et je te le prouverai, un jour où je serai calme ! Aujourd'hui, je suis indigné, j'en conviens, et je veux te dire pourquoi : c'est qu'on m'a trompé, et que je ne croyais aucun être humain capable de se jouer de ma crédulité ; c'est que j'ai ajouté foi à la parole de cette femme lorsqu'elle m'a dit hier, dans ce parterre dont j'entends d'ici murmurer les fontaines, et sous le regard de cette lune, qui paraissait moins pure et moins calme que son visage : « Que peut-il y avoir de commun entre

cet enfant et moi? » Quoi de commun? et tu es son fils!
et tu le savais, toi qui m'as trompé aussi!

— Non, je ne le savais pas; et quant à ma mère...

— Ta mère et toi, vous êtes deux froids serpents, deux
Palmarosa venimeux! Ah! je hais cette famille qui a
tant persécuté mon pays et ma race, et j'en ferai quelque jour un rude exemple, même sur ceux qui prétendent être bons patriotes et seigneurs populaires. Je hais
tous les nobles, moi! et tremblez devant ma sincérité,
vous autres dont la bouche souffle le froid et le chaud!
Je hais les nobles depuis un instant, depuis que je vois
que je ne le suis pas, puisque j'ai un frère légitime et
que je ne suis qu'un bâtard. Je hais le nom de Castro-
Reale, puisque je ne puis le porter. Je suis envieux, vindicatif et ambitieux aussi, moi! mon intelligence et mon
habileté justifiaient en moi cette prétention un peu mieux
que l'art de la peinture chez le nourrisson des Muses et
de Pier-Angelo! J'aurais été plus loin que lui si nos conditions fussent restées ce qu'elles étaient. Et ce qui
rend ma vanité plus supportable que la tienne, prince
Michel, c'est que je la proclame avec fierté, tandis que
tu la caches honteusement, sous prétexte de modestie.
Enfin je suis l'enfant de la nature sauvage et de la liberté
volontaire, tandis que tu es l'élève de la coutume et de
la peur. Je pratique la ruse à la manière des loups, et
ma ruse me mène au but. Tu joues avec le mensonge, à
la manière des hommes, et tu manqueras toujours le
but, sans avoir le mérite de la sincérité. Voilà notre vie
à tous les deux. Si la tienne me gêne trop, je me débarrasserai de toi comme d'un obstacle, entends-tu? Malheur à toi si tu m'irrites! Adieu; ne souhaite pas de me
revoir; voilà mon salut fraternel!

« Et quant à vous, princesse de Castro-Reale, dit-il en
saluant Agathe avec ironie, vous qui eussiez bien pu

vous dispenser de me laisser ramper à vos pieds, vous qui n'avez pas un rôle bien clair dans la catastrophe de la croix du *Destatore*, vous qui ne m'avez pas jugé digne de savoir vos mésaventures de jeunesse, et qui préfériez passer à mes yeux pour une vierge sans tache, sans vous soucier de me faire languir dans une attente insensée de vos précieuses faveurs, je vous souhaite d'heureux jours dans l'oubli de ce qui s'est passé entre nous; mais je m'en souviendrai, moi, et je vous avertis, Madame, que vous avez donné un bal sur un volcan, au réel comme au figuré.»

En parlant ainsi, le Piccinino s'enveloppa la tête et les bras de son manteau, passa dans le boudoir, et, sans daigner attendre qu'on lui ouvrît les portes, il traversa d'un bond une des larges vitres qui donnaient sur le parterre. Puis il revint vers cette porte de la galerie dont il n'avait pas voulu franchir le seuil, et, à la manière des anciens fauteurs des Vêpres de Sicile, il entailla d'une croix, faite avec son poignard, l'écusson des Palmarosa, sculpté sur cette porte. Peu d'instants après, il était sur la montagne, fuyant comme une flèche.

« O ma mère! s'écria Michel en pressant dans ses bras Agathe oppressée, vous vous êtes fait un ennemi implacable pour me préserver d'ennemis imaginaires ou impuissants! Tendre mère, mère adorée, je ne te quitterai plus, ni jour ni nuit. Je coucherai en travers de ta porte, et si l'amour de ton fils ne peut te préserver, c'est que la Providence abandonne entièrement les hommes!

— Mon enfant, dit Agathe en l'étreignant dans ses bras, rassure-toi. Je suis navrée de tout ce que cet homme m'a remis devant les yeux, mais non effrayée de son injuste colère. Le secret de ta naissance ne pouvait lui être révélé plus tôt, car tu vois l'effet qu'a produit cette révélation. Mais le moment est venu où je n'ai plus à craindre pour toi que son ressentiment personnel, et celui-ci, nous l'apaiserons. La vengeance des Palmarosa va s'éteindre avec le dernier souffle que le cardinal Ieronimo exhale peut-être en cet instant. Si c'est une faute de l'avoir conjurée à l'aide de Carmelo, cette faute appartient à Fra-Angelo, qui croit connaître les hommes parce qu'il a toujours vécu avec des hommes en dehors de la société, les brigands et les moines. Mais je me fie encore à ses grands instincts. Cet homme, qui vient de se montrer à nous si méchant, et que je ne puis voir sans une souffrance mortelle, parce qu'il me rappelle l'auteur de toute mon infortune, n'est peut-être pas indigne du bon mouvement qui t'a porté à lui donner le nom de frère. C'est un tigre dans la colère, un renard dans la réflexion; mais entre ses heures de rage et ses heures de perfidie, il doit y avoir des heures d'abattement, où le sentiment humain reprend ses droits et lui arrache des larmes de regret et de désir : nous le ramènerons, je l'espère! La loyauté et la bonté doivent trouver le défaut de sa cuirasse. Au moment où il te maudissait, je l'ai vu hésiter, retenir des pleurs. Son père... ton père, Michel! avait une profonde et ardente sensibilité jusqu'au milieu de ses habitudes de démence sinistre... Je l'ai vu sangloter à mes pieds après m'avoir presque étranglée pour étouffer mes cris... Je l'ai vu ensuite repentant devant l'autel, lorsqu'il m'épousa, et, malgré la haine et l'épouvante qu'il m'inspira toujours, je me suis repentie moi-même, à l'heure de sa mort, de ne lui avoir pas pardonné. J'ai tremblé à son souvenir, mais je n'ai jamais osé maudire sa mémoire; et, depuis que je t'ai retrouvé, ô mon fils bien-aimé! j'ai essayé de le réhabiliter à mes propres yeux, afin de n'avoir point à le condamner devant toi. Ne rougis donc point de porter le nom d'un homme qui n'a été fatal qu'à moi, et qui a fait de grandes choses pour son pays. Mais garde pour celui qui t'a élevé et dont tu as cru jusqu'à ce jour être le fils, le même amour, le même respect que tu lui portais ce matin, noble enfant, lorsque tu lui remettais la dot de Mila, en lui disant que tu resterais ouvrier à son service toute ta vie, plutôt que de l'abandonner!

— O Pier-Angelo, ô mon père! s'écria Michel avec une impétuosité qui fit déborder son cœur en sanglots, il n'y a rien de changé entre nous, et le jour où mes entrailles ne frémiraient plus pour toi d'un élan filial, je crois que j'aurais cessé de vivre. »

XLV.

SOUVENIRS.

Agathe était brisée par tant d'agitations et de fatigues. Sa santé était délicate, quoique son âme fût forte, et, en la voyant si pâle, avec la voix presque éteinte, Michel s'effraya. Il commença à ressentir les tendres et poignantes sollicitudes d'un sentiment tout nouveau pour lui. Il avait à peine connu l'amour qu'une mère peut inspirer. La femme de Pier-Angelo avait été bonne pour lui sans doute, mais, outre qu'il l'avait perdue dans un âge bien tendre, elle avait laissé dans sa mémoire l'impression d'une robuste et fière virago, irréprochable, mais violente, pleine de soins pour ses petits, mais parlant haut et frappant fort. Quelle différence avec cette nature exquise, cette beauté suave, cet être poétique qui s'appelait Agathe, et que Michel pouvait admirer comme l'idéal d'un artiste, tout en l'adorant comme une mère!

Il la supplia de se jeter sur son lit, et d'essayer de prendre une heure de repos.

« Je resterai près de vous, lui dit-il; je veillerai à

votre chevet, je serai heureux de vous contempler, et quand vous ouvrirez les yeux, vous me trouverez là.

— Et toi, lui dit-elle, ce sera la troisième nuit que tu auras passée presque sans sommeil. Ah! que je souffre pour toi de la vie que nous menons depuis quelques jours!

— Ne vous inquiétez pas de moi, ma mère chérie, reprit le jeune homme en couvrant ses mains de baisers. J'ai très-bien dormi le matin, durant ces trois jours; et maintenant je suis si heureux, malgré ce que nous venons de souffrir, qu'il me semble que je ne dormirai plus jamais. Je cherchais le sommeil pour vous retrouver dans mes rêves : à présent que le rêve s'est transporté dans ma vie réelle, je craindrais d'en perdre la notion en dormant. C'est à vous de vous reposer, ma mère... Ah! que ce nom est doux, ma mère!

— Je n'ai pas plus envie de dormir que toi, dit-elle, je voudrais ne plus te quitter un instant. Et puisque le Piccinino me fait toujours trembler pour ta vie, quoi qu'il puisse en résulter, tu resteras avec moi jusqu'au jour. Je vais m'étendre sur mon lit, puisque tu le veux; assieds-toi sur ce fauteuil, ta main dans la mienne, et si je n'ai plus la force de te parler, je t'entendrai du moins; nous avons tant de choses à nous dire! Je veux savoir ta vie depuis le premier jour que tu peux te rappeler jusqu'à celui-ci. »

Ils passèrent ainsi deux heures qui s'envolèrent pour eux comme deux minutes; Michel dit toute sa vie, en effet, et n'en cacha pas même les émotions récentes. L'espèce d'attrait enthousiaste qu'il avait éprouvé pour sa mère sans la connaître, ne soulevait plus dans sa pensée aucune question délicate qui ne pût se traduire par des mots dignes de la sainteté de leurs nouvelles relations. Ceux dont il s'était servi avec lui-même avaient changé de sens, et ce qu'ils avaient pu avoir d'impropre s'était effacé comme les vagues paroles qu'on prononce dans la fièvre, et qui ne laissent pas de traces quand la raison et la santé sont revenues.

Et puis, d'ailleurs, Michel, sauf quelques mouvements de vanité, n'avait rien rêvé dont il eût à rougir maintenant vis-à-vis de lui-même. Il s'était cru aimé, il ne s'était guère trompé! Il avait été envahi par une passion ardente, et il sentait qu'il n'aimait pas Agathe, devenue sa mère, avec moins d'enthousiasme, de reconnaissance, et même de jalousie, qu'il ne l'avait aimée une heure auparavant. Il s'expliquait maintenant pourquoi il ne l'avait jamais vue sans un élan infini de son âme vers elle, sans un intérêt tout-puissant, sans un sentiment d'orgueil secret qui avait comme un contre-coup en lui-même. Il se rappelait comment, la première fois qu'il l'avait vue, il lui avait semblé l'avoir vue de tout temps ; et quand il lui demanda l'explication de ce miracle, « Regarde-toi dans une glace, lui dit-elle, et tu verras que mes traits te présentaient ta propre image; cette ressemblance que Pier-Angelo remarquait sans cesse avec joie, et qui m'enorgueillissait, me faisait pourtant trembler pour toi. Heureusement, elle n'a frappé personne, si ce n'est peut-être le cardinal, qui a fait arrêter sa chaise pour te regarder, le jour où tu te trouvais arrivé, et comme guidé par une main invisible, à la porte du palais de tes ancêtres. Mon oncle était jadis le plus soupçonneux et le plus clairvoyant des persécuteurs et des despotes. Certes, s'il t'eût vu avant de tomber en paralysie, il t'eût reconnu et fait jeter en prison, puis conduire en exil... peut-être assassiner! sans t'avoir adressé une seule question. Tout affaibli qu'il était, il y a dix jours, il a attaché sur toi un regard qui avait éveillé les soupçons de Ninfo, et ses souvenirs s'étaient éclaircis jusqu'à vouloir s'enquérir de ton âge. Qui sait quelle fatale lumière se fût faite dans son cerveau, si la Providence ne t'eût inspiré de répondre que tu avais vingt-un ans au lieu de dix-huit!

— J'ai dix-huit ans, reprit Michel, et vous, ma mère? vous me semblez aussi jeune que moi?

— J'en ai trente-deux, répondit Agathe, ne le savais-tu pas?

— Non! on aurait pu me dire que vous étiez ma sœur, je l'aurais cru en vous voyant! Oh! quel bonheur que vous soyez si belle et si jeune encore! Vous vivrez autant que moi, n'est-ce pas? Je n'aurai pas le malheur de vous perdre!.... Vous perdre... Ah! maintenant que ma vie est liée à la vôtre, la mort me fait peur, je voudrais ne mourir ni avant ni après vous!.... Mais, est-ce donc la première fois que nous nous trouvons réunis? Je cherche dans les vagues souvenirs de ma première enfance avec l'espoir d'y ressaisir quelque chose de vous...

— Mon pauvre enfant, dit la princesse, je ne t'avais jamais vu avant le jour où, te regardant par une rosace de la galerie où tu dormais, je ne pus retenir un cri d'amour et de joie douloureuse qui te réveilla. Je ne connaissais même pas ton existence, il y a trois mois. Je te croyais mort le jour de ta naissance. Autrement, crois-tu donc que tu ne m'aurais pas vue accourir à Rome, sous un déguisement, pour te prendre dans mes bras et t'arracher aux dangers de l'isolement? Le jour où Pier-Angelo m'apprit qu'il t'avait sauvé des mains d'une infâme accoucheuse qui allait te jeter dans un hospice par l'ordre de mes parents, qu'il s'était enfui avec toi en pays étranger, et qu'il t'avait élevé comme son fils, j'allais partir pour Rome. Je l'aurais fait, sans la prudence de Fra-Angelo, qui me démontra que ta vie serait en danger tant que durerait celle du cardinal, et qu'il valait mieux attendre sa fin que de nous exposer tous à des soupçons et à des recherches. Ah! mon fils, que j'ai souffert, tant que j'ai vécu seule avec les affreux souvenirs de ma jeunesse! Flétrie dès l'enfance, maltraitée, enfermée et persécutée par ma famille, pour n'avoir jamais voulu révéler le nom de l'homme que j'avais consenti à épouser dès les premiers symptômes de ma grossesse ; séparée de mon enfant et maudite pour les larmes que sa prétendue mort m'arrachait, menacée de le voir périr sous mes yeux, quand je m'abandonnais à l'espérance qu'on m'avait trompée, j'ai vu s'écouler le plus beau temps de la vie dans les pleurs du désespoir et les frissons de l'épouvante.

« Je t'ai donné le jour dans cette chambre, Michel, à la place où nous voici. C'était alors une espèce de grenier longtemps inhabité qu'on avait converti en prison pour cacher la honte de mon état. On ne savait pas ce qui m'était arrivé. J'aurais à peine pu le dire, je l'avais à peine compris, tant j'étais jeune et pure d'imagination. Je pressentais que le récit de la vérité attirerait sur l'enfant que je portais dans mon sein, et sur son père, de nouvelles catastrophes. Ma gouvernante était morte le lendemain de notre désastre, sans pouvoir ou sans vouloir parler. Personne ne put m'arracher mon secret, même pendant les douleurs de l'enfantement ; et lorsque, comme des inquisiteurs, mon père et mon oncle, debout et insensibles auprès de mon lit, me menaçaient de la mort si je ne confessais ce qu'ils appelaient ma faute, je me bornais à répondre que j'étais innocente devant Dieu, et qu'à lui seul appartenait de punir ou de sauver le coupable.

« S'ils ont découvert, depuis, que j'étais la femme de Castro-Reale, c'est ce que je n'ai jamais pu savoir ; jamais son nom n'a été prononcé devant moi, jamais je n'ai été interrogée sur son compte. S'ils l'ont fait assassiner, et si l'abbé Ninfo les a aidés à le surprendre, comme le prétend Carmelo, c'est ce que je ne sais pas non plus, et ce dont, malheureusement, je ne puis les croire incapables.

« Je sais seulement qu'à l'époque de sa mort, et lorsque j'étais à peine rétablie de la crise de l'enfantement, ils voulurent me forcer à me marier. Jusque-là ils m'avaient présenté comme un éternel châtiment l'impossibilité de m'établir. Il me tirèrent de ma prison où j'avais été gardée avec tant de soin que l'on me croyait au couvent, à Palerme, et que rien n'avait transpiré au dehors. J'étais riche, belle, et de haute naissance. Vingt partis se présentèrent. Je repoussai avec horreur l'idée de tromper un honnête homme, ou de me confesser à un homme assez lâche pour m'accepter à cause de ma fortune. Ma résistance irrita mon père jusqu'à la fureur. Il feignit de me reconduire à Palerme. Mais il me ramena la nuit, dans cette chambre, et m'y tint encore enfermée une année entière.

« Cette prison était horrible, étouffante comme les plombs de Venise, car le soleil dardait sur une mince terrasse de métal, cet étage du palais n'ayant jamais été terminé, et n'étant couvert que provisoirement. J'y endurai la soif, les moustiques, l'abandon, l'isolement, le défaut d'air et de mouvement si nécessaires à la jeunesse. Et pourtant, je n'y mourus point, je n'y contractai aucune infirmité, tant était fort en moi le principe de la vie. Mon père, ne voulant confier à personne le soin de me garder, et craignant que la pitié de ses serviteurs n'adoucît mes souffrances, venait lui-même m'apporter mes aliments ; et, quand ses intrigues politiques le retenaient dehors pendant des jours entiers, je subissais les tourments de la faim. Mais j'étais arrivée à une constance stoïque et je ne daignais pas me plaindre. J'ai puisé ainsi un certain courage et une certaine lumière dans cette épreuve, et je ne reproche point à Dieu de me l'avoir infligée. La notion du devoir et le goût de la justice sont de grands biens que l'on ne peut acheter trop cher ! »

Agathe parlait ainsi, demi-couchée, et d'une voix faible qui s'animait peu à peu. Elle se releva sur son coude, et, secouant sa longue chevelure noire, elle dit à son fils, en lui montrant d'un geste le riche appartement où ils se trouvaient : « Michel! que les jouissances et l'orgueil de la naissance et de la fortune ne t'enivrent jamais! J'ai payé cher ces avantages, et, dans l'affreuse solitude de cette chambre, aujourd'hui si riante pour nous deux, j'ai passé de longues heures d'insomnie, couchée sur un grabat, consumée par la fièvre, et demandant à Dieu pourquoi il ne m'avait pas fait naître dans la grotte d'un chevrier ou sur la barque d'un pirate. Je soupirais après la liberté, et le dernier des mendiants me paraissait plus heureux que moi.

« Si j'avais été pauvre et obscure, j'eusse trouvé chez mes parents des consolations et de la pitié pour mon malheur ; au lieu que les illustres Palmarosa faisaient un opprobre et un crime à leur fille de ne pas vouloir être forcée de mentir, et de se refuser à relever l'honneur de sa famille par une imposture. Je manquais de livres dans ma prison ; on ne m'avait jamais donné qu'une éducation superficielle, et je ne comprenais rien à la persécution dont j'étais l'objet. Mais, dans cette lente et cruelle inaction, je fis des réflexions et je découvris de moi-même le néant de l'orgueil humain. Mon être moral changea, pour ainsi dire, et tout ce qui était satisfaction et profit pour la vanité des hommes, m'apparut, à mes dépens, sous son véritable jour.

« Mais, pourquoi dirais-je à mes dépens, au lieu de dire

à mon profit? Que sont deux années de tortures au prix du bienfait de la vérité? Quand je revins à la liberté et à la vie, quand je sentis que je reprenais aisément la force de la jeunesse et que j'avais le temps et les moyens de mettre à profit les idées qui m'étaient venues, j'éprouvai un grand calme, et j'entrai dans une habitude déjà toute faite d'abnégation et de fermeté.

« Je renonçai à jamais connaître l'amour et l'hyménée. La pensée de cette ivresse était flétrie et souillée dans mon imagination; et, quant aux besoins du cœur, ils n'avaient plus en moi rien de personnel. Ils s'étaient agrandis au delà du cercle des passions égoïstes; j'avais conçu dans la souffrance une passion véritable, mais qui n'avait plus pour objet la jouissance et le triomphe d'un être isolé des misères générales par la prospérité de sa propre condition. Cette passion qui me rongeait comme la fièvre et avec la fièvre, je puis le dire, c'était la soif de combattre pour les faibles contre les oppresseurs, et de prodiguer autant de bienfaits et de consolations que ma famille avait semé de douleurs et d'épouvante. On m'avait élevée dans des idées de respect et de crainte envers la cour, de méfiance et de haine envers mes malheureux compatriotes. Sans mon propre malheur, j'aurais suivi peut-être ces habitudes et ces exemples d'insensibilité monstrueuse. Mon caractère nonchalant, comme celui des femmes de mon pays, n'eût jamais rien conçu de mieux, probablement, que les principes de ma race; car ma famille n'était pas de celles que la persécution a frappées, et à qui l'exil et la misère ont inspiré l'horreur du joug étranger et l'amour de la patrie. Mes parents, ardemment dévoués à la puissance officielle, avaient toujours été comblés de biens, et la prospérité nouvelle que va nous donner l'héritage du cardinal est une exception honteuse, au milieu de la ruine de tant de maisons illustres que j'ai vues crouler sous les taxes forcées et la proscription.

« A peine fus-je maîtresse de mes actions et de ma fortune, que je consacrai ma vie au soulagement du malheur. Comme femme, il m'était interdit de m'occuper de politique, de sciences sociales ou de philosophie. Et à quel homme cela est-il possible sous le joug qui nous accable? Mais ce je pouvais faire, c'était de secourir les victimes de la tyrannie, de quelque classe qu'elles fussent. Je m'aperçus bientôt que le nombre en était si grand, que mes revenus n'y suffiraient point, quand même je me priverais du nécessaire. Alors, mon parti fut vite pris. J'avais la résolution de ne me point marier. J'ignorais ton existence, je me regardais comme seule au monde. Je me fis rendre un compte exact de ma fortune, soin que les riches patriciens de notre pays prennent bien rarement; leur incurie ne leur permet pas même d'aller voir leurs terres lorsqu'elles sont situées dans l'intérieur de l'île, et beaucoup d'entre nous n'ont jamais mis le pied sur leurs domaines. Je m'enquis et je pris par moi-même connaissance des miens; j'en aliénai d'abord en détail une partie, voulant donner à très-bas prix, et la plupart du temps pour rien, des terres aux pauvres habitants de ces provinces. Cela ne réussit point. On ne sauve pas d'un trait de plume des races tombées dans le dernier abattement de la misère et de l'esclavage. J'essayai d'autres moyens que je te détaillerai plus tard. Ils échouèrent. Tout doit échouer quand les lois d'un pays ont décrété sa ruine. A peine avais-je fait une famille heureuse, que l'impôt, augmentant avec son bien-être, en faisait une famille misérable. Quelle situation d'ordre et de fixité peut-on créer, quand l'État prélève soixante pour cent sur l'humble travail comme sur l'oisiveté opulente?

« Je vis donc avec douleur que, dans les pays conquis et brisés, il n'y avait plus de salut que dans l'aumône, et je vouai ma vie à l'aumône. Cela demandait bien plus d'activité et de persévérance que des dons ratifiés et des sacrifices absolus. Cette existence de dons arbitraires et de sacrifices perpétuels est une tâche sans repos, sans limites et sans consolations; car l'aumône ne remédie qu'à un instant donné de la vie, elle engendre la nécessité de se renouveler et de s'étendre à l'infini, sans qu'on voie jamais le résultat du travail qu'on s'impose. Oh! qu'il est cruel de vivre et d'aimer, là où l'on panse à toute heure une plaie qui ne peut guérir, où l'on jette sans cesse son âme et ses forces dans un gouffre qui ne se ferme pas plus que celui de l'Etna!

« Je l'ai acceptée, cette tâche, et je la remplis à toute heure; j'en vois l'insuffisance et ne me rebute pas. Je ne m'indigne plus contre la paresse, la débauche et tous les vices qu'engendre la misère; ou, si je m'en indigne, ce n'est plus à l'égard de ceux qui les subissent, mais de ceux qui les infligent et les perpétuent. Je ne comprends pas trop ce qu'on appelle le discernement dans l'aumône. Cela est bon pour les pays de liberté, où la réprimande peut être bonne à quelque chose, et où les enseignements d'une moralité praticable sont à l'usage de tous. Chez nous, hélas! le malheur est si grand, que le bien et le mal sont pour beaucoup d'êtres, en âge de raison, des mots vides de sens; et prêcher l'ordre, la probité et la prévoyance pendant l'agonie de la faim, devient un pédantisme presque féroce.

« Mes revenus n'ont pas toujours suffi à tant de besoins, Michel, et tu trouveras l'héritage de ta mère secrètement miné par des fouilles si profondes, qu'il s'écroulera peut-être sur ma tombe. Sans l'héritage du cardinal, j'aurais aujourd'hui quelque regret de ne t'avoir pas laissé les moyens de servir ton pays à ta guise ; mais demain tu seras plus riche que je ne l'ai jamais été, et tu gouverneras cette fortune selon ton cœur et tes principes, sans que je veuille t'imposer ma tâche. Dès demain, tu entreras en possession de cette puissance, et je ne m'inquiéterai pas de l'emploi que tu sauras en faire. Je suis sûre de toi. Tu as été à une bonne école, mon enfant, celle du malheur et du travail! Je sais comment tu répares des fautes légères; je sais de quels sacrifices ton âme est capable, quand elle est aux prises avec le sentiment du devoir. Apprête-toi donc à porter le poids de ta fortune nouvelle, à être prince de fait comme de nom. Depuis trois jours que tu es lancé dans des aventures étranges en apparence, tu as reçu plus d'un enseignement. Fra-Angelo, le marquis de la Serra, Magnani, Mila elle-même, l'adorable enfant, t'ont parlé un langage qui t'a fait une impression profonde, je le sais ; je l'ai vu à ta conduite, à ta résolution d'être ouvrier, et, dès ce moment, je m'étais promis de te révéler le secret de ta destinée, quand même la vie du cardinal se prolongerait et nous forcerait à des précautions extérieures.

— O ma mère! que vous êtes grande, s'écria Michel, et que l'on vous connaît peu, vous que l'on croit dévote, apathique, ou bizarre ! Votre vie est celle d'une martyre et d'une sainte : rien pour vous, tout pour les autres!

— Ne m'en fais pas un si grand mérite, mon enfant, reprit Agathe. Je n'avais plus le droit, quelque innocente que je fusse, de prétendre au bonheur général. Je subissais une fatalité que tous mes efforts n'eussent pu que rendre plus pesante. En me refusant à l'amour, je n'ai fait que remplir le plus simple devoir que la loyauté impose à une femme. De même, en me faisant sœur de charité, j'obéissais au cri impérieux de ma conscience. J'avais été malheureuse, je connaissais le malheur par moi-même; je n'étais plus de ceux qui peuvent nier la souffrance d'autrui parce qu'ils ne l'ont jamais ressentie. J'ai peut-être fait le bien sans lumière; du moins je l'ai fait sans relâche et sans tiédeur. Mais, à mes yeux, faire le bien, ce n'est pas tant qu'on croit; faire ce bien-là, c'est tout simplement ne pas faire le mal : n'être pas égoïste, c'est n'être pas aveugle ou infâme. J'ai une telle pitié de ceux qui tirent vanité de leurs œuvres, que j'ai caché les miennes avec presque autant de soin que le secret de mon mariage et de ta naissance. On n'a rien compris à mon caractère. Je voulais qu'il en fût ainsi. Je n'ai donc pas le droit de me plaindre d'avoir été méconnue.

— Oh! moi, je vous connais, dit Michel, et mon cœur vous rendra au centuple tout le bonheur dont vous avez été privée.

— Je le sais, dit-elle, tes larmes me le prouvent, et je le sens; car, depuis que tu es là, si je n'avais eu mon histoire à te raconter, j'aurais oublié que j'ai été malheureuse.

— Merci! ô merci! mais ne dites pas que vous me laissez libre de mes actions et de ma conduite : je ne suis qu'un enfant, et je me sens si peu de chose auprès de vous que je ne veux jamais voir que par vos yeux, agir que d'après vos ordres. Je vous aiderai à porter le fardeau de la richesse et de l'aumône; mais je serai votre homme d'affaires, rien de plus. Moi, riche et prince! moi, revêtu d'une autorité quelconque quand vous êtes là! quand je suis votre fils!

— Mon enfant, il faut être un homme. Je n'ai pas eu le bonheur de t'élever; je ne l'eusse pas fait mieux que le vénérable Pier-Angelo. Mon affaire, maintenant, est de t'aimer, rien de plus, et c'est assez. Pour justifier

mon amour, tu n'auras pas besoin que les portraits de
tes ancêtres te disent jamais : « *Je ne suis pas content
de vous.* » Tu feras en sorte d'entendre toujours ta mère
te dire : « *Je suis contente de toi!* »

« Mais écoute, Michel!... les cloches sonnent... toutes
les cloches de la ville sonnent le glas d'une agonie, et
c'est pour un grand personnage!... C'est ton parent,
c'est ton ennemi, c'est le cardinal de Palmarosa qui va
rendre à Dieu ses comptes terribles. Il fait jour, séparons-nous! Va prier pour que Dieu lui soit miséricordieux. Moi, je vais recevoir son dernier soupir! »

XLVI.

ÉPANOUISSEMENT.

Tandis que la princesse sonnait sa camériste et ordonnait qu'on mît les chevaux à son carrosse pour aller
remplir ses derniers devoirs envers le cardinal mourant,
Michel descendait dans le parc par l'escalier de lave du
parterre; mais lorsqu'il n'était encore qu'à moitié de cet
escalier, il aperçut messire Barbagallo, qui déjà était
debout et commençait sa consciencieuse journée de surveillance, bien éloigné, le brave homme, de croire que
ce riche palais et ces beaux jardins n'étaient plus que
l'enseigne trompeuse et le vain simulacre d'une fortune
opulente. A ses yeux, dépenser ses revenus en aumônes
était une habitude seigneuriale et respectable. Il secondait honnêtement la princesse dans ces œuvres de charité. Mais entamer son capital eût été une faute immense,
contraire à la dignité héréditaire d'un grand nom; et si
Agathe l'eût éclairé ou consulté à cet égard, il n'eût pas
eu assez de toute son érudition généalogique pour lui
prouver qu'aucun Palmarosa n'eût commis ce crime de

lèse-noblesse, à moins d'y être invité par son roi. Se dépouiller de sa véritable puissance pour des misérables ! Fi ! A moins qu'il ne s'agît d'un hospice, d'un monastère à fonder, monuments qui demeurent et font passer à la postérité la gloire et la vertu du fondateur, et au lieu d'effacer l'éclat d'un nom, lui donnent un nouveau lustre.

Michel, en voyant le majordome lui barrer innocemment le passage, car Barbagallo s'obstinait à contempler un arbuste de l'Inde qu'il avait planté lui-même au bas de l'escalier, prit le parti de baisser la tête et de passer vite sans lui rien expliquer. Quelques heures plus tard, il n'aurait plus à se cacher ; mais, par convenance, il valait mieux attendre la déclaration publique de la princesse.

Mais le majordome semblait être planté à côté de son arbuste. Il s'étonnait que le climat de Catane, qui selon lui était le premier climat du monde, ne convînt pas mieux que celui du tropique à cette plante précieuse ; ce qui prouve qu'il entendait mieux la culture des arbres généalogiques que celle des arbres réels. Il s'était baissé et presque couché à terre pour voir si un ver rongeur n'attaquait point les racines de la plante languissante.

Michel, arrivé aux derniers degrés du rocher, prit le parti de sauter par-dessus messire Barbagallo, qui fit un grand cri, pensant peut-être que c'était le commencement d'une éruption volcanique, et qu'une pierre lancée de quelque cratère voisin venait de tomber à côté de lui.

Le gémissement qu'il fit entendre eut un son rauque si comique, que Michel éclata de rire.

« *Cristo !* » s'écria le majordome en reconnaissant le jeune artiste, que la princesse lui avait ordonné de traiter avec beaucoup d'égards désormais, mais qu'il était bien loin de croire le fils ou l'amant d'Agathe.

Mais, le premier effroi passé, il essaya de rassembler ses idées, pendant que Michel s'éloignait rapidement à travers le jardin. Il comprit que le fils de Pier-Angelo sortait du parterre avant le lever du soleil ; du parterre de la princesse! ce sanctuaire réservé et fortifié, où un amant favorisé pouvait seul pénétrer pendant la nuit!

« Un amant à la princesse Agathe! et un tel amant! lorsque le marquis de la Serra, à peine digne d'aspirer à l'honneur de lui plaire, n'entrait et ne sortait jamais que par la grande porte du palais!... »

Cela était impossible à supposer. Aussi, maître Barbagallo, ne pouvant rien objecter à un fait aussi palpable, et ne voulant point se permettre de le commenter, se borna-t-il à répéter : « *Cristo!* » Et, après être resté immobile durant une ou deux minutes, il prit le parti de vaquer à ses occupations comme à l'ordinaire, et de s'interdire la faculté de penser à quoi que ce soit jusqu'à nouvel ordre.

Michel n'était guère moins étonné de sa propre situation, que le majordome de ce qu'il venait de voir. De tous les rêves qu'il avait cru faire depuis trois jours, le plus inattendu, le plus prodigieux, à coup sûr, était celui qui venait de couronner et d'expliquer les autres. Il marchait devant lui, et l'instinct de l'habitude le conduisait vers la maison du faubourg sans qu'il sût où il allait. Il regardait tous les objets qui frappaient sa vue comme des objets nouveaux. La splendeur des palais et la misère des habitations du peuple lui présentaient un contraste qui ne l'avait jamais attristé que comme un fait dont il avait eu à souffrir personnellement, mais qu'il avait accepté comme une loi fatale de la société. Maintenant qu'il se sentait libre et fort dans cette société, la pitié et la bonté lui venaient au cœur, plus larges, plus désintéressées. Il se sentait meilleur depuis qu'il était du nombre des heureux, et le sentiment de son devoir vibrait dans sa poitrine avec le souffle généreux de sa mère. Il se sentait grandir, dans la sphère des êtres, depuis qu'il se voyait chargé du sort de ses semblables au lieu d'être opprimé par eux. Il se sentait prince, en un mot, et ne s'étonnait plus de s'être toujours senti ambitieux. Mais son ambition s'était ennoblie, dans sa conscience, le jour où il l'avait résumée pour répondre aux objections de Magnani; et, maintenant qu'elle était satisfaite, loin de le corrompre, elle l'exaltait et l'élevait au-dessus de lui-même. Il est des hommes, et malheureusement c'est le plus grand nombre, que la prospérité rabaisse et pervertit; mais une âme vraiment noble ne voit dans la puissance que le moyen de faire le bien, et les dix-huit ans de Michel, c'est l'âge où l'idéal est pur et l'esprit ouvert aux bonnes et grandes aspirations.

A l'entrée du faubourg, il vit une pauvre femme qui mendiait, un enfant dans les bras, trois autres pendus aux haillons de sa jupe. Des larmes lui vinrent aux yeux, et il porta simultanément ses deux mains aux poches de sa casaque, car depuis la veille il avait endossé la livrée du peuple, avec la résolution de la garder longtemps, toujours, s'il le fallait. Mais il s'aperçut que ses poches étaient vides, et il se souvint qu'il ne possédait rien encore. « Pardon, ma pauvre femme, dit-il, c'est demain que je vous donnerai. Soyez ici demain, j'y viendrai. »

La pauvresse crut qu'il se moquait d'elle, et lui dit d'un ton grave, en se drapant dans ses guenilles avec la majesté des peuples méridionaux : « Il ne faut pas se moquer des pauvres, mon garçon, cela porte malheur. »

— Oui! oui! dit Michel en s'éloignant; je le crois, je le sens! cela ne m'arrivera jamais! »

Un peu plus loin il rencontra des blanchisseuses qui étendaient sans façon leur linge sur une corde, en travers de la rue, sur la tête des passants. Michel se baissa, ce qu'il n'eût pas fait la veille ; il eût dérangé l'obstacle d'une main impatiente. Deux jolies filles qui tenaient la corde pour la consolider lui en surent gré, et lui sourirent ; mais quand Michel eut passé ce premier rideau de *biancheria*, et comme il se baissait pour en passer un second, il entendit la vieille lavandière qui disait à ses apprenties d'un ton de sibylle courroucée : « Baissez les yeux, Ninetta ; ne tournez pas tant la tête, Rosalina ! c'est ce petit Michel-Angelino Lavoratori, qui fait le grand peintre, et qui ne vaudra jamais son père ! Foin des enfants qui renient la profession de leurs parents ! »

« Il me fallait absolument la profession de prince, pensa Michel en souriant, car celle d'artiste m'eût attiré de grands reproches. »

Il entra dans sa maison, et, pour la première fois, il la trouva pittoresque et riante dans son désordre misérable. « C'est une vraie maison d'artiste du moyen âge, se dit-il ; je n'y ai vécu que peu de jours, mais ils marqueront dans ma vie comme de purs et doux souvenirs. » Il lui sembla qu'il le regrettait déjà un peu, cet humble nid de famille, et le besoin vague que, la veille, il avait éprouvé d'une demeure plus poétique et plus noble lui parut un désir maladif et insensé, tant il est vrai qu'on s'exagère les biens de la vie quand on ne les a pas.

« J'aurais très-bien pu passer là des années, pensa-t-il, aussi heureux que je le serai dans un palais, pourvu que ma conscience y eût été satisfaite elle-même, comme elle l'a été quand Pier-Angelo m'a dit : « Eh bien, vous êtes un homme de cœur, vous ! » Tous les portraits des Castro-Reale et des Palmarosa pourront me dire qu'ils sont contents de moi ; ils ne me donneront pas plus de joie que ne m'en a donné cette parole de mon père l'artisan. »

Il entra prince dans cette maison d'où il était sorti

ouvrier quelques heures auparavant, et il franchit le seuil avec un sentiment de respect. Puis il vola auprès du lit de son père, croyant le trouver endormi. Mais Pier-Angelo était dans la chambre de Mila, qui n'avait pas dormi tant elle était inquiète de n'avoir pas vu rentrer son frère. Le vieillard se doutait bien que la princesse l'avait retenu ; mais il ne savait comment faire accepter à Mila la probabilité de cette hypothèse. Michel se jeta dans leurs bras et y pleura avec délices. Pier-Angelo comprit ce qui s'était passé, et pourquoi le jeune prince de Castro-Reale lui donnait le nom de père avec tant d'effusion, et ne voulait pas souffrir qu'il l'appelât *Michel*, mais *mon fils*, à chaque parole.

Mila s'étonna beaucoup de ce que Michel, au lieu de l'embrasser avec sa familiarité accoutumée, lui baisait la main à plusieurs reprises en l'appelant sa sœur chérie.

« Qu'y a-t-il donc, Michel ? lui dit-elle, et pourquoi cet air respectueux avec moi ? Tu dis qu'il ne s'est rien passé d'extraordinaire, que tu n'as couru aucun danger cette nuit, et pourtant tu nous dis bonjour comme un homme qui vient d'échapper à la mort, ou qui nous apporte le paradis dans le creux de sa main. Allons ! puisque te voilà, nous sommes heureux comme des saints dans le ciel, c'est vrai ! car j'ai fait de bien mauvais rêves en t'attendant. J'ai réveillé ce pauvre Magnani deux heures avant le jour pour l'envoyer à ta recherche ; et il court encore. Il aura dû aller jusqu'à Bel-Passo, pour voir si tu n'étais pas avec notre oncle.

— Ce bon, ce cher Magnani ! s'écria Michel ; eh bien, j'irai à sa rencontre pour le rassurer et le revoir plus tôt. Mais, auparavant, je veux déjeuner avec vous deux, à notre petite table de famille ; manger ce riz que tu prépares si bien, Mila, et ces pastèques que ta main seule sait choisir.

— Voyez comme il est aimable les jours où il n'est pas fantasque ! dit Mila en regardant son frère. Quand il est dans ses accès d'humeur, rien n'est bon, le riz est trop cuit et les pastèques sont gâtées. Aujourd'hui tout sera délicieux, avant même qu'on y ait goûté.

— Je serai tous les jours ainsi, désormais, ma sœur chérie, répondit Michel ; je n'aurai plus d'humeur, je ne te ferai plus de questions indiscrètes, et j'espère que tu n'auras pas de meilleur ami que moi au monde. »

Dès qu'il fut seul avec Pier-Angelo, Michel se mit à genoux. « Donnez-moi votre bénédiction, lui dit-il, et pardonnez-moi de n'avoir pas toujours été digne de vous. Je le serai désormais, et si je venais à hésiter un instant dans le chemin du devoir, promettez-moi de me gronder et de m'enseigner plus sévèrement que vous ne l'avez fait jusqu'ici.

— Prince, dit Pier-Angelo, j'aurais été plus rude peut-être, si j'eusse été votre père ! mais...

— O mon père, s'écria Michel, ne m'appelez jamais ainsi, et ne me dites jamais que je ne suis pas votre fils. Sans doute je suis le plus heureux des hommes d'être le fils de la princesse Agathe ; mais ce serait mêler du fiel à mon bonheur que de vouloir m'habituer à n'être plus le vôtre ; et, si vous me traitez de prince, je ne veux jamais l'être ; je veux rester ouvrier !

— Eh bien, soit ! dit Pier-Angelo en le pressant contre sa poitrine ; restons père et fils comme nous étions, j'aime mieux cela : d'autant plus que j'en aurais gardé l'habitude malgré moi, quand même tu t'en serais offensé. Maintenant, écoute : je sais d'avance ce que tu vas me dire bientôt. Tu voudras m'enrichir. Je veux te dire d'avance que je te prie de ne pas me tourmenter là-dessus. Je veux rester ce que je suis ; je me trouve heureux. L'argent donne du souci ; je n'en ai jamais su garder. La princesse fera pour ta sœur ce qu'elle voudra ; mais je doute que la petite veuille sortir de sa condition, car, si je ne me trompe, elle aime notre voisin Antonio Magnani et compte n'en point épouser d'autre. Magnani ne voudra rien recevoir de toi, je le connais ; c'est un homme comme moi, qui aime son métier et qui rougirait d'être aidé quand il gagne ce dont il a besoin. Ne te fâche pas, mon enfant ; j'ai accepté hier la dot de ta sœur. Ce n'était pas encore le don d'un prince, c'était le salaire de l'artisan, le sacrifice d'un bon frère. J'en étais fier, et ta sœur, quand elle le saura, n'en sera point honteuse ; mais je n'ai pas voulu le lui dire. Elle ne l'eût jamais accepté, tant elle est habituée à regarder ton avenir d'artiste comme une chose sacrée ; et l'enfant est obstinée, tu le sais.

« Quant à moi, Michel, tu me connais aussi. Si j'étais riche, je serais honteux de travailler. On croirait que c'est par ladrerie, et pour ajouter un peu de gain à mon avoir. Travailler sans y être forcé, je ne le pourrais pas non plus : je suis un animal d'habitude, un artisan routinier ; tous les jours seraient pour moi le dimanche, et autant qu'il m'est bon de m'égayer un peu à table le saint jour du repos, autant il me serait pernicieux de m'amuser tout le long de la semaine. L'ennui me prendrait, la tristesse par conséquent. Je tâcherais d'y échapper, peut-être, par l'intempérance, comme font tous ceux qui ne savent point lire et qui ne peuvent se récréer avec de belles histoires écrites. Il leur faut se nourrir le cerveau pourtant, quand le corps se repose, et c'est avec le vin qu'ils le nourrissent. Cela ne vaut rien, je le sais par expérience. Quand je vais à une noce, je m'amuse le premier jour, je m'y ennuie le second, je suis malade le troisième. Non, non ! il me faut mon tablier, mon échelle, mon pot à colle et mes chansons, pour que les heures ne me paraissent pas doubles. Si tu rougis de moi...

« Mais non, je n'achève pas, cela t'offense ; tu ne rougirais jamais de moi. En ce cas, laisse-moi vivre à ma guise, et, quand je serai trop vieux et trop impotent pour travailler, tu me recueilleras, tu me soigneras, j'y consens, je te le promets ! Je ne peux rien faire de mieux pour toi, j'espère ?

— Vos désirs me seront sacrés, répondit Michel, et je comprends bien qu'il m'est impossible de m'acquitter envers vous avec de l'argent ; ce serait trop facile de pouvoir, en un instant, et sans se donner aucune peine, se libérer d'une dette de toute la vie. Ah ! que ne puis-je doubler le cours de la vôtre, et vous rendre, aux dépens de mon sang, les forces que vous avez usées pour me nourrir et m'élever !

— N'espère pas me payer autrement qu'en amitié, reprit le vieux artisan. La jeunesse ne peut revenir, et je ne désire rien qui soit contraire aux lois divines. Si j'ai travaillé pour toi, c'est avec plaisir et sans jamais compter sur une autre récompense que le bonheur dont je te verrais faire un bon usage. La princesse sait ma manière de penser à cet égard-là. Si elle me payait ton éducation, elle m'en ôterait le mérite et l'orgueil ; car j'ai mon orgueil, moi aussi, et je serai fier d'entendre dire bientôt : « Quel bon Sicilien et quel bon prince que le Castro-Reale ! C'est pourtant ce vieux fou de Pier-Angelo qui l'a élevé ! » Allons, donne-moi ta main, et qu'il n'en soit plus question. Cela me blesserait un peu, je le confesse. Il paraît que le cardinal se meurt. Je veux que nous disions ensemble une prière pour lui, car il en a grand besoin ; c'était un méchant homme, et la femme qui te portait à l'hospice, quand, avec l'aide de mon frère le moine, nous t'avons enlevé de ses bras, m'avait la mine de vouloir te jeter à la mer plutôt que dans la crèche des orphelins. Prions donc de bon cœur ! Tiens, Michel, ce ne sera pas long ! »

Et Pier-Angelo, découvrant sa tête, dit d'une voix forte, et avec un accent de sincérité profonde : « Mon Dieu ! pardonnez-nous nos fautes, et pardonnez à l'âme du cardinal Ieronimo comme nous lui pardonnons nous-mêmes. Au nom du Père, du Fils et du Saint-Esprit. *Amen.* Michel, tu n'as pas dit *amen* ?

— Ainsi soit-il, du fond de mon cœur, » répondit Michel pénétré de respect pour la manière naïvement évangélique dont Pier-Angelo pardonnait à son persécuteur.

Car monseigneur Ieronimo avait été bien dur au pauvre artisan. Il n'avait eu que des soupçons sur lui, et pourtant il l'avait poursuivi, jeté en prison, ruiné, contraint enfin à l'exil volontaire, ce qui était la plus grande douleur que le bon Pierre pût éprouver. Mais à cette heure suprême, il ne se souvenait de rien de ce qui lui était personnel.

Comme Mila recommençait à s'inquiéter pour Magnani, qui ne rentrait point, Michel partit pour aller à sa rencontre. Toutes les cloches de la ville sonnaient l'agonie du prélat; on disait des prières dans toutes les églises, et ce pauvre peuple opprimé, rançonné et durement châtié par lui à la moindre apparence de révolte, s'agenouillait dévotement sur les marches du parvis pour demander à Dieu de l'absoudre. Tous, sans doute, s'étaient réjouis intérieurement au premier son de la cloche, et devaient se réjouir encore au dernier. Mais les terreurs de l'enfer agissent si fortement sur ces vives imaginations, et l'idée d'un châtiment éternel est si effroyable, que les ressentiments de la vie disparaissaient devant cette menace que le tintement des cloches semblait faire planer sur toutes les têtes.

Michel, n'entendant point le glas final annoncer que

la mort avait saisi sa proie, et prévoyant que sa mère ne quitterait le lit funèbre qu'à ce moment décisif, se dirigea vers la colline de Mal-Passo. Il voulait embrasser son ami et son oncle encore une fois avant de les voir saluer en lui le prince de Castro-Reale. Il redoutait surtout, de la part de Magnani, le moment où celui-ci s'armerait de fierté, et peut-être de froideur, dans la crainte injuste de ses dédains. Il tenait à lui demander d'avance la conservation de leur amitié, à en exiger la promesse solennelle, et à l'informer le premier de sa position après qu'il aurait cimenté cette fraternité sacrée entre eux en présence de Fra-Angelo.

Et puis, Michel pensait aussi au Piccinino. Il se disait qu'il n'y avait pas assez loin de Bel-Passo à Nicolosi pour qu'il ne pût aller trouver son frère avant qu'il eût rien entrepris contre la princesse et contre lui-même. Il ne pouvait se résoudre à attendre et à braver des vengeances qui pouvaient atteindre sa mère avant lui ; et, dût-il trouver le bâtard dans un accès de fureur pire que celui où il l'avait quitté, il regardait comme le devoir d'un fils et d'un homme d'en essuyer seul les premières conséquences.

Chemin faisant, Michel se souvint qu'il était peintre en voyant le soleil levant resplendir dans la campagne. Un sentiment de tristesse profonde s'empara de lui tout à coup ; son avenir d'artiste semblait finir pour lui, et, en repassant devant la grille de la villa Palmarosa, en regardant cette niche ornée d'une madone, d'où il avait salué les coupoles de Catane pour la première fois, son cœur se serra, comme si vingt ans, au lieu de douze jours, se fussent écoulés entre une vie arrivée à son dénouement et une aventureuse jeunesse, pleine de poésie, de craintes et d'espérances. La sécurité de sa nouvelle condition lui fit peur, et il se demanda avec effroi si le génie d'un peintre ne se trouverait pas mal logé dans le cerveau d'un riche et d'un prince. Que deviendraient l'ambition, la colère, la terreur, la rage du travail, les obstacles à vaincre, les succès à défendre, tous ces aiguillons puissants et nécessaires? Au lieu d'ennemis pour le stimuler, il n'aurait plus que des flatteurs pour corrompre son jugement et son goût; au lieu de la misère pour le forcer à la fatigue et le soutenir dans la fièvre, il serait rassasié d'avance de tous les avantages que l'art poursuit au moins autant que la gloire.

Il soupira profondément, et prit courage bientôt, en se disant qu'il serait digne d'avoir des amis qui lui diraient la vérité, et qu'en poursuivant ce noble but de la gloire il y pourrait porter, plus qu'auparavant, une abnégation complète des profits du métier et des jugements grossiers de la foule.

En raisonnant ainsi, il arriva au monastère. Les cloches du couvent répondaient à celles de la ville, et ce dialogue monotone et lugubre se croisait dans l'air sonore du matin, à travers les chants des oiseaux et les harmonies de la brise.

XLVII.

LE VAUTOUR.

Magnani savait tout; car Agathe avait, sinon deviné, du moins soupçonné son amour, et, pour l'en guérir, elle lui avait raconté sa vie; elle lui avait montré son passé flétri et désolé, son présent sérieux et absorbé par le sentiment maternel. En lui témoignant cette confiance et cette amitié, elle avait du moins guéri la secrète blessure de sa fierté plébéienne. Elle avait fait comprendre délicatement que l'obstacle entre eux n'était pas la différence de leurs conditions et de leurs idées, mais celle de leurs âges et d'une destinée inflexible. Enfin, elle l'avait élevé jusqu'à elle en le traitant comme un frère, et si elle ne l'avait pas guéri tout à fait dès le premier effort, elle avait au moins effacé toute l'amertume de sa souffrance. Puis elle avait amené avec adresse le nom de Mila dans leur entretien, et, en comprenant que la princesse désirait leur union, Magnani s'était fait un devoir d'obéir à son vœu.

Ce devoir, il devait travailler à le remplir, et il sentait bien lui-même que, pour le punir de sa folie, Agathe lui indiquait la plus douce des expiations, pour ne pas dire la plus délicieuse. Comme il n'avait point partagé les inquiétudes de Mila à propos de l'absence de Michel, il était sorti uniquement pour lui complaire, et sans songer qu'il fût besoin d'aller à sa recherche. Il était venu trouver Fra-Angelo pour le consulter sur les sentiments de cette jeune fille, et pour lui demander ses conseils et son appui. Lorsqu'il arriva au monastère, la communauté récitait les prières des agonisants pour l'âme du cardinal, et il fut forcé d'attendre, dans le jardin aux allées de faïence et aux plates-bandes de laves, que Fra-Angelo pût venir le rejoindre. Cette lugubre psalmodie l'attrista, et il ne put se défendre d'un noir pressentiment en songeant qu'il venait caresser l'espoir des fiançailles au milieu d'une cérémonie funèbre.

Déjà la veillé, avant de se séparer de Pier-Angelo, au retour du palais de la Serra, il avait sondé le vieux artisan sur les sentiments de sa fille. Pier-Angelo, charmé de cette espèce d'ouverture, lui avait dit naïvement qu'il le croyait aimé ; mais, comme Magnani se méfiait de son bonheur et n'osait prendre confiance, Pier-Angelo lui avait conseillé de consulter son frère le capucin, qu'il s'était habitué, bien qu'il fût son aîné, à regarder comme le chef de sa famille.

Magnani était bien troublé, bien incertain. Cependant une voix mystérieuse lui disait que Mila l'aimait. Il se rappelait ses regards furtifs, ses subites rougeurs, ses larmes cachées, ses pâleurs mortelles, ses paroles même, qui semblaient une affectation d'indifférence suggérée par la fierté. Il espéra; il attendit avec impatience que les prières fussent finies, et quand Fra-Angelo vint le trouver il le pria de lui prêter attention, de lui donner conseil, et, avant tout, de lui dire la vérité sans ménagement.

« Voici qui est grave, lui répondit le bon moine : j'ai toujours eu de l'amitié pour ta famille, mon fils, et une haute estime pour toi. Mais es-tu bien sûr de me connaître et de m'aimer assez pour me croire, si les conseils que je te donne contrarient tes secrets désirs? Car, nous autres moines, on nous consulte beaucoup et on nous écoute fort peu. Chacun vient nous confier ses pensées, ses passions, et même ses affaires, parce qu'on croit que des hommes sans intérêt direct dans la vie y voient plus clair que les autres. On se trompe. Nos conseils sont, la plupart du temps, ou trop complaisants ou trop austères pour être bons à suivre ou possibles à observer. Moi, je répugne aux conseils.

— Eh bien, dit Magnani, si vous ne me croyez pas capable de profiter de vos enseignements, voulez-vous me promettre de répondre sans hésitation et sans ménagement à une question que je vais vous adresser?

— L'hésitation n'est pas mon fait, ami. Mais, faute de ménagement, on peut faire beaucoup souffrir ceux qu'on aime, et tu veux que je sois cruel envers toi? Tu mets mon affection à une cruelle épreuve!

— Vous m'effrayez d'avance, père Angelo. Il me semble que vous avez déjà deviné la question que je vais vous faire.

— Dis toujours, pour voir si je ne me trompe pas.
— Et vous répondrez?
— Je répondrai.
— Eh bien, dit Magnani d'une voix tremblante, ferais-je bien de demander à votre frère la main de votre nièce Mila?
— Précisément, voilà ce que j'attendais. Mon frère m'a parlé de cela avant toi. Il pense que sa fille t'aime; il croit l'avoir deviné.
— Mon Dieu! s'il était vrai! dit Magnani en joignant les mains. »

Mais la figure de Fra-Angelo resta froide et triste.

« Vous ne me jugez pas digne d'être l'époux de Mila, reprit le modeste Magnani. Ah! mon frère, il est vrai! mais si vous saviez comme j'ai la ferme intention de le devenir!

— Ami, répondit le moine, le plus beau jour de la vie de Pier-Angelo et de la mienne serait le jour où tu deviendrais l'époux de Mila, si vous vous aimez ardemment et sincèrement tous les deux; car, nous autres religieux, nous savons cela : il faut aimer de toute son âme l'épouse à laquelle on se donne, que ce soit la famille ou la religion. Eh bien, je crois que tu aimes Mila, puisque tu la recherches; mais je ne sais point si Mila t'aime et si mon frère ne se trompe point.

— Hélas! reprit Magnani, je ne le sais pas non plus.

— Tu ne le sais pas? dit Fra-Angelo en fronçant légèrement le sourcil; elle ne te l'a donc jamais dit?

— Jamais!

— Et pourtant, elle t'a accordé quelques innocentes faveurs? Elle s'est trouvée seule avec toi?

— Par rencontre ou par nécessité.

— Elle ne t'a jamais donné de rendez-vous?

— Jamais!

— Mais hier? hier, au coucher du soleil, elle ne s'est pas promenée avec toi de ce côté-ci?

— Hier, de ce côté-ci? dit Magnani en pâlissant; non, mon père.

— Sur ton salut?

— Sur mon salut et sur mon honneur!

— En ce cas, Magnani, il ne faut point songer à Mila. Mila aime quelqu'un, et ce n'est pas toi. Et, ce qu'il y a de pire, c'est que ni son père, ni moi, ne pouvons le deviner. Plût au ciel qu'une fille si dévouée, si laborieuse et si modeste jusqu'à ce jour, eût pris de l'inclination pour un homme tel que toi! Vous eussiez noblement élevé une famille, et votre union eût édifié le prochain. Mais Mila est un enfant, et un enfant romanesque, j'en ai peur. Désormais on veillera sur elle avec plus de soin; j'avertirai son père, et toi, homme de cœur, tu te tairas, tu l'oublieras.

— Quoi! s'écria Magnani, Mila, le type de la franchise, du courage et de l'innocence, aurait déjà une faute à se reprocher? Mon Dieu! la pudeur et la vérité n'existent donc plus sur la terre?

— Je ne dis pas cela, répondit le moine : j'espère que Mila est pure encore; mais elle est sur le chemin de sa perte si on ne la retient. Hier, au coucher du soleil, elle passait ici, seule et parée; elle évitait ma rencontre, elle refusait de s'expliquer, elle essayait de mentir. Ah! j'ai bien prié Dieu cette nuit pour elle, mais je n'ai guère dormi. — Je garderai le secret de Mila, et je ne penserai plus à elle, dit Magnani atterré. »

Mais il continua à y penser. Il était dans sa nature douloureuse et forte, mais ennemie de toute confiance fanfaronne, de marcher toujours au-devant des obstacles, et de s'y arrêter sans savoir ni les franchir, ni les abandonner.

Michel arriva en cet instant; il semblait avoir subi une transformation magique depuis la veille, quoique son habit d'artisan fût resté sur ses épaules; mais son front et ses yeux s'étaient agrandis, ses narines aspiraien l'air plus largement, sa poitrine semblait s'être développée dans une nouvelle atmosphère. La fierté, la force et le calme de l'homme libre resplendissaient sur sa physionomie.

« Ah! lui dit Magnani en se jetant dans les bras que lui tendait le jeune prince, ton rêve est déjà accompli, Michel! C'était un beau rêve! le réveil est encore plus beau. Moi, je me débattais contre un cauchemar que ton bonheur fait évanouir, mais qui me laisse éperdu et brisé de fatigue. »

Fra-Angelo les bénit tous deux, et, s'adressant au prince :

— Je salue avec joie, lui dit-il, ton avénement à la grandeur et à la puissance, en te voyant presser contre ton cœur l'homme du peuple de ton pays. Michel de Castro-Reale, Michel-Ange Lavoratori, je t'aimerai toujours comme mon neveu en t'aimant comme mon prince. Direz-vous maintenant, *excellence*, que c'est duperie aux gens de ma race de servir et d'aimer ceux de la vôtre?

— Ne me rappelez pas mes hérésies, mon digne oncle, répondit Michel. Je ne sais plus à quelle race j'appartiens aujourd'hui, je sens que je suis homme et Sicilien, voilà tout.

— Donc, vive la Sicile! s'écria le capucin en saluant l'Etna.

— Vive la Sicile! répondit Michel en saluant Catane. »

Magnani était attendri et affectueux. Il se réjouissait sincèrement du bonheur de Michel; mais, pour son compte, il était fort abattu de l'obstacle qui s'élevait entre Mila et lui, et il tremblait de retomber sous l'empire de sa première passion. Pourtant la mère est plus que la femme, et voir Agathe sous cet aspect nouveau rendit le culte de Magnani plus calme et plus sérieux qu'il ne l'avait été encore. Il sentit qu'il rougirait en présence de Michel s'il conservait la moindre trace de sa folie. Il résolut de l'effacer en lui-même, et, heureux de pouvoir toujours se dire qu'il avait consacré sa jeunesse, par un vœu, à la plus belle sainte du ciel, il garda son image et son souvenir en lui comme un parfum céleste.

Magnani était guéri ; mais quelle triste guérison, à vingt-cinq ans, que d'abjurer tous les rêves de l'amour ! Il se sentit plein de résignation ; mais, à partir de ce moment, la vie ne fut plus pour lui qu'un devoir rigide et glacé.

Les rêveries et les tourments qui lui avaient fait aimer ce devoir n'existaient plus. Jamais il n'y eut d'homme plus isolé sur la terre, plus dégoûté de toutes les choses humaines, que ne le fut Magnani le jour de sa délivrance.

Il quitta Michel et Fra-Angelo, qui voulaient se rendre sans tarder à Nicolosi, et passa tout le reste du jour à se promener seul au bord de la mer, vers les îles basaltiques de Jaciréale.

Le jeune prince et le moine partirent aussitôt après avoir résolu d'aller trouver le Piccinino. Ils approchaient de la sinistre croix du Destatore, lorsque les cloches de Catane, changeant de rhythme, firent entendre les notes lugubres qui annoncent la mort. Fra-Angelo fit un signe de croix sans s'arrêter ; Michel songea à son père, assassiné peut-être par l'ordre de ce prélat impie, et doubla le pas afin de s'agenouiller sur la tombe de Castro-Reale.

Il ne se sentait pas encore le courage de regarder de près cette croix fatale, où il avait éprouvé des émotions si pénibles, alors même qu'il ne savait pas quel lien du sang l'attachait au bandit de l'Etna. Mais un grand vautour qui s'envola brusquement, du pied même de la croix, le força d'y porter les yeux involontairement. Un instant, il se crut la proie d'une odieuse hallucination. Un cadavre couché dans une mare de sang gisait à la place d'où le vautour s'enfuyait.

Glacés d'horreur, Michel et le moine s'approchèrent et reconnurent le cadavre de l'abbé Ninfo, à moitié défiguré par des coups de pistolet tirés à bout portant. Ce meurtre avait été prémédité ou accompli avec un rare sang-froid, car on s'était donné le temps et la peine d'écrire à la craie, et en lettres fines et pressées, sur la lave noire du piédestal de la croix, cette inscription d'une précision implacable :

« Ici fut trouvé, il y a aujourd'hui dix-huit ans, le cadavre d'un célèbre bandit, *il Destatore*, prince de Castro-Reale, vengeur des maux de son pays.

« L'on y trouvera aujourd'hui le cadavre de son assassin, l'abbé Ninfo, qui a confessé lui-même sa participation au crime. Un si lâche champion n'eût pas osé frapper un homme si brave. Il l'avait attiré dans un piége où il a fini par tomber lui-même, après dix-huit ans de forfaits impunis.

« Plus heureux que Castro-Reale frappé par des esclaves, Ninfo est tombé sous la main d'un homme libre.

« Si vous voulez savoir qui a condamné et payé l'assassinat du *Destatore*, demandez-le à Satan, qui, dans une heure, recevra à son tribunal l'âme perverse du cardinal Ieronimo de Palmarosa.

« N'accusez pas la veuve de Castro-Reale : elle est innocente.

« Michel de Castro-Reale, il y aura encore bien du sang à répandre avant que la mort de ton père soit vengée !

« Celui qui a écrit ces lignes est le bâtard de Castro-

Reale, celui qu'on appelle le Piccinino et le Justicier d'aventure. C'est lui qui a tué le fourbe Ninfo. Il l'a fait au soleil levant, au son de la cloche qui annonçait l'agonie du cardinal de Palmarosa. Il l'a fait afin qu'on ne crût pas que tous les scélérats peuvent mourir dans leur lit.

« Que le premier qui lira cette inscription la copie ou la retienne, et qu'il la porte au peuple de Catane ! »

« Effaçons-la, dit Michel, ou l'audace de mon frère lui deviendra fatale.

— Non, ne l'effaçons pas, dit le moine. Ton frère est trop prudent pour n'être pas déjà loin d'ici, et nous n'avons pas le droit de priver les grands et le peuple de Catane d'un terrible exemple et d'une sanglante leçon. Assassiné, lui, le fier Castro-Reale? assassiné par le cardinal, attiré dans un piège par l'infâme abbé ! Ah ! j'aurais dû le deviner ! Il y avait encore en lui trop d'énergie et de cœur pour descendre au suicide. Ah ! Michel ! n'accuse pas ton frère de trop de sévérité, et ne regarde pas ce châtiment comme un crime inutile. Tu ne sais pas ce que c'était que ton père dans ses bons jours, dans ses grands jours ! Tu ne sais pas qu'il était en voie de s'amender et de redevenir le justicier des montagnes. Il se repentait. Il croyait en Dieu, il aimait toujours son pays, et il adorait ta mère ! Qu'il eût pu vivre ainsi une année de plus, et elle l'eût aimé, et elle lui eût tout pardonné. Elle serait venue partager ses dangers, elle eût été la femme du brigand au lieu d'être la captive et la victime des assassins. Elle t'eût élevé elle-même, elle n'eût jamais été séparée de toi ! Tu aurais sucé le lait sauvage d'une lionne, et tu aurais grandi dans la tempête. Tout serait mieux ainsi ! La Sicile serait plus près de sa délivrance qu'elle ne le sera peut-être dans dix ans ; et moi, je ne fusse pas resté moine ! Au lieu de nous promener dans la montagne, les bras croisés, pour voir ce cadavre tombé dans un coin, et le Piccinino fuyant à travers les abîmes, nous serions tous ensemble, le mousquet au poing, livrant de rudes batailles aux Suisses de Naples, et marchant peut-être sur Catane, le drapeau jaune frissonnant en plis d'or à la brise du matin! Oui, tout serait mieux ainsi, je te le dis, prince de Castro-Reale!... Mais la volonté de Dieu soit faite! ajouta Fra-Angelo, se rappelant enfin qu'il était moine. Bien certains que le Piccinino avait dû quitter le val, longtemps même avant l'heure désignée dans l'inscription comme celle du meurtre, Michel et le capucin n'allèrent pas plus loin et s'éloignèrent de ce lieu sauvage où, pendant plusieurs heures encore, le cadavre de l'abbé pouvait bien être la proie du vautour, sans que personne vînt troubler son affreux festin. Comme ils revenaient sur leurs pas, ils virent l'oiseau sinistre passer sur leurs têtes et retourner à sa déplorable proie avec acharnement. « Mangé par les chiens et les vautours, dit le moine sans témoigner aucun trouble, c'est le sort que tu méritais! c'est la malédiction que, dans tous les temps, les peuples ont prononcée sur les espions et les traîtres. Vous voilà bien pâle, mon jeune prince, et vous me trouvez peut-être bien rude envers un prêtre, moi qui suis aussi un homme d'église. Que voulez-vous? J'ai beaucoup vu tuer et j'ai tué moi-même, peut-être plus qu'il ne le faudrait pour le salut de mon âme! mais dans les pays conquis, voyez-vous, la guerre n'a pas toujours d'autres moyens que le meurtre privé. Ne croyez pas que le Piccinino soit plus méchant qu'un autre. Le ciel l'avait fait naître calme et patient; mais il y a des vertus qui deviendraient des vices chez nous, si on les conservait. La raison et le sentiment de la justice lui ont appris à être terrible, au besoin! Voyez, pourtant, qu'il a l'âme loyale au fond. Il est fort irrité contre votre mère, m'avez-vous dit, et vous avez craint sa vengeance. Vous voyez qu'il l'absout du crime dont la sainte femme n'a jamais conçu la pensée; vous voyez qu'il rend hommage à la vérité, même dans le feu de sa colère. Vous voyez aussi qu'au lieu de vous adresser une malédiction, il vous exhorte à faire cause commune avec lui, dans l'occasion. Non, non, Carmelo n'est pas un lâche! »

Michel était de l'avis du capucin; mais il garda le silence : il avait un grand effort à faire pour fraterniser avec l'âme sombre de ce sauvage raffiné qui s'appelait le Piccinino. Il voyait bien la secrète prédilection du moine pour le bandit. Aux yeux de Fra-Angelo, le bâtard était, bien plus que le prince, le fils légitime du *Destatore* et l'héritier de sa force. Mais Michel était trop accablé des émotions tour à tour délicieuses et horribles qu'il venait d'éprouver depuis quelques heures, pour suivre une conversation quelconque, et, eût-il trouvé le capucin trop vindicatif et trop enclin à un reste de férocité, il ne se sentait pas le droit de contredire et même de juger un homme auquel il devait la légitimité de sa naissance, la conservation de ses jours, et le bonheur de connaître sa mère.

Ils aperçurent de loin la villa du cardinal toute tendue de noir.

« Et vous aussi, Michel, vous allez être forcé de prendre le deuil, dit Fra-Angelo. Carmelo est plus heureux que vous en ce moment, de ne pas appartenir à la société. S'il était le fils de la princesse de Palmarosa, il lui faudrait porter la livrée menteuse de la douleur, le deuil de l'assassin de son père.

—Pour l'amour de ma mère, mon bon oncle, répondit le prince, ne me montrez pas le mauvais côté de ma position. Je ne puis songer encore à rien, sinon que je suis le fils de la plus noble, de la plus belle et de la meilleure des femmes.

—Bien, mon enfant; c'est bien. Pardonnez-moi, reprit le moine. Moi, je suis toujours dans le passé; je suis toujours avec le souvenir de mon pauvre capitaine assassiné. Pourquoi l'avais-je quitté? pourquoi étais-je déjà moine? Ah! j'ai été un lâche aussi! Si j'étais resté fidèle à sa mauvaise fortune et patient pour ses égarements, il ne serait pas tombé dans une misérable embûche, il vivrait peut-être encore! Il serait fier et heureux d'avoir deux fils, tous deux beaux et braves! Ah! *Destatore, Destatore!* voici que je te pleure avec plus d'amertume que la première fois. Apprendre que tu es mort d'une autre main que de la tienne, c'est recommencer à te perdre. »

Et le moine, tout à l'heure si dur et si insensible en foulant sous ses pieds le sang du traître, se mit à pleurer comme un enfant. Le vieux soldat, fidèle au delà de la mort, reparut en lui tout entier, et il embrassa Michel en disant: « Console-moi, fais-moi espérer que nous le vengerons! »

« Espérons pour la Sicile! répondit Michel. Nous avons mieux à faire que de venger nos querelles de famille, nous avons à sauver la patrie! Ah! la patrie! c'est un mot que tu avais besoin de m'expliquer hier, brave soldat; mais aujourd'hui, c'est un mot que je comprends bien. »

Ils se serrèrent fortement la main et entrèrent dans la villa Palmarosa.

XLVIII.

LE MARQUIS.

Messire Barbagallo les attendait à la porte avec un visage plein d'anxiété. Dès qu'il aperçut Michel, il courut à sa rencontre et se mit à genoux pour lui baiser la main. « Debout, debout, Monsieur! lui dit le jeune prince, choqué de tant de servilité. Vous avez servi ma mère avec dévouement. Donnez-moi la main, comme il convient à un homme! »

Ils traversèrent le parc ensemble; mais Michel ne voulut pas encore recevoir les hommages de tous les valets, qui ne menaçaient pourtant pas d'être plus importuns que celui de l'intendant; car celui-ci le poursuivait en lui demandant cent fois pardon de la scène du bal, et en s'efforçant de lui prouver que si le décorum lui avait permis, en cette occasion, d'avoir ses lunettes, sa vue affaiblie ne l'eût pas empêché de remarquer qu'il ressemblait trait pour trait au grand capitaine Giovanni Palmarosa, mort en 1288, dont il avait porté la veille, en sa présence, le portrait au marquis de la Serra : « Ah! que je regrette, disait-il, que la princesse ait fait don de tous les Palmarosa au marquis! Mais Votre Altesse recouvrera cette noble et précieuse part de son héritage. Je suis certain que Son Excellence le marquis lui restituera par son testament, ou par une cession plus prompte encore, tous les ancêtres des deux familles.

— Je les trouve bien où ils sont, répondit Michel en souriant. Je n'aime pas beaucoup les portraits qui ont le don de la parole. »

Il se déroba aux obsessions du majordome et tourna le rocher, afin d'entrer par le casino. Mais, comme il pénétrait dans le boudoir de sa mère, il vit que Barbagallo tout essoufflé l'avait suivi sur l'escalier: « Pardon, Altesse, disait-il d'une voix entrecoupée, madame la princesse est dans la grande galerie, au milieu de ses parents, de ses amis et de ses serviteurs, auxquels elle vient de faire la déclaration publique de son mariage avec le très-noble et très-illustre prince votre père. On n'attend plus que le très-digne frère Angelo, qui a dû recevoir un exprès, il y a deux heures, afin qu'il apportât du couvent les titres authentiques de ce mariage, qui doivent constater ses droits à la succession de Son Éminence, le très-haut, très-puissant et très-excellent prince cardinal...

—J'apporte les titres, répondit le moine; avez-vous tout dit, très-haut, très-puissant et très-excellent maître Barbagallo?

—Je dirai encore à Son Altesse, reprit l'intendant sans se déconcerter, qu'elle est attendue aussi avec impatience... mais que...

—Mais quoi? Ne me barrez pas toujours le passage avec vos airs suppliants, monsieur Barbagallo. Si ma mère m'attend, laissez-moi courir vers elle; si vous avez quelque requête personnelle à me présenter, je vous écouterai une autre fois, et, d'avance, je vous promets tout.

—O mon noble maître, oui! s'écria Barbagallo en se mettant en travers de la porte, d'un air héroïque et en présentant à Michel un habit de gala à l'ancienne mode, tandis qu'un domestique, rapidement averti par un coup de sonnette, apportait une culotte de satin brodée d'or, une épée et des bas de soie à coins rouges. Oui, oui! c'est une demande personnelle que j'ose vous adresser. Vous ne pouvez pas vous présenter devant l'assemblée de famille qui vous attend, avec cette casaque de bure et cette grosse chemise. C'est impossible qu'un Palmarosa, qu'un Castro-Reale je veux dire, apparaisse, pour la première fois, à ses cousins-germains et issus de germains dans l'accoutrement d'un manœuvre. On sait les nobles infortunes de votre jeunesse et la condition indigne à laquelle votre grand cœur a su résister. Mais ce n'est pas une raison pour qu'on en voie la livrée sur le corps de Votre Altesse. Je me mettrai à ses genoux pour la supplier de se revêtir des habits de cérémonie que le prince Dionigi de Palmarosa, son grand-père, portait le jour de sa première présentation à la cour de Naples.

La première partie de ce discours avait vaincu la sévérité de Michel. Le moine et lui n'avaient pu résister à un accès de fou rire : mais la fin de l'exorde fit cesser leur gaieté et rembrunit leurs fronts.

« Je suis bien sûr, dit Michel d'un ton sec, que ce ce n'est pas ma mère qui vous a chargé de me présenter ce déguisement ridicule, et qu'elle n'aurait aucun plaisir à me voir revêtir cette livrée-là! J'aime mieux celle que je porte encore et que je porterai le reste de cette journée, ne vous en déplaise, monsieur le majordome.

— Que Votre Altesse ne soit pas irritée contre moi, répondit Barbagallo tout confus en faisant signe au laquais de remporter l'habit au plus vite. J'ai agi peut-être inconsidérément en ne prenant conseil que de mon zèle... mais si...

— Mais non! laissez-moi, dit Michel en poussant la porte avec énergie; » et, prenant le bras de Fra-Angelo, il descendit l'escalier intérieur du Casino et entra résolument dans la grande salle, sous son costume d'artisan.

La princesse, vêtue de noir, était assise au fond de la galerie sur un sofa, entourée du marquis de la Serra, du docteur Recuperati, de Pier-Angelo, de plusieurs amis éprouvés des deux sexes et de plusieurs parents, à la mine plus ou moins malveillante ou consternée, malgré leurs efforts pour paraître touchés et émerveillés du roman de sa vie qu'elle venait de leur raconter. Mila était assise à ses pieds sur un coussin, belle, attendrie, et pâle de surprise et d'émotion. D'autres groupes étaient espacés dans la galerie. C'étaient des amis moins intimes, des parents plus éloignés, puis des gens de loi qu'Agathe avait appelés pour constater la validité de son mariage et la légitimité de son fils. Plus loin encore, les serviteurs de la maison, en service actif ou admis à la retraite, quelques ouvriers privilégiés, la famille Magnani entre autres; enfin l'élite de ces *clients* avec lesquels les seigneurs siciliens ont des relations de solidarité inconnues chez nous, et qui rappellent les antiques usages du patriciat romain.

On peut bien penser qu'Agathe ne s'était pas crue forcée de dire quelles raisons cruelles l'avaient décidée à épouser le trop fameux prince de Castro-Reale, ce bandit si brave et si redoutable, si dépravé et pourtant si naïf parfois, espèce de don Juan converti, sur lequel couraient encore plus d'histoires terribles, fantastiques, galantes et invraisemblables, qu'il n'en avait pu mener à fin. Elle préférait à l'aveu public d'une violence qui répugnait à sa pudeur et à sa fierté, l'aveu tacite d'un amour, romanesque, de sa part, jusqu'à l'extravagance, mais librement consenti et légitimé. Le seul marquis de la Serra avait été le confident de sa véritable histoire; lui seul savait maintenant les malheurs d'Agathe, la cruauté de ses parents, l'assassinat présumé du *Destatore*, et les complots contre la vie de son fils au berceau. La princesse laissa pressentir aux autres que sa famille n'eût point approuvé ce mariage clandestin, et que son fils avait dû être élevé en secret pour ne point risquer d'être déshérité dans sa personne par ses parents maternels. Elle avait fait un récit court, simple et précis, et elle y avait porté une assurance, une dignité, un calme qu'elle devait à l'énergie du sentiment maternel. Avant qu'elle connût l'existence de son enfant, elle se serait donné la mort plutôt que de laisser soupçonner la dixième partie de son secret; mais, avec la volonté de faire reconnaître et accepter son fils, elle eût tout révélé si un aveu complet eût été nécessaire.

Elle avait fini de parler depuis un quart d'heure, quand Michel entra. Elle avait regardé tout son auditoire avec tranquillité. Elle savait à quoi s'en tenir sur l'attendrissement naïf des uns, sur la malignité déguisée des autres. Elle savait qu'elle aurait le courage de faire face à toutes les amplifications, à toutes les railleries, à toutes les méchancetés que sa déclaration allait faire éclater dans le public et surtout dans le grand monde. Elle était préparée à tout et se sentait bien forte, appuyée sur son fils, cette femme qui n'avait pas plus voulu de la protection d'un mari que des consolations d'un amant. Quelques-unes des personnes présentes, soit par malice, soit par bêtise, avaient essayé de lui faire ajouter quelques détails, quelques éclaircissements à sa déclaration. Elle avait répondu avec douceur et fermeté : « Ce n'est pas devant tant de témoins, et en un jour de deuil et de gravité pour ma maison, que je puis me prêter volontairement à vous divertir ou à vous intéresser au récit d'une histoire d'amour. D'ailleurs, tout cela est un peu loin de ma mémoire. J'étais bien jeune alors, et, après vingt ans écoulés sur ces émotions, je pourrais difficilement me remettre à un point de vue qui vous fît comprendre le choix que j'avais jugé à propos de faire. Je permets qu'on le trouve extraordinaire, mais je ne permettrai à personne de le blâmer en ma présence ; ce serait insulter à la mémoire de l'homme dont j'ai accepté le nom pour le transmettre à mon fils. »

On chuchotait avidement dans les groupes de cette assemblée déjà dispersée dans la vaste galerie. Le dernier de tous à l'extrémité de la salle, celui qui se composait de braves ouvriers et de fidèles serviteurs, était le seul grave, calme et secrètement attendri. Le père et la mère de Magnani étaient venus baiser, en pleurant, la main d'Agathe. Mila, dans son extase d'étonnement et de joie, était un peu triste au fond du cœur. Elle se disait que Magnani aurait dû être là, et elle ne le voyait point arriver, quoiqu'on l'eût cherché partout. Elle l'oublia cependant quand elle vit paraître Michel, et elle se leva pour s'élancer vers lui à travers les groupes malveillants ou stupéfiés qui s'ouvrirent pour laisser passer le prince artisan et sa casaque de laine. Mais elle s'arrêta, toute rouge et tout affligée : Michel n'était plus son frère. Elle ne devait plus l'embrasser.

Agathe, qui s'était levée avant elle, se retourna pour lui faire signe, et, la prenant par la main, elle marcha vers son fils avec la résolution et l'orgueil d'une mère et d'une reine. Elle le présenta d'abord à la bénédiction publique de son père et de son oncle adoptifs, puis aux poignées de main de ses amis et aux salutations de ses connaissances. Michel eut du plaisir à se montrer fier et froid avec ceux qui lui parurent tels; et quand il fut au milieu de la partie populaire de la réunion, il se montra tel qu'il se sentait, plein d'effusion et de franchise. Il n'eut pas de peine à se gagner ces cœurs-là, et il y fut accueilli comme si ces braves gens l'eussent vu naître et grandir sous leurs yeux.

Après la production des actes de mariage et de naissance, qui, ayant été contractés et enregistrés sous l'ancienne administration ecclésiastique, étaient parfaitement légitimes et authentiques, Agathe prit congé de l'assemblée de famille et se retira dans son appartement avec Michel, la famille Lavoratori et le marquis de la Serra. Là, on goûta encore sans trouble le bonheur d'être ensemble, et on se reposa un peu de la contrainte qu'on avait subie, en riant de l'incident de l'habit de gala du grand-père, heureuse imagination de Barbagallo! On s'amusa d'avance de tout ce qui allait être enfanté de monstrueux et de ridicule dans les premiers temps, par les imaginations catanaises, messinoises et palermitaines, sur la situation de la famille.

La journée ne s'écoula point sans qu'ils sentissent tous qu'ils auraient besoin d'un courage plus sérieux. La nouvelle de l'assassinat de l'abbé Ninfo, et surtout la copie de l'inscription audacieuse, arrivèrent dans la soirée et circulèrent rapidement par toute la ville. Des promeneurs avaient apporté l'écrit, des *campièri* apportèrent le cadavre. Comme cela avait une couleur politique, on en parla tout bas; mais comme cela était lié aux événements de la journée, à la mort du cardinal et à la déclaration d'Agathe, on en parla toute la nuit, jusqu'à en perdre l'envie de dormir. La plus belle et la plus grande ville possible, lorsqu'elle n'est point une des métropoles de la civilisation, est toujours, par l'esprit et les idées, une petite ville de province, surtout dans le midi de l'Europe.

La police s'émut d'ailleurs de la vengeance exercée sur l'un de ses employés. Les gens en faveur prirent, dans les salons, une attitude de menace contre la noblesse patriotique. Le parti napolitain fit entendre que le prince de Castro-Reale n'avait qu'à bien se tenir s'il voulait qu'on oubliât les forfaits de monsieur son père, et on fit bientôt pénétrer, jusque dans le boudoir de la princesse, de salutaires avertissements qu'on voulait bien lui donner. Un ami sincère, mais pusillanime, vint lui apprendre que son innocence proclamée par la main fantastique du Piccinino, et l'appel fait à son fils dans le même écrit pour qu'il eût à venger Castro-Reale, la compromettraient gravement, si elle ne se hâtait de faire quelques démarches prudentes, comme de présenter son fils aux puissances du moment, et de témoigner, d'une manière indirecte, mais claire, qu'elle abandonnait l'âme de son défunt brigand au diable et le corps de son beau-fils le bâtard au bourreau; qu'elle avait l'intention d'être une bonne, une vraie Palmarosa, comme l'avaient été son père et son oncle; enfin qu'elle se portait garant de la bonne éducation politique qu'elle saurait donner à l'héritier d'un nom aussi difficile à porter désormais que celui de Castro-Reale.

A ces avertissements, Agathe répondit avec calme et prudence qu'elle n'allait jamais dans le monde; qu'elle vivait, depuis vingt ans, dans une retraite tranquille, où aucun complot ne s'était jamais formé; que faire en ce moment des démarches pour se rapprocher du pouvoir, ce serait, en apparence, accepter des méfiances qu'elle ne méritait point; que son fils était encore un enfant, élevé dans une condition obscure et dans l'ignorance de tout ce qui n'était pas la poésie des arts; qu'enfin elle porterait hardiment, ainsi que lui, le nom de Castro-Reale, parce que c'était une lâcheté de renier ses engagements et son origine, et que tous deux sauraient le faire respecter, même sous l'œil de la police. Quant au Piccinino, elle feignit fort habilement de ne pas savoir ce qu'on voulait lui dire, et de ne pas croire à l'existence de ce fantôme insaisissable, espèce de Croquemitaine dont on faisait peur aux petits enfants et aux vieilles femmes du faubourg. Elle fut surprise et troublée de l'assassinat de l'abbé Ninfo; mais, comme le testament s'était retrouvé à propos dans les mains du docteur Recuperati, nul ne put soupçonner qu'une accointance secrète avec les bandits de la montagne l'eût remise en possession de son titre. Le docteur ne sut pas même qu'il lui avait été soustrait; car, au moment où il allait faire publiquement la déclaration que l'abbé Ninfo le lui avait volé, Agathe l'avait interrompu en lui disant: «Prenez garde, docteur, vous êtes fort distrait; n'accusez légèrement personne. Vous m'avez montré ce testament, il y a deux jours; ne l'auriez-vous pas laissé dans mon cabinet, sous un bloc de mosaïque? »

On avait été officiellement à l'endroit indiqué, et on avait trouvé le testament intact. Le docteur, émerveillé de son étourderie, y avait cru comme les autres.

Agathe avait trop souffert, elle avait eu de trop rudes secrets à garder pour ne pas être habile quand il fallait s'en donner la peine. Michel et le marquis admirèrent la présence d'esprit qu'elle déploya dans toute cette affaire, pour sortir d'une situation assez alarmante. Mais Fra-Angelo devint fort triste, et Michel se coucha, bien moins insouciant dans son palais qu'il n'avait fait dans sa mansarde. Les précautions indispensables, la dissimulation assidue dont il fallait s'armer, lui révélèrent les soucis et les dangers de la grandeur. Le capucin craignait qu'il ne se corrompît malgré lui. Michel ne craignait pas de se corrompre; mais il sentait qu'il lui faudrait s'observer et s'amoindrir pour garder son repos et son bonheur domestique, ou s'engager dans un combat qui ne finirait plus qu'avec sa fortune et sa vie.

Il s'y résigna. Il se dit qu'il serait prudent pour sa mère jusqu'au moment où il serait téméraire pour sa patrie. Mais déjà le temps de l'ivresse et du bonheur était passé; déjà commençait le devoir : les romans qu'on ne coupe pas au beau milieu du dénouement se rembrunissent à la dernière page, pour peu qu'ils aient le moindre fonds de vraisemblance.

Certaines personnes de goût et d'imagination veulent qu'un roman ne finisse point, et que l'esprit du lecteur fasse le reste. Certaines personnes judicieuses et méthodiques veulent voir tous les fils de l'intrigue se délier patiemment et tous les personnages s'établir pour le reste de leurs jours, ou mourir, afin qu'on n'ait plus à s'occuper d'eux. Je suis de l'avis des premiers, et je crois que j'aurais pu laisser le lecteur au pied de la croix du *Destatore*, lisant l'inscription qu'y avait tracée le justicier d'aventure. Il aurait fort bien pu inventer sans moi le chapitre qu'il vient de parcourir, je gage, avec tiédeur, se disant : « J'en étais sûr, je m'y attendais bien, cela va sans dire. »

Mais j'ai craint d'avoir affaire à un lecteur délicat qui ne se trouvât fort mal installé en la compagnie classiquement romantique d'un cadavre et d'un vautour.

Pourquoi tous les dénouements sont-ils plus ou moins manqués et insuffisants? la raison en est simple, c'est parce qu'il n'y a jamais de dénouements dans la vie, que le roman s'y continue sans fin, triste ou calme, poétique ou vulgaire, et qu'une chose de pure convention ne peut jamais avoir un caractère de vérité qui intéresse.

Mais puisque, contrairement à mon goût, j'ai résolu de tout expliquer, je reconnais que j'ai laissé Magnani sur la grève, Mila inquiète, le Piccinino à travers les champs, et le marquis de la Serra aux pieds de la princesse. Quant à ce dernier, il y avait à peu près douze ans qu'il était ainsi prosterné, et un jour de plus ou de moins ne changeait rien à son sort; mais, dès qu'il connut le secret d'Agathe et qu'il vit son fils en possession de tous ses droits et de tout son bonheur, il changea d'attitude, et, se relevant de toute la grandeur de son caractère chevaleresque et fidèle, il lui dit en présence de Michel :

« Madame, je vous aime comme je vous ai toujours aimée; je vous estime d'autant plus que vous avez été plus fière et plus loyale, en refusant de contracter sous le beau titre de vierge une union où il vous eût fallu apporter en secret ceux de veuve et de mère. Mais si, parce que vous avez jadis subi un outrage, vous vous croyez déchue à mes yeux, vous ne connaissez point mon cœur. Si, parce que vous portez un nom bizarre et effrayant par les souvenirs qui s'y rattachent, vous pensez que je craindrais d'y faire succéder le mien, vous faites injure à mon dévouement pour vous. Ce sont là, au contraire, des raisons qui me font souhaiter plus que jamais d'être votre ami, votre soutien, votre défenseur et votre époux. On raille votre premier mariage à l'heure qu'il est. Accordez-moi votre main, et on n'osera pas railler le second. On vous appelle la femme du brigand; soyez la femme du plus raisonnable et du plus rangé des patriciens, afin qu'on sache bien que si vous pouvez enflammer l'imagination d'un homme terrible, vous savez aussi gouverner le cœur d'un homme calme. Votre fils a grand besoin d'un père, Madame. Il va être engagé dans plus d'un passage difficile et périlleux de la vie fatale que nous fait une race ennemie. Sachez bien que je l'aime déjà comme mon fils, et que ma vie et ma fortune sont à lui. Mais cela ne suffit pas : il faut que la sanction d'un mariage avec vous mette fin à la position équivoque où nous sommes vis-à-vis l'un de l'autre. Si je passe pour l'amant de sa mère, pourra-t-il m'aimer et m'estimer? Ne sera-t-il pas ridicule, peut-être lâche, qu'il ait l'air de le souffrir sans honte et sans impatience? Il faut donc que je m'éloigne de vous à présent, si vous refusez de faire alliance avec moi. Vous perdrez le meilleur de vos amis, et Michel aussi!... Quant à moi, je ne parle pas de la douleur que j'en ressentirais, je ne sais point de paroles qui puissent la rendre; mais il ne s'agit point de moi, et ce n'est point par égoïsme que je vous implore. Non, je sais que vous ne connaissez point l'amour et que la passion vous effraie; je sais quelle blessure votre âme a reçue, et quelle répugnance vous inspirent les idées qui enivrent l'imagination de ceux qui vous connaissent. Eh bien! je ne serai que votre frère, je m'y engage sur l'honneur, si vous l'exigez. Michel sera votre unique enfant comme votre unique amour. Seulement, la loi et la morale publique me permettront d'être son meilleur ami, son guide, et le bouclier de l'honneur et de la réputation de sa mère. »

Le marquis fit ce long discours d'un ton calme, et en maintenant sa physionomie à l'unisson de ses paroles. Seulement une larme vint au bord de sa paupière, et il eut tort de vouloir la retenir, car elle était plus éloquente que toutes ses paroles.

La princesse rougit; ce fut la première fois que le marquis l'avait vue rougir, et il en fut si bouleversé, qu'il perdit tout le sang-froid dont il s'était armé. Cette rougeur qui la faisait femme pour la première fois, à trente-deux ans, fut comme un rayon de soleil sur la neige, et Michel était un artiste trop délicat pour ne pas comprendre qu'elle avait encore gardé un secret au fond de son cœur, ou bien que son cœur, ranimé par la joie et la sécurité, pouvait commencer à aimer. Et quel homme en était plus digne que La Serra?

Le jeune prince se mit à genoux : « O ma mère, dit-il, vous n'avez plus que vingt ans ! Tenez, regardez-vous! ajouta-t-il en lui présentant un miroir à main oublié sur sa table par la cameriste. Vous êtes si belle et si jeune, et vous voulez renoncer à l'amour! Est-ce donc pour moi? Serai-je plus heureux parce que votre vie sera moins complète et moins riante? Vous respecterai-je moins, parce que je vous verrai plus respectée et mieux défendue? Craignez-vous que je sois jaloux, comme Mila me le reprochait?... Non, je ne serai point jaloux, à moins que je ne sente qu'il vous aime mieux que moi, et cela, je l'en défie! Cher marquis, nous l'aimerons bien, n'est-ce pas, nous lui ferons oublier le passé; nous la rendrons heureuse, elle qui ne l'a jamais

été, et qui, seule au monde, méritait un bonheur absolu !
Ma mère, dites oui ; je ne me relèverai pas que vous
n'ayez dit oui !

— J'y ai déjà songé, répondit Agathe en rougissant
toujours. Je crois qu'il le faut pour toi, pour notre dignité
à tous.

— Ne dites pas ainsi, s'écria Michel en la serrant dans
ses bras : dites que c'est pour votre bonheur, si vous
voulez que nous soyons heureux, lui et moi ! »

Agathe tendit sa main au marquis, et cacha la tête de
son fils dans son sein. Elle avait honte qu'il vît la joie
de son fiancé. Elle avait conservé la pudeur d'une jeune
fille, et, dès ce jour, elle redevint si fraîche et si belle,
que les méchants, qui veulent absolument trouver partout le mensonge et le crime, prétendaient que Michel
n'était pas son fils, mais un amant installé dans sa maison sous ce titre profané. Toutes les calomnies et même
les moqueries tombèrent pourtant devant l'annonce de
son mariage avec M. de la Serra, qui devait avoir lieu à
la fin de son deuil. On essaya bien encore de dénigrer
l'amour *donquichottesque* du marquis, mais on l'envia
plus qu'on ne le plaignit.

XLIX.

DANGER.

Cette nouvelle fit une grande impression sur Magnani.
Elle acheva de le guérir et de l'attrister. Son âme exaltée
ne pouvait se passer d'un amour exclusif et absorbant ;
mais, apparemment, il s'était trompé lui-même lorsqu'il
se persuadait n'avoir jamais connu l'espérance ; car, toute
espérance devenue impossible, il ne se sentit plus assiégé
du fantôme d'Agathe. Ce fut le fantôme de Mila qui s'empara de ses méditations et de ses insomnies. Mais cette

passion débutait au milieu d'une souffrance pire que toutes les anciennes. Agathe lui était apparue comme un idéal qu'il ne pouvait atteindre. Mila lui apparaissait sous le même aspect, mais avec une certitude de plus, c'est qu'elle avait un amant.

Il se passa alors, au sein de cette famille de parents et d'amis, une série de petites anxiétés assez délicates et qui devinrent fort pénibles pour Mila et pour Magnani. Pier-Angelo voyait sa fille triste, et, n'y pouvant rien comprendre, il voulait avoir une explication cordiale avec Magnani et l'amener à lui demander ouvertement la main de Mila. Fra-Angelo n'était pas de son avis et le retenait. Cette contestation portée devant le doux tribunal de la princesse, avait amené, relativement à la promenade de Nicolosi, des explications satisfaisantes pour le père et pour l'oncle, mais qui pouvaient bien laisser quelque soupçon dans l'âme rigide et fière de l'amant. Fra-Angelo, qui avait fait le mal, se chargea de le réparer. Il alla trouver le jeune homme, et, sans lui révéler l'imprudence sublime de Mila, il lui dit qu'elle était justifiée complétement dans son esprit, et qu'il avait découvert que cette mystérieuse promenade n'avait pour but qu'une noble et courageuse action.

Magnani ne fit point de questions. Autrement, le moine, qui ne savait point arranger la vérité, lui eût tout dit: mais la loyauté de Magnani se refusait au soupçon, du moment que Fra-Angelo donnait sa parole. Il crut enfin au bonheur, et alla demander à Pier-Angelo de consacrer le sien.

Mais il était écrit que Magnani ne serait point heureux. Le jour où il se présenta pour faire sa déclaration et sa demande, Mila, au lieu de rester présente, quitta l'atelier de son père avec humeur et alla s'enfermer dans sa chambre. Elle était offensée dans le sanctuaire de son orgueil par les quatre ou cinq jours d'abattement et d'irrésolution de Magnani. Elle avait cru à une victoire plus prompte et plus facile. Elle rougissait déjà de l'avoir poursuivie si longtemps.

Et puis, elle était au courant de tout ce qui s'était passé durant ces jours d'angoisse. Elle savait que Michel n'approuvait pas qu'on se pressât tant d'amener Magnani à se déclarer. Michel seul avait su le secret de son ami, et il était effrayé pour sa sœur adoptive de la promptitude d'une réaction vers elle, qui pouvait bien être un acte de désespoir. Mila en conclut que Michel savait à quoi s'en tenir sur la persistance de Magnani à aimer une autre femme, quoique ce jeune homme eût refusé de lui reprendre la bague de la princesse, et qu'il eût prié Mila de la conserver comme un gage de son estime et de son respect. Ce soir-là même, le soir où il l'avait ramenée du palais de la Serra, tandis que Michel restait auprès de sa mère, Magnani, tout enivré de sa beauté, de son esprit et de son succès, lui avait parlé avec tant de vivacité que c'était presque une déclaration d'amour. Mila avait eu encore la force de ne point l'encourager ouvertement. Mais elle s'était crue victorieuse, et le lendemain, c'est-à-dire le jour de la déclaration d'Agathe, elle avait compté le revoir à ses pieds et lui avouer enfin qu'il était aimé.

Mais ce jour-là il n'avait point paru, et les jours suivants il ne lui avait pas adressé une seule parole; il s'était borné à la saluer avec un respect glacial, lorsqu'il n'avait pu éviter ses regards. Mila, mortellement blessée et affligée, avait refusé de dire à son père la vérité, que le bonhomme, inquiet de sa pâleur, lui demandait presque à genoux. Elle avait persisté à nier qu'elle aimât le jeune voisin. Pier-Angelo n'avait rien trouvé de mieux, simple et rond comme il l'était, que de dire à sa fille :

« Console-toi, mon enfant, nous savons bien que vous vous aimez. Seulement il a été inquiet et jaloux à cause de l'affaire de Nicolosi ; mais, quand tu daigneras te justifier devant lui, il tombera à tes pieds. Demain tu l'y verras, j'en suis sûr.

— Ah ! maître Magnani se permet d'être jaloux et de me soupçonner ! avait répondu Mila avec feu. Il ne m'aime que d'hier, il ne sait pas si je l'aime, et lorsqu'un soupçon lui vient, au lieu de me le confier humblement et de travailler à supplanter le rival qui l'inquiète, il prend l'air d'un mari trompé, abandonne le soin de me convaincre et de me plaire, et croira me faire un grand honneur et un grand plaisir quand il viendra me dire qu'il daigne me pardonner ! Eh bien, moi, je ne lui pardonne pas. Voilà, mon père, ce que vous pouvez lui dire de ma part. »

L'enfant s'obstina si bien dans son dépit, que Pier-Angelo fut forcé d'amener Magnani à la porte de sa chambre, où elle le laissa frapper longtemps, et qu'elle ouvrit enfin, en disant d'un ton boudeur, qu'on la dérangeait impitoyablement dans sa sieste.

« Croyez bien, dit Pier-Angelo à Magnani, que la perfide ne dormait pas, car elle sortait de chez moi au moment où vous êtes entré. Allons, enfants, mettez sous les pieds toutes ces belles querelles. Donnez-vous la main, puisque vous vous aimez, et embrassez-vous puisque je le permets. Non ? Mila est orgueilleuse comme l'était sa pauvre mère ! Ah ! mon ami Antonio, tu seras mené comme je l'étais, et tu n'en seras pas plus malheureux, va ! Allons, à genoux, en ce cas, et demande grâce. Signora Mila, faudra-t-il que votre père s'y mette aussi ?

— Père, répondit Mila, vermeille de plaisir, de fierté et de chagrin tout ensemble, écoutez-moi au lieu de me railler, car j'ai besoin de garder ma dignité sauve, moi !

Une femme n'a rien de plus précieux, et un homme, un père même, ne comprend jamais assez combien nous avons le droit d'être susceptibles. Je ne veux pas être aimée à demi, je ne veux pas servir de pis-aller et de remède à une passion mal guérie. Je sais que maître Magnani a été longtemps amoureux, et je crains qu'il ne le soit encore un peu, d'une belle inconnue. Eh bien! je souhaite qu'il prenne le temps de l'oublier et qu'il me donne celui de savoir si je l'aime. Tout cela est trop nouveau pour être si tôt accepté. Je sais que, quand j'aurai donné ma parole, je ne la retirerai pas, quand même je regretterais de l'avoir fait. Je connaîtrai l'affection de Magnani, ajouta-t-elle en lui lançant un regard de reproche, à l'égalité de son humeur avec moi et à la persévérance de ses attentions. Il a quelque chose à réparer, et moi quelque chose à pardonner.

— J'accepte cette épreuve, répondit Magnani, mais je ne l'accepte pas comme un châtiment; je ne sens pas que j'aie été coupable de me livrer à la douleur et à l'abattement. Je ne me croyais point aimé, et je savais bien que je n'avais aucun droit à l'être. Je crois encore que je ne le suis pas, et c'est en tremblant que j'espère un peu.

— Ah! que de belles paroles pour ne rien dire! s'écria Pier-Angelo. Dans mon temps on était moins éloquent et plus sincère. On se disait : « M'aimes-tu? — Oui ; et toi? — Moi, comme un fou. — Moi de même, et jusqu'à la mort. » Cela valait bien vos dialogues, qui ont l'air d'un jeu, et d'un jeu où l'on cherche à s'ennuyer et à s'inquiéter l'un l'autre. Mais peut-être que c'est moi qui vous gêne. Je m'en vais ; quand vous serez seuls, vous vous entendrez mieux.

— Non, mon père, dit Mila qui craignait de se laisser fléchir et persuader trop vite ; quand même il aurait assez d'amour et d'esprit aujourd'hui pour se faire écouter, je sais que je me repentirais demain d'avoir été trop confiante. D'ailleurs, vous ne lui avez pas tout dit, je le sais. Je sais qu'il s'est permis d'être jaloux parce que j'ai fait une promenade singulière ; mais je sais aussi qu'en lui assurant que je n'y avais commis aucun péché, ce qu'il a eu la bonté de croire, mon oncle a cru devoir lui taire le but de cette promenade. Eh bien, moi, je souffre et je rougis de ce ménagement, dont on suppose apparemment qu'il a grand besoin, et je ne veux pas lui épargner la vérité tout entière.

— Comme tu voudras, ma fille, répondit Pier-Angelo. Je suis assez de ton avis, qu'il ne faut rien cacher de ce qu'on croit devoir dire. Parle donc comme tu le juges à propos. Cependant, souviens-toi que c'est aussi le secret de quelqu'un que tu as promis de ne jamais nommer.

— Je puis le nommer, puisque son nom est dans toutes les bouches, surtout depuis quelques jours, et que, s'il y a du danger à dire qu'on connaît l'homme qui porte ce nom, le danger est seulement pour ceux qui s'en vantent ; mon intention, d'ailleurs, n'est pas de révéler ce que je sais sur son compte ; je puis donc bien apprendre à maître Magnani que j'ai été passer volontairement deux heures en tête-à-tête avec le Piccinino, sans qu'il sache en quel endroit, ni pour quel motif.

— Je crois que la fièvre des déclarations va s'emparer de toutes les femmes, s'écria Pier-Angelo en riant ; depuis que la princesse Agathe en a fait une dont on parle tant, toutes vont se confesser en public ! »

Pier-Angelo disait plus vrai qu'il ne pensait. L'exemple du courage est contagieux chez les femmes, et la romanesque Mila avait une admiration si passionnée pour Agathe, qu'elle regrettait de n'avoir pas à proclamer, en cet instant, quelque mariage secret avec le Piccinino, pourvu toutefois qu'elle fût veuve et qu'elle pût épouser Magnani.

Mais cet aveu téméraire produisit un tout autre effet que celui qu'elle en attendait. L'inquiétude ne se peignit pas sur la figure de Magnani, et elle ne put se réjouir intérieurement d'avoir excité et réveillé son amour par un éclair de jalousie. Il devint plus triste et plus doux encore qu'à l'habitude, baisa la main de Mila et lui dit :

« Votre franchise est d'un noble cœur, Mila, mais il s'y mêle un peu d'orgueil. Sans doute, vous voulez me mettre à une rude épreuve en me disant une chose qui alarmerait au dernier point tout autre homme que moi. Mais je connais trop votre père et votre oncle pour craindre qu'ils m'aient trompé en me disant que vous aviez été sur la route des montagnes pour faire une bonne action. Ne cherchez donc point à m'intriguer ; cela serait d'un mauvais cœur, puisque vous n'auriez d'autre but que celui de me faire souffrir. Dites-moi tout, ou ne me dites rien. Je n'ai pas le droit d'exiger des révélations qui compromettraient quelqu'un ; mais j'ai celui de vous demander de ne point vous jouer de moi en cherchant à ébranler ma confiance en vous. »

Pier-Angelo trouva que cette fois Magnani avait parlé *comme un livre*, et qu'on ne pouvait faire, dans une occasion aussi délicate, une réponse plus honnête, plus généreuse et plus sensée.

Mais que s'était-il donc passé depuis peu de jours dans l'esprit de la petite Mila ? Peut-être qu'il ne faut jamais jouer avec le feu, quelque bon motif qui vous y porte, et qu'elle avait eu réellement tort d'aller à Nicolosi. Tant il y a que la réponse de Magnani ne lui plut pas autant qu'à son père, et qu'elle se sentit comme refroidie et piquée par l'espèce de leçon paternelle que venait de lui donner son amant.

« Déjà des sermons ! dit-elle en se levant, pour faire comprendre à Magnani qu'elle ne voulait pas aller plus loin avec lui ce jour-là ; et des sermons à moi, que vous prétendez aimer avec si peu d'espoir et de hardiesse? Il me semble, au contraire, voisin, que vous comptez me trouver fort docile et fort soumise. Eh bien, j'ai peur que vous ne vous trompiez. Je suis un enfant, et je dois le savoir, on me le dit sans cesse ; mais je sais fort bien aussi que lorsqu'on aime, on ne voit aucun défaut, on ne trouve aucun tort à la personne aimée. Tout, de sa part, est charmant, ou tout au moins sérieux. On ne traite pas sa loyauté d'orgueil et sa fierté de taquinerie puérile. Vous voyez, Magnani, qu'il est fâcheux de voir trop clair en amour. Il y a une chanson qui dit que *Cupido è un bambino cieco*. Mon père la sait ; il vous la chantera. En attendant, sachez que la clairvoyance se communique, et que celui qui écarte le bandeau de ses yeux découvre en même temps ses propres défauts aux autres. Vous avez vu clairement que j'étais un peu hautaine, et vous croyez sans doute que je suis coquette. Moi, j'ai vu par là que vous étiez très-orgueilleux, et je crains que vous ne soyez un peu pédant. »

Les Angelo espérèrent que ce nuage passerait, et, qu'après avoir donné carrière à sa mutinerie, Mila n'en serait que plus tendre et Magnani plus heureux. En effet, il y eut encore entre eux des entretiens et des luttes de paroles et de sentiment où ils furent si près de s'entendre, que leurs soudains désaccords l'instant d'après, la tristesse de Magnani et l'agitation de Mila, semblaient inexplicables. Magnani avait parfois peur de tant d'esprit et de volonté chez une femme. Mila avait peur de tant de gravité et de raison inflexible chez un homme. Magnani lui semblait incapable d'éprouver une grande passion, et elle voulait en inspirer une, parce qu'elle se sentait d'humeur à l'éprouver violemment pour son propre compte. Il parlait et pensait toujours comme la vertu même, et c'était avec une imperceptible nuance d'ironie que Mila l'appelait le *juste par excellence.*

Elle était très-coquette avec lui, et Magnani, au lieu d'être heureux de ce travail ingénieux et puissant entrepris pour lui plaire, craignait qu'elle ne fût un peu coquette avec tous les hommes. Ah! s'il l'avait vue dans le boudoir du Piccinino, contenir et vaincre par sa chasteté exquise, par sa simplicité quasi virile les velléités sournoises et les mauvaises pensées du jeune bandit, Magnani aurait bien compris que Mila n'était point coquette, puisqu'elle ne l'était que pour lui seul.

Mais ce malheureux jeune homme ne connaissait point les femmes, et, pour avoir trop aimé dans le silence et la douleur, il ne comprenait rien encore aux délicats et mystérieux problèmes de l'amour partagé. Il avait trop de modestie ; il prenait trop au pied de la lettre les cruautés persifleuses de Mila, et il la grondait de se faire si méchante avec lui, quand il aurait dû l'en remercier à genoux.

Et puis, il faut tout dire. Cette affaire de Nicolosi avait été marquée du sceau de la fatalité, comme tout ce qui se rattachait, ne fût-ce que par le plus léger fil, à l'existence mystérieuse du Piccinino. Sans entrer dans les détails qui exigeaient le secret, on avait dit à Magnani tout ce qui pouvait le rassurer sur cette aventure de Mila. Fra-Angelo, toujours fidèle à sa secrète prédilection pour le bandit, avait répondu de sa loyauté chevaleresque en une pareille circonstance. La princesse, maternellement éprise de Mila, avait parlé avec l'éloquence du cœur du dévouement et du courage de cette jeune fille. Pier-Angelo avait tout arrangé pour le mieux dans son heureuse et confiante cervelle. Michel seul avait un peu frissonné en apprenant le fait, et il remerciait la Providence d'avoir fait un miracle pour sa noble et charmante sœur,

Mais, malgré sa grandeur d'âme, Magnani n'avait pu encore accepter la démarche de Mila comme une bonne inspiration, et, sans en jamais dire un mot, il souffrait mortellement. Cela se conçoit de reste.

Quant à Mila, les suites de son aventure étaient plus graves, quoiqu'elle ne s'en doutât pas encore. Ce chapitre de roman de sa vie de jeune fille avait laissé une trace ineffaçable dans son cerveau. Après avoir bien tremblé et bien pleuré en apprenant qu'elle s'était livrée étourdiment en otage au terrible Piccinino, elle avait pris son parti sur sa méprise, et elle s'était réconciliée en secret avec l'idée de ce personnage effrayant, qui ne lui avait légué, au lieu de honte, de remords et de désespoir, que des souvenirs poétiques, de l'estime pour elle-même et un bouquet de fleurs sans tache que, je ne sais par quel instinct, elle avait conservé précieusement et caché parmi ses reliques sentimentales, après l'avoir fait sécher avec un soin religieux.

Mila n'était pas coquette ; nous l'avons bien prouvé en disant combien elle l'était avec l'homme qu'elle regardait comme son fiancé. Elle n'était pas volage non plus ; elle lui eût gardé jusqu'à la mort une fidélité à toute épreuve. Mais il y a, dans le cœur d'une femme, des mystères d'autant plus déliés et profonds, que cette femme est mieux douée et d'une nature plus exquise. C'est d'ailleurs quelque chose de doux et de glorieux pour une jeune fille que d'avoir réussi à dominer un lion redoutable, et d'être sortie saine et sauve d'une terrible aventure par la seule puissance de sa grâce, de sa candeur et de son courage. Mila comprenait maintenant combien elle avait été forte et habile à son insu, en ce danger, et l'homme qui avait subi à ce point l'empire de son mérite ne pouvait pas lui sembler un homme méprisable ou vulgaire.

Une reconnaissance romanesque l'enchaînait donc au souvenir du capitaine Piccinino, et on eût pu lui en dire tout le mal possible sans ébranler sa confiance en lui. Elle l'avait pris pour un prince ; n'était-il pas fils de prince et frère de Michel ? Pour un héros, libérateur futur de son pays ; ne pouvait-il pas le devenir, et n'en avait-il pas l'ambition ? Son doux parler, ses belles manières l'avaient charmée ; et pourquoi non ? N'avait-elle pas un engouement plus vif encore pour la princesse Agathe, et cette admiration était-elle moins légitime et moins pure que l'autre ?

Tout cela n'empêchait pas Mila d'aimer Magnani assez ardemment pour être toujours sur le point de lui en faire l'aveu malgré elle ; mais huit jours s'étaient passés depuis leur première querelle sans que le modeste et craintif Magnani eût encore su arracher cet aveu.

Il eût obtenu cette victoire, un peu plus tard sans doute, le lendemain peut-être ! mais un événement inattendu vint bouleverser l'existence de Mila et compromettre gravement celle de tous les personnages de cette histoire.

Un soir que Michel se promenait dans les jardins de sa villa avec sa mère et le marquis, faisant tous trois des projets de dévouement réciproque et des rêves de bonheur, Fra-Angelo vint leur rendre visite, et Michel remarqua, à l'altération de sa figure et à l'agitation de ses manières, qu'il désirait lui parler en secret. Ils s'éloignèrent ensemble, comme par hasard, et le capucin, tirant de son sein un papier tout noirci et tout froissé, le lui présenta. Il ne contenait que ce peu de mots : « Je suis pris et blessé ; à l'aide, mon frère ! Malacarne vous dira le reste. Dans vingt-quatre heures il serait trop tard. »

Michel reconnut l'écriture nerveuse et serrée du Piccinino. Le billet était écrit avec son sang.

« Je suis au courant de ce qu'il faut faire, dit le moine. J'ai reçu la lettre il y a six heures. Tout est prêt. Je suis venu vous dire adieu, car je pourrai fort bien n'en pas revenir. »

Et il s'arrêta, comme s'il craignait d'ajouter quelque chose.

« Je vous entends, mon père, vous avez compté sur mon aide, répondit Michel; je suis prêt. Laissez-moi embrasser ma mère.

— Si vous l'embrassez, elle verra que vous partez, elle vous retiendra.

— Non, mais elle sera inquiète. Je ne l'embrasserai pas : partons. Chemin faisant, nous trouverons un motif à lui donner de mon absence et un exprès à lui envoyer.

— Ce serait fort dangereux pour elle et pour nous, reprit le moine. Laissez-moi faire : c'est cinq minutes de retard, mais il le faut. »

Il rejoignit la princesse, et lui parla ainsi en présence du marquis :

« Carmelo est caché dans notre couvent; il est dans les meilleurs sentiments pour Votre Altesse et pour Michel. Il veut se réconcilier avec lui avant de partir pour une longue expédition que nécessitent l'affaire de l'abbé Ninfo et les rigueurs ombrageuses de la police depuis ce moment-là. Il a aussi quelques services à demander à son frère. Permettez donc que nous partions ensemble, et si nous étions observés, ce qui est fort possible, je garderais Michel au couvent jusqu'à ce qu'il pût en sortir sans danger. Fiez-vous à la prudence d'un homme qui connaît ces sortes d'affaires. Michel passera la nuit peut-être au couvent, et quand il resterait plus longtemps, ne vous alarmez pas, et surtout ne l'envoyez pas chercher; ne nous adressez aucun message qui pourrait être intercepté et nous faire découvrir donnant asile et protection au proscrit. Que Votre Altesse me pardonne de ne pouvoir en dire davantage pour la rassurer. Le temps presse ! »

Quoique fort effrayée, Agathe cacha son émotion, embrassa Michel, et le reconduisit jusqu'à la sortie du parc ; puis elle l'arrêta :

« Tu n'as point d'argent sur toi, dit-elle ; Carmelo peut en avoir besoin pour sa fuite. Je cours t'en chercher.

— Les femmes pensent à tout, dit Fra-Angelo ; j'allais oublier le plus nécessaire. »

Agathe revint avec de l'or et un papier qui portait sa signature, et que Michel pouvait remplir à son gré, pour servir de mandat à son frère. Magnani venait d'arriver. Il devina, à l'agitation de la princesse et aux adieux que lui faisait Michel, en la rassurant, qu'il y avait un danger réel que l'on cachait à cette tendre mère.

« Est-ce que je vous serai nuisible si je vous accompagne ? demanda-t-il au moine.

— Tout au contraire ! dit le moine, tu peux nous être fort utile au besoin. Viens ! »

Agathe remercia Magnani par un des regards de l'amour maternel qui sont plus éloquents que toutes les paroles.

Le marquis eût voulu se joindre à eux, mais Michel s'y opposa.

« Nous rêvons des dangers chimériques, dit-il en riant, mais s'il y en avait pour moi, il y en aurait pour ma mère ; votre place est auprès d'elle, mon ami. Je vous confie ce que j'ai de plus cher au monde !... Ne voilà-t-il pas des adieux bien solennels pour une promenade au clair de la lune jusqu'à Bel-Passo ? »

L.

MARCHE NOCTURNE.

Quand ils furent à cent pas du parc, Michel, qui voulait bien exposer son existence, mais non pas celle du fiancé de Mila dans une affaire à laquelle celui-ci était étranger et n'avait aucun devoir de conscience et de famille à remplir, pria le jeune artisan de s'en retourner à Catane. Ce n'était pas l'opinion de Fra-Angelo. Fanatique dans ses amitiés comme dans son patriotisme, il trouvait en Magnani un secours providentiel. C'était un robuste et brave champion de plus, et leur troupe était si restreinte ! Magnani valait trois hommes à lui seul ; le ciel l'avait envoyé à leur aide, il fallait profiter de son grand cœur et de son dévouement à la bonne cause.

Tout en marchant vite, ils discutèrent chaudement. Michel reprochait au moine son prosélytisme inhumain en cette circonstance ; le moine reprochait à Michel de ne pas vouloir les moyens en voulant la fin. Magnani termina ce débat par une fermeté invincible. « J'ai très-bien compris dès l'abord, dit-il, que Michel s'engageait dans une affaire plus sérieuse qu'on ne le disait à sa mère. Mon parti a été pris. J'ai fait à madame Agathe, en un autre moment, une promesse sacrée : c'est de ne jamais abandonner son fils à un danger que je pourrais partager avec lui. Je tiens à mon serment, et, que Michel le veuille ou non, je le suivrai où il ira. Je ne vois pas qu'il y ait d'autre moyen de m'en empêcher que de me faire sauter la cervelle ici. Choisissez, d'endurer ma société ou de me tuer, Michel..

— C'est bien ! c'est bien ! dit le moine ; mais silence, enfants ! Le pays se couvre, et il ne faut point parler le long des enclos. D'ailleurs, on marche moins vite quand on dispute. Ah ! Magnani, tu es un homme ! »

Magnani marchait au danger avec une bravoure froide et triste. Il ne se sentait point complétement heureux par l'amour ; un besoin d'émotions violentes le poussait au hasard, vers quelque but extrême qui lui apparaissait vaguement comme une transformation de son existence présente et une rupture décisive avec les incertitudes et les langueurs de son âme.

Michel était résolu plutôt que tranquille. Il savait bien qu'il était entraîné par un fanatique au secours d'un homme peut-être aussi dangereux qu'utile à la cause du bien. Il savait qu'il y risquait lui-même une existence plus heureuse et plus large que celle de ses compagnons ; mais il n'hésitait pas à faire acte de virilité dans une pareille circonstance. Le Piccinino était son frère, et quoiqu'il n'éprouvât pour lui qu'une sympathie mêlée de défiance et de tristesse, il comprenait son devoir. Peut-être aussi était-il devenu déjà assez *prince* pour ne pas supporter l'idée que le fils de son père pût périr au bout d'une corde, avec une sentence d'infamie clouée à la potence. Son cœur se serrait pourtant à l'idée des douleurs de sa mère s'il succombait à une si téméraire entreprise ; mais il se défendait de toute faiblesse humaine et marchait comme le vent, comme s'il eût espéré combler, par l'oubli, la distance qu'il se hâtait de mettre entre Agathe et lui.

Le couvent n'était nullement soupçonné ou surveillé, puisque le Piccinino n'y était point, et que la police du Val savait très-bien qu'il avait passé le Garreta pour s'enfoncer dans l'intérieur de l'île. Fra-Angelo avait supposé des dangers voisins pour empêcher la princesse de croire à des dangers éloignés plus réels.

Il fit entrer ses jeunes compagnons dans sa cellule et

les aida à se travestir en moines. Ils se répartirent l'argent, le nerf de la guerre, comme disait Fra-Angelo, afin qu'un seul ne fût pas gêné par le poids des espèces. Ils cachèrent sous leurs frocs des armes bien éprouvées, de la poudre et des balles. Leur déguisement et leur équipement prirent quelque temps; et là, Fra-Angelo qui était préservé par une ancienne expérience des dangers de la précipitation, examina tout avec un sang-froid minutieux. En effet, la liberté de leurs mouvements et de leurs actions reposait tout entière sur l'apparence extérieure qu'ils sauraient donner à leurs individus. Le capucin arrangea la barbe de Magnani, peignit les sourcils et les mains de Michel, changea le ton de leurs joues et de leurs lèvres par des procédés connus dans son ancienne profession, et avec des préparations si solides qu'elles pouvaient résister à l'action de la pluie, de la transpiration et du lavage forcé que la police emploie souvent en vain pour démasquer ses captures.

Quant à lui-même, le véritable capucin ne prit aucun soin de tromper les yeux sur son identité. Il lui importait peu d'être pris et pendu, pourvu qu'il sauvât auparavant le fils de son capitaine. Et puisqu'il s'agissait, pour y parvenir, de traverser le pays sous l'extérieur de gens paisibles, rien ne convenait mieux que son habit et sa figure véritables au rôle qu'il s'était assigné.

Quand les deux jeunes gens furent tout à fait arrangés, ils se regardèrent avec étonnement l'un et l'autre. Ils avaient peine à se reconnaître, et ils comprirent comment le Piccinino, plus expert encore que Fra-Angelo dans l'art des travestissements, avait pu sauver jusque là sa personnalité réelle à travers toutes ses aventures.

Et quand ils se virent montés sur de grandes mules maigres et ardentes, d'un aspect misérable, mais d'une force à toute épreuve, ils admirèrent le génie du moine, et lui en firent compliment.

« Je n'ai pas été seul à faire si vite tant de choses, leur répondit-il avec modestie ; j'ai été vigoureusement et habilement secondé, car nous ne sommes pas seuls dans notre expédition. Nous rencontrerons des pèlerins de différentes espèces sur le chemin que nous allons suivre. Enfants, saluez très-poliment tous les passants qui vous salueront ; mais gardez-vous de dire un mot à qui que ce soit sans avoir regardé de mon côté. Si un accident imprévu nous séparait, vous trouveriez d'autres guides et d'autres compagnons. Le mot de passe est celui-ci : *Amis, n'est-ce pas ici la route de Tre-Castagne?* Je n'ai pas besoin de vous dire que c'est la route tout opposée, et que nul autre que vos complices ne vous adressera une question aussi niaise. Vous répondrez cependant, par prudence, et comme en vous jouant : *Tout chemin conduit à Rome.* Et vous ne prendrez confiance entière que lorsqu'on aura ajouté : *Par la grâce de Dieu le père.* N'oubliez pas ! ne vous endormez pas sur vos mules ; ne les ménagez pas. Nous avons des relais en route ; pas un mot qui ne soit dit à l'oreille l'un de l'autre. »

Dès qu'ils se furent enfoncés dans la montagne, ils firent prendre à leurs mules une allure très-décidée, et franchirent plusieurs milles en fort peu de temps. Ainsi que Fra-Angelo le leur avait annoncé, ils firent diverses rencontres avec lesquelles les formules convenues furent échangées. Alors, le capucin s'approchait de ces voyageurs, leur parlait bas, et on se remettait en marche, en observant assez de distance pour n'avoir pas l'air de voyager ensemble, sans toutefois se mettre hors de la portée de la vue ou de l'ouïe.

Le temps était magnifiquement doux et lumineux à l'entrée des montagnes. La lune éclairait les masses de rochers et les précipices les plus romantiques ; mais, à mesure qu'ils s'élevèrent dans cette région sauvage, le froid se fit sentir et la brume voila l'éclat des astres. Magnani était perdu dans ses pensées ; mais le jeune prince se laissait aller au plaisir enfantin des aventures, et, loin de nourrir et de caresser, comme son ami, quelque sombre pressentiment, il s'avançait plein de confiance en sa bonne étoile.

Quant au moine, il s'abstenait de penser à quoi que ce soit d'étranger à l'entreprise qu'il dirigeait. L'œil attentif et perçant, l'oreille ouverte au moindre bruit, il veillait encore sur le moindre mouvement, sur la moindre attitude de corps de ses deux compagnons. Il les eût préservés du danger de s'endormir et de faire des chutes au premier relâchement de la main qui tenait les rênes, au moindre balancement suspect des capuchons.

Au bout de quinze milles, ils changèrent de mules dans une sorte d'ermitage qui semblait abandonné, mais où ils furent reçus dans l'obscurité par de prétendus muletiers, auxquels ils demandèrent la route du fameux village de *Tre-Castagne*, et qui leur répondirent, en leur serrant la main et en leur tenant l'étrier, que *tout chemin mène à Rome*. Fra-Angelo distribua de l'argent, de la poudre et des balles, qu'il portait dans son sac de quêteur, à tous ceux qu'il rencontra nantis de cet éloquent passe-port ; et quand ils touchèrent au but de leur voyage, Michel avait compté une vingtaine d'hommes de leur bande, tant muletiers que colporteurs, moines et paysans. Il y avait même trois femmes : c'était de jeunes gars dont la barbe n'avait pas encore poussé, et dont la voix n'était pas encore faite. Ils étaient fort bien accoutrés et jouaient parfaitement leurs rôles. Ils devaient servir d'estafettes ou de vedettes au besoin.

Voici quelle était la situation du Piccinino et comment

il avait été fait prisonnier. Le meurtre de l'abbé Ninfo avait été accompli et proclamé avec une témérité insensée tout à fait contraire aux habitudes de prudence du jeune chef. Tuer un homme et s'en vanter par une inscription laissée sur le lieu même, au lieu de cacher son cadavre et de faire disparaître tout indice de l'événement, comme cela était si facile dans un pays comme l'Etna, c'était certainement un acte de désespoir et comme un défi jeté à la destinée dans un moment de frénésie. Cependant Carmelo, ne voulant pas se fermer à jamais sa chère retraite de Nicolosi, l'avait laissée bien rangée au cas d'une enquête qui amènerait des visites domiciliaires. Il avait promptement démeublé son riche boudoir et caché tout son luxe dans un souterrain situé sous sa maison, dont il était à peu près impossible de trouver l'entrée et de soupçonner l'existence. Enfin, au lever du soleil, il s'était montré, tranquille et enjoué, dans le bourg de Nicolosi, afin de pouvoir faire constater son *alibi*, si, prenant à la lettre la déclaration écrite sur le socle de la croix du *Destatore*, la police venait à avoir des soupçons sur lui et à s'enquérir de ce qu'il avait fait à cette heure. Le meurtre de l'abbé Ninfo avait été accompli au moins deux heures auparavant.

Tout cela fait, Carmelo s'était montré à cheval, dans le bourg, faisant quelques provisions pour un voyage de plusieurs journées, et disant à ses connaissances qu'il allait voir des terres à affermer dans l'intérieur de l'île.

Il était parti pour les monts Nébrodes, au nord de la Sicile, résolu d'y passer quelques jours chez des affiliés de sa bande, afin de laisser écouler le temps des enquêtes et des recherches autour de Catane. Il connaissait les allures de la police du pays : ardentes et farouches au premier moment, craintives et fourbes au second, ennuyées et paresseuses au troisième.

Mais l'affaire de la croix du *Destatore* avait ému le pouvoir plus qu'un assassinat ordinaire. Celui-là avait un caractère politique et se trouvait lié à la nouvelle du moment, la déclaration d'Agathe et l'apparition de son fils sur la scène du monde. Des ordres rapides et sévères avaient été donnés sur tous les points. Carmelo ne se trouva point en sûreté dans les montagnes, d'autant plus que son acolyte, le faux Piccinino, l'y avait rejoint, et attirait sur lui tout le danger des poursuites. Carmelo ne voulait point abandonner cet homme farouche et sanguinaire, qui lui avait donné des preuves d'un dévouement sans bornes, d'une soumission aveugle, et qui consentait à jouer son rôle jusqu'au bout avec une audace pleine d'orgueil et de persévérance.

Il résolut donc de le faire évader avant de songer à sa propre sûreté. Le faux Piccinino, dont le vrai nom était *Massari*, dit *Verbum-Caro*, parce qu'il était natif du village de ce nom, avait une bravoure à toute épreuve, mais aussi peu d'habileté qu'un buffle en fureur. Carmelo gagna la mer avec lui, et s'occupa de trouver une barque pour le faire passer en Sardaigne. Mais, malgré la prudence qu'il apporta dans cette tentative, le pilote les trahit et les livra comme contrebandiers aux douaniers de la côte. Verbum-Caro se défendit comme un lion, et ne tomba qu'à moitié mort dans les mains de ses ennemis. Carmelo fut assez légèrement blessé, et tous deux furent conduits au premier fort pour être confiés à une brigade de *campieri*, parmi lesquels se trouvèrent deux hommes qui reconnurent le faux Piccinino pour l'avoir vu dans un engagement sur un autre point de l'île. Ils firent leur déclaration au magistrat de Céfalù, et l'on se réjouit d'avoir mis la main sur le fameux chef de la bande redoutée. Le vrai Piccinino ne passa que pour un de ses complices, bien que Verbum-Caro protestôt qu'il ne le connaissait que depuis trois jours, et que c'était un jeune pêcheur qui voulait passer avec lui en Sardaigne pour ses affaires.

Carmelo répondit avec une présence d'esprit et un talent d'imposture qui l'eussent fait relâcher dans tout autre moment; mais les esprits étaient en émoi : on décida qu'il serait envoyé à Catane avec son dangereux compagnon pour voir son affaire éclaircie, et on les confia à une brigade de gendarmerie qui leur fit prendre la route de Catane en descendant par l'intérieur des montagnes jusqu'à la route du centre, qu'on jugeait plus sûre.

Cependant, les campieri furent attaqués aux environs de Sperlinga par quelques bandits qui avaient déjà appris l'arrestation des deux Piccinino; mais, au moment où les prisonniers allaient être délivrés, un renfort imprévu vint à l'aide des campieri, et mit les bandits en fuite. Ce fut pendant cette action que le Piccinino eut l'adresse de faire tomber à quelque distance un papier roulé autour d'un caillou qu'il tenait prêt pour la première occasion. Malacarne, qu'il avait reconnu parmi ses libérateurs, était un homme actif, intelligent et dévoué, un ancien brave de son père et un fidèle ami de Fra-Angelo. Le billet fut ramassé et porté à son adresse avec des renseignements précieux.

Dans la crainte bien fondée, comme l'on voit, d'une attaque dans les monts Nébrodes, pour la délivrance du Piccinino, les autorités de Céfalù avaient essayé de cacher l'importance de cette capture, et l'escorte des prisonniers ne s'en était pas vantée en partant. Mais ces mêmes autorités avaient dépêché un exprès à Catane pour demander qu'on envoyât un détachement de soldats suisses au-devant de l'escorte jusqu'à Sperlinga, où l'on s'arrêterait pour les attendre. Les bandits de la montagne, qui étaient aux aguets, avaient assassiné le courrier ; et, s'étant assurés, par l'examen de ses dépêches, que le prisonnier était bien leur chef, ils avaient essayé, comme on l'a vu, de l'arracher des mains de l'escorte

Le mauvais succès de cette tentative ne les avait pas rebutés. Carmelo était l'âme de leur destinée. Sa direction intelligente, son activité, l'esprit de justice tantôt sauvage, tantôt chevaleresque qui présidait à ses décisions envers eux, et un prestige énorme attaché à son nom et à sa personne, le leur rendaient aussi sacré que nécessaire. C'était l'avis unanime parmi eux, et parmi un grand nombre de montagnards, qui, sans le connaître, et sans le servir immédiatement, se trouvaient fort bien d'un échange de services avec lui et les siens, que le Piccinino mort, la profession de bandit n'était plus soutenable, et qu'il ne restait plus aux héros d'aventures qu'à se faire mendiants.

Malacarne rassembla donc quelques-uns de ses compagnons près de Sperlinga, et fit parvenir aux deux Piccinino l'avis qu'ils eussent à se faire bien malades, afin de rester là le plus possible, ce qui n'était pas difficile, car Verbum-Caro était dangereusement blessé, et, dans les efforts désespérés qu'il avait faits pour rompre ses liens, au moment de l'engagement dans la montagne, il avait rouvert sa plaie et perdu encore tant de sang, qu'il avait fallu le porter jusqu'à Sperlinga. En outre, les *campieri* savaient qu'il était de la plus grande importance de l'amener vivant, afin qu'on pût tenter de lui arracher des révélations sur le meurtre de Ninfo et l'existence de sa bande.

Aussitôt que Malacarne eut pris ses dispositions, il dit à ses compagnons, qui n'étaient encore qu'au nombre de huit, de se tenir prêts, et, montant sur le cheval du courrier assassiné, après l'avoir rasé de manière à le rendre méconnaissable, il traversa le pays en ligne droite jusqu'à Bel-Passo, avertissant sur son passage tous ceux sur lesquels il pouvait compter, de s'armer également et de l'attendre au retour. Secondé par Fra-Angelo, il passa six heures sur l'Etna à rassembler d'autres bandits, et, enfin, la seconde nuit après l'arrivée des prisonniers à Sperlinga, une vingtaine d'hommes résolus et exercés à ces sortes de coups de main, se trouvaient en marche vers la forteresse ou cantonnés au pied du rocher sur lequel elle est assise.

Fra-Angelo, le jeune prince de Castro-Reale et le fidèle Magnani venaient, en outre, pour diriger l'expédition, le premier en qualité de chef, car il connaissait le pays et la localité mieux que personne, ayant déjà enlevé cette bicoque en de meilleurs jours avec le *Destatore;* les deux autres en qualité de lieutenants, jeunes seigneurs du bon parti, forcés de garder l'anonyme, mais riches et puissants. Ainsi parlait Fra-Angelo, qui savait bien qu'il faut à la fois du positif et de la poésie pour stimuler des hommes qui combattent contre les lois.

Quand Fra-Angelo et ses amis quittèrent leurs montures pour s'enfoncer dans les âpres rochers de Sperlinga, ils purent compter leurs hommes, et ils apprirent qu'une vingtaine de paysans se tenaient épars à peu de distance, auxiliaires prudents qui les seconderaient aussitôt qu'ils verraient la chance se montrer favorable; hommes vindicatifs et sanguinaires, d'ailleurs, qui avaient bien des souffrances à faire expier à l'ennemi, et qui savaient faire prompte et terrible justice quand il n'y avait pas trop de danger à courir.

Néanmoins, une partie de la bande commençait à se démoraliser lorsque le moine arriva. Le lieutenant des *campieri*, qui gardait les prisonniers, avait envoyé demander dans la journée, à *Castro-Giovanni*, un nouveau renfort, qui devait arriver avec le jour. Cet officier s'inquiétait de ne pas voir arriver les Suisses, qu'il attendait avec impatience. L'esprit de la population ne le rassurait point. Peut-être s'était-il aperçu de quelque mouvement des bandits dans la montagne et de leurs accointances avec certaines gens de la ville. Enfin, il avait peur, ce que le moine regardait comme un gage de la victoire, et il avait donné l'ordre du départ pour le jour même, aimant mieux voir, disait-il, un misérable comme le Piccinino rendre son âme au diable sur le grand chemin, que d'exposer de braves soldats à être égorgés dans une forteresse sans porte et sans murailles.

Peut-être cet officier savait-il assez de latin pour avoir lu, sur la porte de l'antique château normand où il était retranché, la fameuse devise que les Français touristes y vont contempler avec amour et reconnaissance : *Quod Sicilis placuit, Sperlinga sola negavit*. On sait que Sperlinga fut la seule place qui refusa de livrer les Angevins au temps des Vêpres-Siciliennes. Permis à nos compatriotes de lui en savoir gré ; mais il est certain que *Sperlinga* n'avait pas fait alors acte de patriotisme [1] ; et que si l'officier des *campieri* regardait le gouvernement actuel comme le vœu de la Sicile, il devait voir, dans le *negarit* de Sperlinga, une éternelle menace qui pouvait lui causer une terreur superstitieuse.

On attendait donc le renfort de Castro-Giovanni à tout instant. Les assiégeants allaient se trouver entre deux feux. L'imagination de quelques-uns rêvait aussi l'arrivée des Suisses, et le soldat suisse est la terreur des Siciliens. Aguerris et implacables, ces enfants de l'Helvétie, dont le service mercenaire auprès des gouvernements ab-

---

1. Quelque mal entendue que pouvait être, au point de vue du salut du pays l'hospitalité, accordée aux Français par le château de Sperlinga, elle fut admirable de dévoûment et d'obstination. Réfugiés et protecteurs moururent de faim dans la forteresse plutôt que de se rendre.

solus est une honte pour leur république, frappent sans discernement sur tout ce qu'ils rencontrent, et le *campiere* qui hésiterait à se montrer moins brave et moins féroce qu'eux tombe le premier sous leurs balles.

Il y avait donc peur de part et d'autre; mais Fra-Angelo triompha de l'hésitation des bandits avec quelques paroles d'une sauvage éloquence et d'une hardiesse sans égale. Après avoir adressé de véhéments reproches à ceux qui parlaient d'attendre, il déclara qu'il irait seul, avec ses *deux princes*, se faire tuer sous les murs du fort, afin qu'on pût dire dans toute la Sicile : « Deux patriciens et un moine ont seuls travaillé à la délivrance du Piccinino. Les enfants de la montagne ont vu cela et n'ont pas bougé. La tyrannie triomphe, le peuple de Sicile est devenu lâche. »

Malacarne le seconda en déclarant qu'il irait aussi se faire tuer. « Et alors, leur dit-il, cherchez un chef et devenez ce que vous voudrez. » On n'hésita plus, et, pour ces hommes-là, il n'y a pas de milieu entre un découragement absolu et une rage effrénée. Fra-Angelo ne les eut pas plus tôt vus se mettre en mouvement, qu'il s'écria : « Le Piccinino est sauvé ! » Michel s'étonna qu'il pût prendre tant de confiance en des courages tout à l'heure si chancelants; mais il vit bientôt que le capucin les connaissait mieux que lui.

LI.

CATASTROPHE.

La forteresse de Sperlinga, réputée jadis imprenable, n'était plus dès lors qu'une ruine majestueuse, mais hors de défense. La ville, ou plutôt le hameau situé au-dessous, n'était plus habité que par une chétive population rongée par la fièvre et la misère. Tout cela était porté par un rocher de grès blanchâtre, et les ouvrages élevés de la forteresse étaient creusés dans le roc même.

Les assiégeants gravirent le rocher du côté opposé à la ville. Il semblait inaccessible ; mais les bandits étaient trop exercés à ce genre d'assaut pour ne pas arriver rapidement sous les murs du fort. La moitié d'entre eux, commandée par Malacarne, gravit plus haut encore pour se poster dans un bastion abandonné perché à la dernière crête du pic. Ce bastion crénelé offrait une position sûre pour tirer presque perpendiculairement sur le château. Il fut convenu que Fra-Angelo et les siens se placeraient aux abords de la forteresse, qui n'était fermée que par une grande porte vermoulue, disjointe, mais peu nécessaire à enfoncer, cette opération pouvant prendre assez de temps pour donner à la garnison celui d'organiser la résistance. Malacarne devait faire tirer sur le château un certain nombre de coups de carabine, pendant que Fra-Angelo se tiendrait prêt à tomber sur ceux qui sortiraient. Puis il ferait semblant de fuir, et, pendant qu'on le poursuivrait, Malacarne descendrait pour prendre l'ennemi en queue et le placer entre deux feux.

La petite garnison temporairement installée dans le château, se composait de trente hommes, nombre plus considérable qu'on ne s'y attendait, le renfort de Castro-Giovanni étant arrivé furtivement à l'entrée de la nuit, sans que les bandits, occupés à faire leurs préparatifs, et soigneux de se tenir cachés, les eussent vus monter par le chemin ou plutôt par l'escalier du village. La partie de l'escorte qui avait veillé la nuit précédente dormait, enveloppée dans les manteaux, sur le pavé des grandes salles délabrées. Les nouveaux arrivés avaient allumé un énorme feu de branches de sapin dans la cour, et jouaient à la *mora* pour se tenir éveillés.

Les prisonniers occupaient la grande tour carrée : Verbum-Caro, épuisé et pantelant, étendu sur une botte de joncs ; le Piccinino, triste, mais calme, assis sur un banc de pierre, veillant mieux que ses gardiens. Déjà il avait entendu, dans le ravin, siffler un petit oiseau, et il avait reconnu, dans ce chant, inexact à dessein, le signal de Malacarne. Il travaillait patiemment à user, contre une pierre saillante, la corde qui lui liait les mains.

L'officier des *campieri* se tenait dans une salle voisine, assis sur l'unique chaise, et les coudes appuyés sur l'unique table qui fussent dans le château, et qu'encore il avait fallu aller chercher dans le village par voie de réquisition. C'était un jeune homme grossier, énergique, habitué à entretenir son humeur irascible par l'excitation du vin et du cigare, et à combattre peut-être en lui-même un reste d'amour pour son pays et de haine contre les Suisses. Il n'avait pas fait une heure de sieste depuis que le Piccinino était confié à sa garde, aussi tombait-il littéralement sous les assauts du sommeil. Son cigare allumé dans sa main lui brûlait de temps en temps le bout des doigts. Il s'éveillait en sursaut, prenait une bouffée de tabac, regardait par une grande crevasse située vis-à-vis de lui si l'horizon commençait à blanchir, et, sentant les atteintes du froid piquant qui régnait sur ce pic isolé, il frissonnait, serrait son manteau autour de lui, envoyant une malédiction au faux Piccinino qui râlait dans la salle voisine, et laissait bientôt retomber sa tête sur la table.

Une sentinelle veillait à chaque extrémité du château ; mais, soit la fatigue, soit l'incurie qui s'empare de l'esprit le plus inquiet lorsque le danger touche à sa fin, l'approche silencieuse et agile des bandits n'avait pas été signalée. Une troisième sentinelle veillait sur le bastion isolé dont Malacarne allait s'emparer, et cette circonstance faillit faire manquer tout le plan d'attaque.

En enjambant une brèche, Malacarne vit cet homme assis sous ses pieds, presque entre ses jambes. Il n'avait pas prévu cet obstacle; il n'avait pas son poignard, mais son pistolet dans la main. Un coup de stylet donné à propos tranche la vie de l'homme sans lui donner le temps de crier. Le coup de pistolet est moins sûr, et, d'ailleurs, Malacarne ne voulait pas tirer avant que tous ses compagnons fussent postés de manière à engager un feu meurtrier sur le fort. Cependant, la sentinelle allait donner l'alarme, lors même que le bandit ferait un mouvement en arrière, car ses pieds étaient mal assurés, et les pierres, dépourvues de ciment, commençaient à crouler autour de lui. Le *campiere* ne dormait pas. Il était transi de froid et avait abrité sa tête sous son manteau pour se préserver du vent aigu qui l'engourdissait.

Mais si cette précaution atténuait le bruit de la rafale et l'aidait à mieux saisir les bruits éloignés, elle l'empêchait d'entendre ceux qui se faisaient à ses côtés, et le capuchon rabattu sur ses yeux le rendait aveugle depuis un quart d'heure. C'était pourtant un bon soldat, incapable de s'endormir à son poste. Mais il n'est rien de si difficile que de savoir bien veiller. Il faut pour cela une intelligence active, et celle du *campiere* était vide de toute pensée. Il croyait observer parce qu'il ne ronflait pas. Cependant il ne fallait qu'un grain de sable roulant là à ses pieds pour qu'il tirât son fusil. Il avait la main sur la détente.

Par une inspiration désespérée, Malacarne jeta ses deux mains de fer autour de la gorge du malheureux gardien, roula avec lui dans l'intérieur du bastion et le tint ainsi étouffé jusqu'à ce qu'un de ses compagnons vînt le poignarder entre ses bras.

Aussitôt après, ils se postèrent derrière les créneaux, de manière à ne pas craindre la riposte du fort; le feu qui brillait dans la cour leur permit de voir les *campieri* occupés à jouer sans méfiance, et ils prirent tout le temps de viser. Les armes furent rechargées précipitamment, pendant que les assiégeants cherchaient les leurs ; mais, avant qu'ils eussent songé à s'en servir, avant qu'ils eussent compris de quel côté ils étaient attaqués, une seconde décharge tomba sur eux d'aplomb et en blessa grièvement plusieurs. Deux ne se relevèrent point, un troisième tomba la figure en avant dans le feu, et y périt faute d'aide pour s'en retirer.

L'officier avait vu, de la tour, d'où partait cette attaque. Il accourait, rugissant, exaspéré. Il n'arriva pas à temps pour empêcher ses hommes d'envoyer aux murailles une décharge inutile. « Anes stupides, s'écria-t-il, vous usez vos munitions à tirer au hasard ! Vous perdez la tête ! Sortez, sortez! c'est dehors qu'il faut se battre! »

Mais il s'aperçut que lui-même avait perdu la tête, car il avait laissé son sabre sur la table où il s'était endormi. Six marches seulement le séparaient de cette salle. Il les franchit d'un seul bond, car il savait bien qu'au bout d'un instant il lui faudrait combattre à l'arme blanche.

Mais, pendant la fusillade, le Piccinino avait réussi à défaire ses liens, et il avait profité du bruit pour enfoncer la porte mal assujettie de sa prison. Il avait sauté sur le sabre du lieutenant et renversé la torche de résine qui était fichée dans sa table. Lorsque l'officier rentra et chercha son arme à tâtons, il reçut en travers du visage une horrible blessure et tomba à la renverse. Carmelo s'élança sur lui et l'acheva. Puis il alla couper les liens de Verbum-Caro et lui mit dans les mains la gourde du lieutenant, en lui disant : « Fais ce que tu peux ! »

Le faux Piccinino oublia en un clin d'œil ses souffrances et son état de faiblesse. Il se traîna sur ses genoux jusqu'à la porte, et là il réussit à se lever et à se tenir debout. Mais le vrai *Piccinino*, voyant qu'il ne pouvait marcher qu'en se tenant aux murs, lui jeta sur le corps le manteau de l'officier, le coiffa du chapeau d'uniforme, et lui dit de sortir sans se presser. Quant à lui, il descendit dans la cour abandonnée, arracha le manteau d'un des *campieri* qui venait d'être tué, se déguisa comme il put, et, fidèle à son compagnon, il vint le prendre par le bras pour l'emmener vers la porte du fort.

Tout le monde était sorti, sauf deux hommes qui devaient empêcher les prisonniers de profiter de la confusion pour s'évader, et qui revenaient prendre la garde de la tour. Le feu s'éteignait dans le préau et ne jetait plus qu'une lueur livide. « Le lieutenant blessé ! » cria l'un d'eux en voyant Verbum-Caro soutenu par Carmelo, travesti lui-même. Verbum-Caro ne répondit point ; mais, d'un geste, il leur enjoignit d'aller garder la tour. Puis il sortit le plus vite qu'il put avec son chef, qu'il suppliait de fuir sans lui, mais qui ne voulait à aucun prix l'abandonner.

Si c'était générosité chez le Piccinino, c'était sagesse aussi ; car, en donnant de telles preuves d'affection à ses hommes, il s'assurait à jamais leur fidélité. Le faux Piccinino pouvait être repris dans un instant, mais s'il l'eût été, aucune torture ne lui eût fait avouer que son compagnon était le vrai Piccinino.

Déjà l'on se battait sur l'étroite plate-forme qui s'avançait devant le château, et les bandits commandés par Fra-Angelo feignaient de lâcher pied. Mais les *campieri*, privés de leur chef, agissaient sans ensemble et sans ordre. Lorsque la bande de Malacarne, descendant du bastion comme la foudre, vint s'emparer de la porte et leur montrer la retraite impossible, ils se sentirent perdus et s'arrêtèrent comme frappés de stupeur. En ce moment, Fra-Angelo, Michel, Magnani et leurs hommes, se retournèrent et les serrèrent de si près que leur position parut désespérée. Alors, les *campieri*, sachant que les brigands ne faisaient point de quartier, se battirent avec rage. Resserrés entre deux pans de muraille, ils avaient l'avantage de la position sur les bandits, qui étaient forcés d'éviter le précipice découvert. D'ailleurs, la bande de Malacarne venait d'être frappée de consternation.

A la vue des deux Piccinino, qui franchissaient la herse, et trompés par leur déguisement, les bandits avaient tiré sur eux. *Verbum-Caro* n'avait pas été touché ; mais Carmelo, atteint par une balle à l'épaule, venait de tomber.

Malacarne s'était élancé sur lui pour l'achever, mais en reconnaissant son chef, il avait rugi de douleur, et ses hommes rassemblés autour de lui ne songeaient plus à se battre.

Pendant quelques instants, Fra-Angelo et Michel, qui combattaient au premier rang, faisant tête aux *campieri*, furent gravement exposés. Magnani s'avançait plus qu'eux encore ; il voulait parer tous les coups qui cherchaient la poitrine de Michel, car on n'avait plus le temps de recharger les armes, on se battait au sabre et au couteau, et le généreux Magnani voulait faire un rempart de son corps au fils d'Agathe.

Tout à coup, Michel, qui le repoussait sans cesse, en le suppliant de ne songer qu'à lui-même, ne le vit plus à ses côtés. Michel attaquait avec fureur. Le premier dégoût du carnage s'étant dissipé, il s'était senti la proie d'une étrange et terrible exaltation nerveuse. Il n'était pas blessé; Fra-Angelo, qui avait une foi superstitieuse dans la destinée du jeune prince, lui avait prédit qu'il ne le serait pas; mais il eût pu l'être vingt fois qu'il ne l'eût pas senti, tant sa vie s'était concentrée dans le cerveau. Il était comme enivré par le danger, et comme enthousiasmé par la lutte. C'était une jouissance affreuse, mais violente; le sang de Castro-Reale s'éveillait et commençait à embraser les veines du lionceau. Quand la victoire se déclara pour les siens, et qu'ils purent rejoindre Malacarne en marchant sur des cadavres, Michel trouva que le combat avait été trop court et trop facile. Et cependant il avait été si sérieux, que presque tous les vainqueurs y avaient reçu quelque blessure. Les *campieri* avaient vendu chèrement leur vie, et si Malacarne n'eût retrouvé son énergie en voyant que le Piccinino se ranimait et se sentait assez de force pour se battre, la bande de Fra-Angelo eût pu être culbutée dans l'affreux ravin où elle se trouvait engagée.

L'aube grise et terne commençait à blanchir les cimes brumeuses qui fermaient l'horizon, lorsque les assiégeants rentrèrent dans la forteresse conquise. On devait la traverser pour se retirer, à couvert des regards des habitants de la ville, qui étaient sortis de leurs maisons et montaient timidement l'escalier de leur rue pour voir l'issue du combat. C'est à peine si cette population inquiète pouvait distinguer la masse agitée des combattants, éclairée seulement par les rapides éclairs des armes à feu. Quand on se battit corps à corps, les pâles citadins de Sperlinga restèrent glacés de terreur, en entendant les cris et les imprécations de cette lutte incompréhensible. Ils n'avaient aucune envie de secourir la garnison, et la plupart faisaient des vœux pour les bandits. Mais la peur des représailles les empêchait de venir à leur secours. Au lever de l'aube, on les aperçut presque nus, groupés sur des pointes de rocher comme des ombres frissonnantes, et s'agitant faiblement pour venir au secours du vainqueur.

Fra-Angelo et le Piccinino se gardèrent bien de les attendre. Ils entrèrent dans la forteresse précipitamment, chaque bandit y traînant un cadavre pour lui donner le *coup de sécurité*. Ils relevaient leurs blessés et défiguraient ceux d'entre eux qui étaient morts. Mais cette scène hideuse, pour laquelle Verbum-Caro retrouvait des forces, causa un dégoût mortel au Piccinino. Il donna des ordres à la hâte pour qu'on se dispersât et pour que chacun regagnât ses pénates ou son asile au plus vite. Puis il prit le bras de Fra-Angelo, et, confiant Verbum-Caro aux soins de Malacarne et de sa bande, il voulut entraîner le moine dans sa fuite.

Mais Fra-Angelo, en proie à une anxiété affreuse, cherchait Michel et Magnani, et sans dire leurs noms à personne, il allait demandant les deux jeunes moines qui l'avaient accompagné. Il ne voulait point partir sans les avoir retrouvés, et son obstination désespérée menaçait de lui devenir funeste.

Enfin le Piccinino aperçut deux frocs tout au fond du ravin.

« Voici tes compagnons, dit-il au moine en l'entraînant. Ils ont pris les devants : et je conçois qu'ils aient fui le spectacle affreux de cette victoire : mais leur sensibilité ne les empêche pas d'être deux braves. Quels sont donc ces jeunes gens? Je les ai vus se battre comme deux lions; ils ont l'habit de ton ordre. Mais je ne puis concevoir comment ces deux héros ont vécu dans ton cloître sans que je les connusse. »

Fra-Angelo ne répondit point; ses yeux voilés de sang cherchaient à distinguer les deux moines. Il reconnaissait bien les costumes qu'il avait donnés à Michel et à son ami ; mais il ne comprenait pas leur inaction, et l'indifférence qui semblait les isoler du reste de la scène. L'un lui paraissait assis, l'autre à genoux près de lui. Fra-Angelo descendit le ravin avec tant d'ardeur et de préoccupation qu'il faillit plusieurs fois rouler dans l'abîme.

Le Piccinino, douloureusement blessé, mais plein de volonté et de stoïcisme, le suivit, sans s'occuper de lui-même, et bientôt ils se trouvèrent au fond du précipice, dans un lieu abrité de tous côtés et horriblement désert, avec un torrent sous les pieds. Forcés de tourner plusieurs roches perpendiculaires, ils avaient perdu de vue les deux moines, et l'obscurité qui régnait encore au fond de cette gorge leur permettait à peine de se diriger.

Ils n'osaient appeler ; enfin ils aperçurent ceux qu'ils cherchaient. L'un était assis, en effet, soutenu dans les bras de l'autre. Fra-Angelo s'élança, et abattit le premier capuchon que sa main rencontra. Il vit la belle figure de Magnani, couverte des ombres de la mort ; son sang ruisselait par terre : Michel en était inondé et se sentait défaillir, quoiqu'il n'eût pas d'autre mal qu'une immense et insupportable douleur de ne pouvoir soulager son ami et de le voir expirer dans ses bras.

Fra-Angelo voulut essayer de secourir le noble artisan ; mais Magnani retint doucement la main qu'il voulait porter sur sa blessure. « Laissez-moi mourir en paix, mon père, dit-il d'une voix si faible que le moine était obligé de mettre son oreille contre la bouche du moribond pour l'entendre. Je suis heureux de pouvoir vous dire adieu. Vous direz à la mère et à la sœur de Michel que je suis mort pour le défendre ; mais que Michel ne le sache pas ! Il aura soin de ma famille, et vous la consolerez... Nous avons la victoire, n'est-ce pas ? dit-il en s'adressant au

Piccinino, qu'il regarda d'un œil éteint sans le reconnaître.

« O Mila! s'écria involontairement le Piccinino, tu aurais été la femme d'un brave!

— Où es-tu, Michel? je ne te vois plus, dit Magnani en cherchant son ami avec ses mains défaillantes. Nous sommes en sûreté ici, n'est-ce pas? aux portes de Catane, sans doute?... Tu vas embrasser ta mère? Ah! oui! J'entends le murmure de la naïade, ce bruit me rafraîchit; l'eau pénètre dans ma blessure, bien froide... mais bien salutaire.

— Ranime-toi pour voir ma sœur et ma mère! s'écria Michel. Ah! tu vivras, nous ne nous quitterons jamais!

— Hélas! je connais ce sourire, dit le Piccinino à voix basse, en examinant les lèvres bleues de Magnani qui se contractaient; ne le laissez plus parler.

— Mais je suis bien! dit Magnani d'une voix forte en étendant les bras. Je ne me sens point malade. Partons, mes amis! »

Il se leva par un mouvement convulsif, resta un instant debout et vacillant; puis il retomba mort sur le sable que mouillait l'écume du ruisseau.

Michel resta atterré. Fra-Angelo ne perdit pas sa présence d'esprit, bien que sa poitrine, oppressée par de rudes sanglots, exhalât des rugissements rauques et déchirants. Il souleva une énorme pierre, qui fermait l'entrée d'une des mille grottes creusées jadis dans le grès pour en tirer les matériaux de la forteresse; il entoura soigneusement le corps de Magnani des plis du froc qui le couvrait, et, l'ayant ainsi enseveli provisoirement, il referma la grotte avec la pierre.

Ensuite il prit le bras de Michel et l'emmena avec le Piccinino à quelque cent pas de là, dans une grotte plus vaste qui servait d'habitation à une misérable famille. Michel eût pu reconnaître dans l'homme qui vint les rejoindre peu d'instants après, un des paysans alliés de la bande ; mais Michel ne comprenait rien et ne reconnaissait personne.

Le paysan aida le moine à panser la blessure du Piccinino, qui était profonde et qui commençait à le faire souffrir, au point qu'il avait besoin de toute sa volonté pour cacher ses angoisses.

Fra-Angelo était meilleur chirurgien que la plupart de ceux de son pays qui en portaient le diplôme. Il fit subir au Piccinino une cruelle mais rapide opération, pour extraire la balle. Le patient ne proféra pas une plainte, et Michel ne retrouva la notion de la réalité qu'en le voyant pâlir et grincer les dents :

« Mon frère, dit-il en prenant sa main crispée, allez-vous donc mourir aussi?

— Plût au ciel que je fusse mort à la place de ton ami ! répondit Carmelo avec une sort de cruauté envers lui-même. Je ne souffrirais plus, et je serais pleuré ; au lieu que je souffrirai toute ma vie, et ne serai regretté de personne !

— Ami, dit le moine en jetant la balle par terre, est-ce ainsi que tu reconnais le dévouement de ton frère ?

— Mon frère, répéta le Piccinino en portant la main de Michel à ses lèvres, tu ne l'as pas fait par affection pour moi, je le sais ; tu l'as fait pour ton honneur. Eh bien ! tu es vengé de ma haine ; car tu conserves la tienne, et moi, je suis condamné à t'aimer ! »

Deux larmes coulèrent sur la joue livide du bandit. Était-ce un mouvement de sensibilité véritable, ou la réaction nerveuse qui succède à la tension violente de la douleur physique? Il y avait sans doute de l'un et de l'autre.

Le paysan proposa un remède étrange, que Fra-Angelo

accepta avec un grand empressement. C'était une vase bitumineuse que l'on trouvait au fond d'une source voisine, sous une eau saumâtre chargée de soufre. Les gens du pays la recueillent et la conservent dans des pots de grès pour en faire des emplâtres, c'est leur panacée. Fra-Angelo en fit un appareil qu'il posa sur la blessure du bandit; puis, l'ayant lavé et couvert de quelques hardes qu'on acheta sur l'heure au paysan; ayant aussi lavé Michel et lui-même du sang dont ils avaient été couverts dans le combat, il fit avaler quelques gorgées de vin à ses compagnons, plaça Carmelo sur le mulet de leur hôte, donna à ce dernier une bonne somme en or, pour lui montrer qu'il y avait de l'avantage à servir la bonne cause, et le quitta en lui faisant jurer qu'il irait chercher, la nuit suivante, le corps de Magnani pour lui donner la sépulture avec autant de respect que s'il eût été son propre fils!

« Mon propre fils! dit le paysan d'une voix sourde : celui que les Suisses m'ont tué l'année dernière? »

Cette parole donna à Michel plus de confiance en cet homme que tout ce qu'il eût pu promettre et jurer. Il le regarda pour la première fois, et remarqua une singulière énergie et une exaltation fanatique sur cette figure terne et creuse. C'était plus qu'un bandit, c'était un loup cervier, un vautour, toujours prêt à tomber sur une proie ensanglantée pour la déchirer et assouvir sa rage dans ses entrailles. On voyait qu'il n'aurait pas assez de toute sa vie pour venger la mort de son fils. Il ne proposa point à ses hôtes de les guider dans leur fuite. Il lui tardait d'avoir rempli ses devoirs envers eux, afin d'aller voir dans le château si quelque *campiere* respirait encore, et d'insulter à son agonie.

LII.

CONCLUSION.

Les trois fugitifs mirent pour retourner à Catane le double du temps qui leur avait suffi pour venir à Sperlinga. Le Piccinino ne pouvait marcher longtemps sans tomber accablé par la fièvre sur le cou de son mulet. On faisait halte dans quelque grotte ou dans quelque ruine abandonnée, et le moine était forcé de lui faire boire du vin pour soutenir ses forces, bien qu'il reconnût que cela augmentait la fièvre.

Il fallait suivre des chemins escarpés et pénibles, ou plutôt éviter toute espèce de chemin, pour ne point s'exposer à des rencontres fâcheuses. Fra-Angelo comptait trouver, à mi-chemin de Catane, une famille de pauvres gens sur lesquels il pouvait compter comme sur lui-même, pour recueillir et soigner son malade; mais il ne trouva qu'une maison déserte et déjà à demi écroulée. La misère avait chassé ces infortunés de leur asile. Ils ne pouvaient payer l'impôt dont cette chaumière était frappé. Peut-être étaient-ils en prison.

C'était un grave désappointement pour le moine et pour son compagnon. Ils s'étaient éloignés à dessein du pays exploité par les bandits, parce que, vers le midi, l'absence de danger rendait la police moins active. Mais en voyant désert le seul asile sur lequel ils avaient pu compter dans cette partie des montagnes, ils furent réellement alarmés. Le Piccinino pressa en vain le moine et Michel de l'abandonner à sa destinée, prétendant que, dès qu'il se verrait seul, la nécessité lui donnerait peut-être des forces surnaturelles; ils s'y refusèrent, comme on peut croire, et, après avoir examiné tous les moyens, ils s'arrêtèrent au plus prompt et au plus sûr, quoiqu'il parût être le plus audacieux : c'était de conduire Carmelo dans le palais Palmarosa, et de l'y tenir caché jusqu'à ce qu'il fût en état de fuir. La princesse n'avait qu'à faire la moindre démarche de déférence auprès de certaines gens, pour écarter tout soupçon de sa conduite ; et dans une pareille circonstance, lorsque Michel lui-même pouvait être soupçonné d'avoir aidé à la délivrance du Piccinino, elle n'hésiterait point à tromper le parti de la cour sur ses sentiments politiques.

Cette idée du moine eût répugné à Michel quelques jours auparavant : mais chaque événement le rendait plus Sicilien, en lui faisant mieux comprendre la nécessité de la ruse. Il y acquiesça donc, et on n'eut plus à s'occuper que de faire entrer le blessé dans le palais, sans que personne l'aperçût. C'était le seul point important, car la retraite où vivait Agathe, son domestique peu nombreux et aveuglément dévoué, la fidélité et la discrétion de sa camériste Nunziata, qui, seule, pénétrait dans certaines pièces du casino, mille détails de l'existence habituellement mystérieuse de la princesse, rendaient cette retraite aussi sûre que possible. D'ailleurs, on aurait à deux pas le palais de la Serra pour y transporter le blessé, au cas où le palais Palmarosa ne pourrait plus offrir de sécurité. Il fut décidé que Michel prendrait les devants, et s'introduirait, à l'entrée de la nuit, chez sa mère ; qu'il l'avertirait de l'arrivée du blessé, et l'aiderait à disposer tout pour le recevoir et le faire entrer secrètement quelques heures plus tard.

Agathe était dans un état d'anxiété impossible à décrire, lorsque Nunziata l'avertit que quelqu'un l'attendait dans son oratoire. Elle y courut, et, au premier aspect d'une robe de moine, elle faillit s'évanouir, croyant qu'un des frères de Bel-Passo venait lui apporter quelque nouvelle funeste. Mais, quelque bien déguisé que fût Michel, l'œil maternel ne fut pas longtemps incertain, et elle l'étreignit dans ses bras en fondant en larmes.

Michel lui cacha les dangers qu'il avait courus ; elle les pressentirait assez tôt, lorsque la délivrance du Piccinino deviendrait la nouvelle du pays. Il lui dit seulement qu'il avait été chercher son frère dans une retraite sauvage, où il était mourant et privé de secours, qu'il le lui amenait pour le confier à ses soins, et qu'il fallait préparer son nouvel asile.

Au milieu de la nuit, le blessé arriva sans encombre ; mais il ne gravit point l'escalier de laves avec la même fierté d'allure que la dernière fois. Ses forces déclinaient de plus en plus. Fra-Angelo fut forcé de le porter jusqu'en haut. Il reconnut à peine Agathe, et pendant quelques jours il fut entre la vie et la mort.

L'inquiétude de Mila fut d'abord calmée lorsqu'elle apprit de Michel que Magnani était allé à Palerme pour lui rendre service. Mais il se passa bien des jours, et Magnani ne revenant pas, la famille s'étonna et s'alarma. Michel prétendait avoir reçu de ses nouvelles. Il était parti pour Rome, toujours pour lui rendre service, et, plus tard, on prétendit que l'affaire importante et secrète dont la famille Palmarosa l'avait chargé le conduisait à Milan, à Venise, à Vienne. Que sais-je? On le fit voyager pendant des années, et, pour calmer l'inquiétude et la douleur des parents, on leur lut, à eux qui ne savaient pas lire, des fragments de prétendues lettres ; on leur remit beaucoup d'argent qu'il était censé leur faire passer.

La famille Magnani fut riche et émerveillée de la fortune du pauvre Antonio. Elle vécut de mélancolie et d'espérance ; sa vieille mère mourut, s'affligeant de ne l'avoir pas embrassé, mais chargeant Michel de lui envoyer sa bénédiction.

Quant à Mila, elle eût été plus difficile à tromper, si la princesse, résolue à lui épargner une plus grande douleur, ne lui en eût suggéré une dont elle pouvait mieux prendre son parti. Elle lui fit entendre peu à peu, et finit par lui déclarer que Magnani, partagé entre son ancienne passion et son nouvel amour, avait craint de ne pas la rendre heureuse, et qu'il était parti, résolu à attendre, pour reparaître, qu'il fût entièrement guéri du passé.

Mila trouva de la noblesse et de la sincérité dans ce procédé; mais elle se sentit piquée de n'avoir pas réussi toute seule à effacer le souvenir d'une passion si tenace. Elle travailla à se guérir, car on ne lui donnait pas pour certaine la guérison de son amant, et sa grande fierté vint à son secours. Chaque jour l'absence prolongée de Magnani la rendit plus forte et plus courageuse. Lorsqu'on parla du voyage de Rome, on lui fit entendre que Magnani ne surmontait point l'ancienne affection et renonçait à la nouvelle. Mila ne pleura point, elle pria sans amertume pour le bonheur d'un ingrat, et reprit peu à peu la sérénité de son humeur.

Michel souffrit beaucoup, sans doute, de l'entendre accuser parfois cet absent, qui eût mérité un culte dans sa mémoire; mais il sacrifia tout au repos de sa chère sœur d'adoption. Il alla en secret, avec Fra-Angelo, voir la tombe de son ami. Le paysan qui l'avait enseveli les mena dans le cimetière d'un couvent voisin. De bons moines, patriotes comme ils le sont généralement en Sicile, l'y avaient porté durant la nuit, et avaient inscrit ces mots en latin sur une pierre qui lui servait de monument, parmi les roses blanches et les cytises en fleur :

« *Ici repose un martyr inconnu.* »

La convalescence du Piccinino fut plus longue qu'on ne s'y était attendu. La blessure guérit assez vite ; mais une fièvre nerveuse d'un caractère assez grave le retint trois mois dans le boudoir d'Agathe, qui lui servait de chambre, et qui fut gardé avec un soin religieux.

Une révolution morale tendait à s'opérer chez ce jeune homme méfiant et entier. La sollicitude de Michel et de la princesse, la délicatesse de leurs consolations, ces mille douceurs de la bonté, qu'il avait perdues avec sa mère et qu'il n'avait jamais espéré retrouver dans d'autres âmes, entamèrent peu à peu la sécheresse et l'orgueil dont il s'était cuirassé. Il avait toujours éprouvé un besoin ardent d'être aimé, bien qu'il ne fût pas capable lui-même de sentir l'affection avec autant de force et de persistance que la haine. Il fut d'abord comme blessé et humilié d'être forcé à la reconnaissance. Mais il arriva qu'un miracle du cœur d'Agathe en produisit un sur Michel, et que ce miracle s'accomplit à son tour sur Carmelo. Agathe, quoique froide en apparence et exclusive dans ses sentiments, avait le cœur si large et si généreux qu'elle arrivait à aimer ceux qu'elle plaignait. Il y eut encore bien des moments où les froides théories du Piccinino lui firent horreur ; mais la pitié fut plus forte lorsqu'elle comprit combien ce parti pris de se raidir contre toutes choses le rendait malheureux. Dans ses souffrances physiques et dans ses exaltations nerveuses, le Piccinino, après avoir vanté et prouvé la sûreté de sa clairvoyance à l'endroit des affections humaines, déplorait cette triste faculté avec une amertume qui frappait Agathe.

Un soir, qu'elle parlait de lui avec Michel, et que celui-ci lui avouait ne ressentir aucune sympathie pour son frère : « Le devoir t'amène, lui dit-elle, à le soigner, à t'exposer pour lui, à le combler de services et d'égards,

Eh bien! il faut aimer son devoir, et ce frère en est un bien terrible. Le devoir serait donc plus doux si tu pouvais l'aimer. Essaie, Michel, peut-être qu'alors ce cœur de marbre changera aussi, car il a des facultés de sibylle. Il sent peut-être que tu ne l'aimes point, et il reste froid. Tu n'auras pas eu plus tôt un élan sincère et tendre vers lui, même sans le lui témoigner, qu'il le devinera et t'aimera peut-être à son tour. Moi, je vais essayer pour te donner l'exemple. Je vais m'efforcer de me persuader qu'il est mon fils, un fils bien différent de toi, Michel, mais que ses défauts ne m'empêchent pas d'aimer. »

Agathe tint parole, et Michel voulut la seconder. Le Piccinino sentit de l'intérêt véritable pour son mal moral au milieu de tous ces soins vertueux prodigués à son mal physique; il s'attendrit peu à peu, et un jour il porta pour la première fois la main d'Agathe à ses lèvres, en lui disant :

« Vous êtes bonne comme ma mère. Oh! que ne suis-je votre fils! j'aimerais alors Michel, parce que les mêmes entrailles nous auraient portés. On n'est vraiment frères que par la femme. Elle seule peut nous faire comprendre ce qu'on appelle la voix du sang, le cri de la nature. »

Puis, un autre jour, il dit à Michel : « Je ne t'aime pas, parce que tu es le fils de mon père. Un homme qui a mêlé la pureté de son sang à celui de tant de femmes si diverses d'origine et de nature devait être une organisation mobile, compliquée, manquant d'unité : aussi ses fils diffèrent-ils entre eux comme le jour et la nuit. Si je venais à t'aimer, toi que j'estime et que j'admire, c'est parce que tu as une mère que j'aime et que je me persuade parfois être la mienne aussi. »

Quand le Piccinino fut en état de reprendre sa vie d'aventures, à laquelle il avait tant aspiré durant les langueurs de sa maladie, il fut tout à coup brisé à l'idée de rompre une vie qu'on lui avait faite si douce. Il voulut prendre un air dégagé, et refusa les offres d'un meilleur sort que lui faisaient Michel et Agathe ; mais il était évident qu'il était dévoré d'effroi et de regrets.

« Mon cher enfant, lui dit le marquis, vous devez accepter les moyens de rendre plus vaste et plus efficace la mission à laquelle vous vous êtes voué. Nous n'avons jamais eu la pensée de vous faire rentrer d'une manière puérile et poltronne dans cette société que vous dédaignez, et pour laquelle vous n'êtes point fait. Mais, sans subir de contrainte, sans changer rien à vos principes de négation et d'indépendance, vous pouvez faire une alliance véritable, au-dessus des lois établies, avec la véritable humanité. Jusqu'à ce jour, vous vous êtes trompé, en vous efforçant de haïr les hommes. Ce sont leurs méchantes et fausses institutions contre lesquelles vous protestez. Au fond du cœur, vous aimez vos semblables, puisque vous souffrez de leur aversion et de votre isolement. Comprenez donc mieux votre fonction de justicier d'aventure. Jusqu'ici, votre imagination a usurpé ce titre, puisque vous ne l'avez fait servir qu'à des vengeances personnelles et à la satisfaction de vos instincts. Ce qui vous a manqué pour jouer un plus beau rôle et servir plus grandement notre pays, c'est un plus vaste théâtre et des ressources proportionnées à votre ambition. Votre frère vous offre ces ressources ; il est prêt à partager ses revenus avec vous, et ce partage vous rendra puissant dans votre œuvre sans vous lier à la société par aucun point. Vous ne pourriez, en effet, devenir seigneur et propriétaire sans contracter des engagements avec les choses légales ; mais, en puisant en secret dans l'amitié fraternelle la force qui vous est nécessaire, vous resterez étranger au monde où nous vivons, tout en devenant capable de travailler à en changer les vices. Vous pourrez sortir de cette île malheureuse où vos efforts sont trop concentrés pour avoir de l'effet; vous pourrez chercher ailleurs des compagnons et des adeptes, établir au loin des relations avec les ennemis du mal public, travailler pour la cause de l'esclavage universel, vous instruire des moyens qui peuvent le faire cesser, et revenir chez nous avec des lumières et des secours qui feront plus en un an que vos expéditions contre de malheureux campieri ne feraient dans toute votre vie. Vos facultés vous placent bien au-dessus de ce métier de bandit. Votre pénétration, votre sagacité, votre instruction étendue et variée, tout jusqu'au charme de votre visage et à la séduction de vos paroles, vous destine à être un homme d'action politique aussi prudent que téméraire, aussi habile que brave. Oui, vous êtes né conspirateur. Le hasard de la naissance vous a jeté dans cette voie, et votre organisation vous a rendu propre à y briller d'un grand éclat. Mais il y a de grandes conspirations, qui, lors même qu'elles avortent sur un point du globe, font marcher la cause de la liberté dans l'univers : et il y en a de petites qui finissent au bout d'une potence avec le héros inconnu qui les a ourdies. Que vous tombiez demain dans une embuscade, votre bande est dispersée, et le dernier soupir de l'indépendance nationale s'exhale de votre poitrine. Mais conspirez sous le soleil de l'humanité, au lieu de flibuster dans l'ombre de nos précipices, et un jour vous pourrez être le libérateur de nos frères, au lieu d'être la terreur de nos vieilles femmes. »

Ces paroles étaient à la fois dures et flatteuses pour l'amour-propre chatouilleux du Piccinino. Cette critique de sa vie passée le faisait souffrir; mais le jugement porté sur sa capacité future le rassurait. Il rougit, pâlit, rêva, comprit. Il était trop intelligent pour se défendre contre la vérité. Agathe et Michel prirent ses mains avec affection, et le supplièrent à genoux d'accepter la moitié d'une fortune qu'ils lui devaient tout entière. Des larmes de fierté, d'espérance, de joie, et peut-être aussi de reconnaissance, s'échappèrent de ses yeux ardents, et il accepta.

Il faut dire aussi qu'un autre miracle s'était fait à l'insu de tous dans le cœur de cet homme étrange. L'amour, le pur amour l'avait vaincu. Mila avait été sa garde-malade, et Mila avait enchaîné le tigre. Elle en était fière avec raison, et puis elle était très-fière naturellement. L'amour du capitaine Piccinino la relevait à ses propres yeux de la tache que Magnani avait faite à sa gloire en l'abandonnant. Elle était brave aussi. Elle se sentait née pour quelque chose de plus difficile et de plus brillant que de filer de la soie. Ses instincts d'héroïsme et de poésie s'arrangeaient fort bien d'une existence périlleuse et pleine d'émotions. Carmelo, qui avait regretté, à leur première entrevue, qu'elle ne fût pas un petit garçon dont, comme Lara, il pourrait faire son page, changea d'avis, en se disant que la beauté d'une femme et le cœur d'une héroïne ajoutaient singulièrement au charme du jeune compagnon qu'il rêvait.

Cependant il n'obtint pas Mila tout de suite. Elle se fit elle-même le gage et la récompense de la docilité avec laquelle il suivrait les conseils de la princesse et du marquis. Je crois que ce jour viendra bientôt, s'il n'est déjà venu... Mais ici finit le roman, qui pourrait encore durer longtemps si l'on voulait, car je persiste à dire qu'aucun roman ne peut finir.

FIN DU PICCININO.

KOURROGLOU

NOTICE

Kourroglou est toujours, à mes yeux, une œuvre très-belle et très-curieuse. Elle n'eut pourtant pas de succès dans la *Revue indépendante*, où j'en publiai la traduction abrégée. Des raisons d'amitié me firent suspendre ce petit travail, que l'on me disait préjudiciable aux intérêts de la *Revue*. Mais je protestai et proteste encore contre l'intelligence des abonnés qui préférèrent les romans nouveaux à ces chants originaux d'une littérature étrangère. C'était une initiation à la manière des rapsodes et des improvisateurs de l'Orient, et l'on sait qu'en fait d'art, comme en toutes choses, le public veut être poussé par les épaules vers les découvertes, si faciles qu'elles soient.

La suite du poëme, dont j'ai été forcée de résumer en deux pages les derniers chants et le dénouement superbe, a été publiée en abrégé sur le texte anglais de M. Chodzko, par M. C.-G. Simon, à Nantes. Cela fait partie d'une suite de travaux intéressants et agréablement présentés, qui ont paru dans les *Annales de la Société académique de la Loire-Inférieure*, sous le titre de *Recherches sur la littérature orientale*, Nantes, 1847.

Il est à regretter que M. C.-G. Simon, par des raisons analogues à celles que j'ai subies, n'ait pas continué son exploration dans cette littérature persane, une des plus riches et une des plus belles du monde, assurément, puisqu'on y trouve la manière d'Homère et celle de Cervantes se coudoyant avec franchise, grandeur et naïveté dans les mêmes récits. On me dira que tout cela est exploré déjà. J'objecterai que peu de gens lisent ces poëmes dans le texte, et qu'on ne les lit guère plus dans les traductions, puisque la mienne et celles de M. Simon, allégées autant que possible des redites et longueurs inévitables de la manière orientale, n'ont été goûtées et comprises que des littérateurs.

Et malgré ceci, j'insiste, et je dis : Lisez *Kourroglou;* c'est amusant, *quoique* ce soit beau.

GEORGE SAND.

Nohant, 24 juin 1853.

KOURROGLOU

ÉPOPEE PERSANE

PRÉFACE.

Avez-vous lu Baruch? Peut-être! Mais vous n'avez pas lu Kourroglou. Lecteur, que lisez-vous donc? Quoi, vous n'avez pas lu Kourroglou! Kourroglou a été traduit du persan (car vous n'êtes pas obligé, ni moi non plus, de savoir le persan), et vous ne vous en doutez pas plus que je ne m'en doutais la semaine dernière? Ah! si j'étais lecteur de mon état, je ne voudrais pas avouer que je ne connais pas Kourroglou! En vain vous m'alléguerez que Kourroglou a été traduit du perso-turc en anglais, et que peut-être vous ne savez pas l'anglais : c'est une mauvaise défaite. Vous devriez le savoir, et moi aussi; mais je ne le sais pas, ni vous non plus, je suppose. Pourtant je le comprends, assez pour essayer de vous faire connaître Kourroglou, et je commence, renvoyant ceux de vous qui lisent l'anglais couramment à la traduction première, qui est toujours la meilleure, ayant été faite par un homme versé dans les langues orientales et dans les dialectes tuka-turkman, perso-turc, zendo-persan et autres, que nous connaissons aussi... de réputation.

Mais avant d'entendre cette merveilleuse et curieuse histoire, il est bon que vous sachiez que le fond en est véritable, et que le célèbre Kourroglou, dont vous n'aviez jamais entendu parler, est un personnage historique. Le nord de la Perse et les rives de la mer Caspienne sont pleins de sa gloire, et le récit de ses exploits est aussi populaire que celui de la guerre de Troie au temps d'Homère. Il est vrai qu'un Homère a manqué à notre héros jusqu'à ce jour, et qu'il a fallu la patience, la curiosité et le génie investigateur d'un Européen pour rassembler, résumer et coordonner les interminables fragments que les rapsodes orientaux débitent aux oreilles ravies et enflammées de leurs auditeurs. Honneur et grâces soient donc rendus à M. Alexandre Chodzko, l'Homère de Kourroglou. L'épopée de sa vie n'avait jamais été écrite, et il n'est pas bien prouvé que Kourroglou lui-même ait su écrire ; il avait tant d'autres choses à faire, le vaillant diable à quatre! boire, battre, être un vert galant; mais ce n'est pas tout. Il avait encore le talent de chanter en improvisant; sa poésie et sa voix résonnaient de la Perse à la Turquie, de Khoï à Erzeroum, et sa guitare faisait presque autant de miracles que son cimeterre.

Mais qu'était-ce donc que Kourroglou? C'était bien plus qu'un poëte, bien plus qu'un barde, bien plus qu'un lettré, bien plus qu'un pontife, bien plus qu'un roi, bien plus qu'un philosophe. Il était ce qu'il y a de plus grand... en Perse : il était bandit. Quand vous aurez fait connaissance avec lui, vous verrez que ce n'est pas peu de chose ; mais vous conviendrez qu'à moins d'être Kourroglou, il ne faut pas s'en mêler.

Kourroglou était (c'est M. Alexandre Chodzko qui parle) « un Turkman-Tuka, natif du Khorassan septentrional. Il a vécu dans la seconde moitié du XVIIe siècle ; il a rendu son nom illustre en pillant les caravanes sur la grande route ; mais ses improvisations poétiques l'ont fait plus grand encore. Les Turcs Iliotes, tribus errantes transplantées à différentes époques du centre de l'Asie aux vastes pâturages qui s'étendent de l'Euphrate à la Méroë, ont religieusement conservé ses chants et la mémoire de ses actions. Il est leur guerrier modèle et leur barde national dans toute l'étendue du terme. On montre encore aujourd'hui les ruines de la forteresse de Chamly-Bill, bâtie par Kourroglou dans la délicieuse vallée de Salmas, un district de la province d'Aderbaïdjan. Encore aujourd'hui on manque rarement de réciter dans une fête les chants d'amour de Kourroglou. Durant les querelles intestines et les combats que livrent les Iliotes, pour leur indépendance, aux Persans, leurs maîtres, quand les deux armées ennemies sont au moment d'engager la bataille, ils s'animent les uns les autres, et défient l'ennemi : les Persés en chantant des passages du schah-nama de leur Ferdausy, les Iliotes en hurlant les chants de guerre de leur Kourroglou. Sous les fenêtres du palais du schah, lorsque les trompettes et les tambours du nekhara-khana (la garde d'honneur) saluent le soleil levant, les musiciens ont coutume de jouer l'air guerrier de Kourroglou, celui qui a servi de thème à ses poésies lyriques, et sur lequel il improvisait ordinairement. »

M. Chodzko établit un parallèle entre Ferdausy et Kourroglou. Il ne met point en balance la valeur littéraire de ces deux poëtes : l'un écrivant une magnifique épopée en langue arabe, achevant son œuvre avec soin au milieu des délices d'une cour ; l'autre improvisant au milieu des déserts, et dans un dialecte sauvage, des strophes énergiques, mais décousues et farouches comme sa vie, son caractère et ses compagnons d'armes. Cependant M. Chodzko s'étonne avec raison que le plus renommé et le plus populaire des deux (dans une plus vaste étendue de pays, ou du moins chez des admirateurs plus passionnés et plus nombreux), le bandit-ménestrel Kourroglou, soit resté jusqu'à ce jour inconnu aux Européens. C'est après un séjour de onze ans dans ces contrées, après avoir interrogé et écouté attentivement les rapsodes et les bardes qui passent leur vie à raconter et à chanter au peuple les exploits et les poésies de Kourroglou, qu'il est parvenu à écrire la vie épique, et à transcrire fidèlement les hymnes de ce héros barbare. Les versions les plus exactes, les récits les plus poétiques et les plus complets, il les a trouvés, dit-il, dans la dernière classe du peuple ; là où le souvenir fanatique et l'amour enthousiaste de cette nature de faits et de ce genre de poésie avaient dû nécessairement pénétrer et se graver davantage. La nouveauté d'un tel personnage, l'intérêt de ses aventures, et surtout la peinture énergique des mœurs et du caractère des tribus nomades dont Kourroglou est le type, et aux yeux desquelles il est un type idéal, ont paru assez importants aux orientalistes de Londres pour que le comité de l'*Oriental translation fund* de la Grande-Bretagne et de l'Irlande ait fait imprimer et publier, à ses frais, les aventures de Kourroglou. Cette épopée, jointe aux chants des peuples qui habitent les rives de la mer Caspienne (chants populaires des Kalmouks, des Tatars d'Astrakan, des Perso-Turks, des Turckmans, des Ghilanis, des *Highlanders* Rudbars, des Taulishs et des Mazenderanis), forment un beau volume sous ce titre : *Specimens of the popular poetry of Persia.* « As found in the adventures and improvisations of Kourroglou the bandit menestrel of northen Persia : and in the songs of the people inhabiting the shores of the Caspian sea. Orally collected and translated with philological and historical notes, by Alexander Chodzko, esq. »

Cette publication n'est pas, en effet, importante au seul point de vue de l'amusement et de l'intérêt épique; ce n'est pas seulement un héros de l'Arioste que la Perse nous révèle, c'est toute une histoire de mœurs, c'est tout un génie national que Kourroglou. C'est le nomade dans toute sa poésie plaisante et terrible, c'est le guerrier asiatique dans toute son exagération fanfaronne, c'est le brigand de la Perse dans toute sa ruse, dans toute sa férocité et dans toute son audace. Kourroglou est cruel, ivrogne, glouton, libertin ; c'est le plus grand pillard et le plus grand vantard que nous ayons jamais rencontré, même chez nous, où ces qualités sont si fort répandues par le temps qui court. Il est entreprenant, vindicatif, insatiable de richesses et de plaisirs, fourbe, brutal et impitoyable dans la colère. Il n'en est pas moins l'idole de ses compagnons et de leur nombreuse postérité. Ces peccadilles ne le rendent que plus aimable. Les femmes en sont folles, et les enfants rêvent de lui, non comme d'un croquemitaine, mais comme d'un Tancrède ou d'un Roland. Tandis que le Rustem de Ferdausy est un vrai chevalier, fidèle à son prince ou prosterné devant son Dieu, Kourroglou ne connaît guère d'autre dieu que lui-même et n'est fidèle qu'à son propre serment. A cet égard, il affiche une loyauté et une générosité qui ne sont point sans grandeur et sans danger, vu la mauvaise foi des ennemis qui le poursuivent. Une seule trahison déshonore sa vie ; mais il la pleure amèrement, et le remords lui inspire le plus beau de ses chants de douleur. Un seul amour pénètre jusqu'au fond de son âme, et fait de lui un être sympathique par quelque endroit, c'est sa tendresse exaltée pour son fils adoptif, Ayvaz, le Benjamin, le Renaud du poëme. Mais le véritable héros de la vie de Kourroglou, ce n'est point Kourroglou, ce n'est pas le bel Ayvaz, ce n'est pas même le spirituel marmiton Hamza-Beg ; ce n'est pas un homme, ce n'est pas une femme : c'est un cheval, c'est le divin Kyrat, près duquel les coursiers d'Achille et tous les palefrois renommés de la chevalerie ne sont que de pauvres poneys. Le poëme s'ouvre par la formation céleste de Kyrat, comme vous allez le voir, lecteur ; car j'entreprends de vous raconter tout le poëme. Mais comme M. Chodzko l'a *oralement* transcrit, je me permettrai d'abréger et de résumer la traduction de M. Chodzko. Quand je la citerai textuellement, j'aurai soin de l'indiquer.

Le poëme est divisé par chants, que M. Chodzko intitule : *Entrevues*; *meetings* en anglais, *mejjliss* en perso-tu.k que nous traduirons par *rencontres*. Ce sont les rapsodies que l'haleine d'un *Kourroglou-Khan* peut fournir en une séance à l'attention d'un auditoire. Les Kourroglou-Khans sont comme les Schah-Namah-Khans de Ferdausy, comme les Koran-Khans du Prophète, des bardes de profession qui, en s'accompagnant de la guitare, récitent au peuple et aux amateurs les faits, gestes, maximes et improvisations de leur héros. La mémoire de ces chanteurs, dit M. Chodzko, est vraiment incroyable ; à toute sommation, ils récitent d'une seule haleine, et durant des heures entières, sans la moindre hésitation, à partir du vers qui leur est désigné par les auditeurs.

PREMIÈRE RENCONTRE[1].

Kourroglou était un Turkoman de la tribu de Tuka ; son véritable nom était Roushan, et celui de son père Mirza-Serraf. Ce dernier était au service du sultan Murad, gouverneur d'une des provinces du Turkestan, en qualité de chef des haras de ce prince.

Un jour que les cavales paissaient dans les prairies qui s'étendent le long du Jaïhoun (l'Oxus), un étalon sortit de la surface des eaux, gagna la rive, courut vers la troupe des cavales, et après s'être accouplé à deux d'entre elles, il se replongea dans le fleuve, où il disparut pour jamais. Cette étrange nouvelle ne fut pas plus tôt rapportée à Mirza Serraf, qu'il se rendit à la prairie, et ayant fait des marques distinctes aux deux juments désignées, il recommanda aux gardiens d'en avoir un soin particulier ; puis, de retour chez lui, il consigna sur ses livres les détails de l'apparition de l'étalon, et enregistra la date précise de cet événement.

On sait qu'une jument donne toujours naissance à son poulain étant debout ; quand le terme fut arrivé, Mirza-Serraf, qui était présent à leur naissance, reçut les jeunes poulains dans le pan de sa robe, afin qu'ils ne fussent point blessés par leur contact avec la terre.

Il dirigea lui-même avec le plus grand soin leur première éducation pendant les deux années suivantes, et surveilla les progrès de leur croissance. Malheureusement leur mauvaise mine n'était pas propre à inspirer beaucoup d'espoir pour l'avenir. Ils paraissaient laids à la première vue, et leur robe épaisse semblait être de crin plus que de poil.

---

1. Ce premier chant est textuellement traduit de l'anglais.

Un des devoirs de la charge de Mirza-Serraf était de visiter, à tour de rôle, tous les haras confiés à ses soins, afin de mettre à part les meilleurs poulains pour les écuries du prince. Dans cette occasion, les deux poulains merveilleux furent au nombre de ceux qu'il choisit. Quand le prince vint en personne visiter ses écuries, il examina attentivement les chevaux amenés par Mirza-Serraf, et approuva tous ses choix, à l'exception des deux poulains en question.

Plus il les regardait, plus ils lui semblaient hideux. Il fit amener en sa présence le chef de ses haras, et s'adressant à lui d'une voix courroucée : « Vassal, lui dit-il, qu'est-ce que cela signifie ? me crois-tu donc dépourvu d'instruction ou d'intelligence, ou bien es-tu devenu si vieux que tu ne puisses plus distinguer un bon cheval d'un mauvais ? Que prétends-tu en m'amenant ces deux misérables haquenées ? »

Alors, transporté de rage, le prince ordonna que Mirza-Serraf eût les yeux crevés. Cette sentence fut immédiatement exécutée. Un fer rouge fut appliqué sur le globe des yeux de l'infortuné Mirza, qui fut ainsi privé pour jamais de la lumière. Aveugle et désolé, il fut reconduit dans sa maison. Son fils unique Roushan, jeune homme de dix-neuf ans, étudiait alors à l'une des écoles de la ville. Aussitôt qu'il eut appris le châtiment infligé à son père, baigné de larmes, il accourut vers lui. « Ne pleure pas, mon fils, lui dit le vieillard, qui était un des plus habiles astrologues de son siècle ; j'ai examiné ton horoscope, et ma science infaillible m'a découvert que tu deviendrais un héros célèbre. Tu vengeras mes souffrances sur la personne de l'injuste tyran qui me les a infligées. Va à l'instant voir le prince, et parle-lui ainsi : « Seigneur, tu as fait crever les yeux de mon père à cause d'un poulain. Sois miséricordieux, et fais-lui présent de l'animal ;

sans cela mon pauvre père, qui est vieux et aveugle, n'aura pas de cheval à monter pour se rendre à la distribution des aumônes qui se font dans ton palais. » Roushan fit ainsi qu'il lui avait été dit.

Le prince, dont la colère avait eu le temps de se calmer, accorda au jeune homme la permission d'entrer dans ses écuries et de prendre celui des deux poulains condamnés qui lui plairait le mieux.

Roushan choisit celui qui était gris, parce que son père lui avait dit que la jument qui l'avait porté était d'une plus noble race que l'autre. De retour à la maison avec le don du prince, Roushan reçut de son père l'ordre de creuser un souterrain. « Il nous servira d'écurie, lui dit celui-ci. Fais-y quarante stalles, et entre chaque stalle tu feras un réservoir pour l'eau. Par la combinaison d'un certain nombre de ressorts, dont je t'enseignerai l'usage, l'orge et la paille seront distribuées en temps convenable à notre poulain, qui mangera sa ration sans l'assistance d'un palefrenier. L'eau lui arrivera de la même manière en temps convenable. Tu maçonneras soigneusement la porte et jusqu'aux moindres fentes de l'écurie; car il est indispensable que notre cheval demeure seul durant quarante jours, et que ni l'œil de l'homme ni les rayons du soleil ne viennent le troubler dans sa solitude. »

Les instructions du père furent exécutées par le fils avec la plus scrupuleuse fidélité. Le poulain fut introduit et enfermé dans sa nouvelle demeure. Il y avait déjà trente-huit jours qu'il y demeurait, caché à tous les regards, lorsqu'au trente-neuvième la patience de Roushan fut épuisée. Il s'approcha de l'écurie, et ayant fait un trou de la grandeur de l'œil, il commença à regarder dans l'intérieur.

Le corps entier du poulain lui apparut brillant et resplendissant comme une lampe ; mais la lumière qui en jaillissait s'affaiblit instantanément, et puis s'éteignit, comme par l'effet du simple regard de Roushan. Il eut peur, et, refermant précipitamment la petite ouverture, il retourna vers son père, auquel il ne dit rien de ce qui était arrivé. Le lendemain, juste à l'heure où venait d'expirer le quarantième jour de la claustration du poulain, Mirza dit à son fils : « Le temps est accompli, allons chercher notre cheval et commençons à le dresser. » Ils furent ensemble à l'écurie. L'aveugle commença à tâter la robe de l'animal; il promena sa main sur la tête et sur le cou, sur les jambes de devant et sur celles de derrière, comme s'il eût cherché quelque chose, et tout à coup il s'écria : « Qu'as-tu fait, malheureux enfant? Il eût mieux valu pour moi que tu fusses mort dans ton berceau! Pas plus tard qu'hier tu as laissé la lumière tomber sur le poulain. — Tu as deviné juste, mon père; mais comment as-tu fait pour découvrir cela? — Comment j'ai fait? Ce cheval avait des plumes et des ailes qui ont été brisées par suite de ton imprudence. » A ces mots le cœur de Roushan fut rempli d'amertume, et il tomba dans une profonde tristesse. Mirza lui dit alors : « Ne perds pas courage; nul cheval vivant ne pourra jamais approcher de la poussière que soulèveront les pieds de ce coursier. »

Ayant dit ainsi, l'aveugle enseigna à son fils à seller le poulain avec une selle de feutre, et lui prescrivit de le dresser de la manière suivante : « Tu le feras trotter pendant les quarante premières nuits sur les rochers et dans les plaines pierreuses, et pendant les quarante nuits suivantes dans l'eau et les marécages. » Quand ceci fut accompli, Mirza-Serraf mit son cheval au galop, qu'il soutint admirablement, soit en avant, soit à reculons. L'éducation du noble animal ayant été ainsi complétée, il commença à s'occuper de celle de son fils. « Monte ton cheval, lui dit-il; fais-moi place derrière toi, et traversons l'Oxus. » Pendant qu'ils s'amusaient ainsi, le vieillard expérimenté initiait son fils à tous les stratagèmes de l'art de l'équitation et du métier des armes.

« C'est bien, dit-il un jour à Roushan, je suis content de toi. Mais il nous reste encore une chose à faire. Notre prince vient quelquefois chasser sur les bords de l'Oxus; c'est là que tu l'attendras. La première fois que tu le verras venir de ton côté, revêts toutes les pièces de ton armure, et, monté sur ton cheval, va hardiment à la rencontre du tyran. Alors tu lui diras ces mots : « Prince injuste et cruel, contemple le cheval à cause duquel tu as fait crever les yeux de mon père, regarde bien ce qu'il est devenu, et meurs d'envie. »

Roushan obéit fidèlement à l'ordre de son père; la première fois qu'il aperçut le prince prenant le plaisir de la chasse sur les bords de l'Oxus, il revêtit son armure et courut droit à lui. Le prince, émerveillé de la beauté peu commune du cheval, aussi bien que de la noble apparence du cavalier, dit à son vizir : « Quel est ce jeune homme? » Roushan, invité à s'approcher du prince, ne manqua pas de lui répéter d'une voix ferme et menaçante le discours que son père lui avait enseigné, et il ajouta : « Prince stupide, tu te crois un bon connaisseur de chevaux. Écoute, ignorant, et apprends de moi quels sont les signes auxquels on reconnaît un cheval de noble race. » Cela dit, il improvisa le chant suivant :

Improvisation. — « Je viens, et je te dis : Écoute, ô prince ! et apprends à quoi se fait reconnaître un noble cheval. Actif et alerte, vois si ses naseaux s'enflent et se distendent alternativement; si ses jambes, sèches et déliées, sont comme les jambes de la gazelle prête à commencer sa course. Ses hanches doivent ressembler à celles du chamois; sa bouche délicate cède à la plus légère pression de la bride, comme la bouche d'un jeune chameau. Quand il mange, ses dents broient le grain comme la meule d'un moulin en mouvement, et il l'avale comme un loup affamé. Son dos rappelle celui du lièvre ; sa crinière est douce et soyeuse ; son cou est élevé et majestueux comme celui du paon. Le meilleur temps pour le monter est entre sa quatrième et sa cinquième année. Sa tête est fine et petite comme celle du grand serpent chahmaur ; ses yeux sont saillants comme deux pommes ; ses dents semblent autant de diamants. La forme de sa bouche doit approcher de celle du chameau mâle ; ses membres sont finement dessinés, et plutôt arrondis qu'allongés. Quand on le sort de l'écurie, il est joyeux et il se cabre. Ses yeux ressemblent à ceux de l'aigle, et il marche avec l'inquiète impatience d'un loup affamé. Son ventre et ses côtes remplissent exactement la sangle. Un jeune homme de bonne famille prête une oreille obéissante aux leçons de ses parents ; il aime son cheval et en prend le plus grand soin. Il sait par cœur la généalogie et la pureté de son sang. Il essaie souvent la vigueur des articulations de son genou ; en un mot, il doit être ce qu'était Mirza-Serraf dans sa jeunesse. »

Dès que le prince eut entendu cette improvisation, il dit aux gens de sa suite : « C'est là le fils de Mirza-Serraf ? Holà ! qu'il soit arrêté ! »

Roushan fut immédiatement entouré de tous côtés ; mais, sans paraître s'en apercevoir, il parla ainsi au sultan Murad :

Improvisation. — « Écoutez, mon prince ; il me revient en mémoire quelques stances de vers agréables ; permettez-moi de vous les réciter. » Le prince y consentit, et ordonna à ses gardes de ne pas toucher à Roushan qu'il n'eût dit ses vers. Alors ce dernier commença l'improvisation suivante : « Mon prince a donné l'ordre de me punir; mais, par Allah! je sais comment me défendre; je m'échapperai de ses mains. En vain m'offrirais-tu tes richesses et tes faveurs comme on jette la pâture à l'aigle vorace et affamé, je les rejetterais toutes. »

Le prince l'interrompit et lui dit : « Cesse tes vaines bravades; viens, et sers-moi fidèlement, autrement je te ferai mourir. »

Roushan chanta alors ainsi :

Improvisation. — « Je suis appelé Dieu dans ma maison : oui, je suis un dieu. Je ne courberai point mon cou devant un lâche comme toi. La cruche a porté l'eau assez longtemps pour toi; mais, à la fin, la cruche s'est brisée. »

Le prince lui dit : « Ton père a été mon serviteur pendant cinquante ans. Dans un moment de colère, j'ai ordonné qu'on lui crevât les yeux. Mais qui déniera au maître le droit de punir son esclave, afin de pouvoir ensuite le combler de ses faveurs? Viens avec moi, tu apprendras à m'être agréable, et je te récompenserai. »

Roushan répliqua : « Tu as éteint les yeux de mon père, et, à ce prix, tu veux me faire riche. Si Dieu me donne assez de vie, je te ferai subir la peine du talion. Mais écoute!

Improvisation. — « C'est toi-même qui as construit l'édifice de ta ruine quand tu as prêté l'oreille à des calomniateurs. Je prendrai ta vie et je renverserai ton trône. »

Ces paroles firent sourire le prince, et il lui demanda ironiquement : « Comment, Roushan, te sens-tu assez fort pour détruire mes villes et pour renverser mon trône? » Roushan improvisa le chant suivant :

« Assez de forfanteries. Que sont à mes yeux trente, soixante, ou même cent de tes guerriers? Que sont vos rochers, vos précipices et vos déserts sous le sabot de mon coursier? Je suis le léopard des montagnes et des vallées [1].

Le prince reprit : « Viens plus près de moi, ne fuis pas. Je jure par la tête des quatre premiers califes que je te ferai *sirdar* (général commandant en chef) de mes troupes. » Et pendant qu'il parlait ainsi, il admirait le courage du jeune homme. Roushan répliqua et dit : « Maintenant, mes chants, aussi bien que mes exploits, seront connus au monde sous le nom de Kourroglou, le fils de l'aveugle dont tu as crevé les yeux [2].

Improvisation. — « Écoute les paroles de Kourroglou. La vie m'est un fardeau. De ce jour j'abandonne ma tête aux hasards de la fortune, comme la feuille d'automne s'abandonne à l'âpre souffle des vents. Avec l'assistance de Dieu, j'irai en Perse pour y rétablir la religion d'Ali, qui est vénéré dans ce pays. »

Il finissait à peine ces mots, que, se précipitant au milieu de la suite du prince, il fit un horrible carnage, et le prince, à la fin convaincu que toutes les armées de la terre ne pourraient venir à bout de le vaincre, ordonna à son vizir d'abandonner une poursuite dangereuse et inutile.

Roushan traversa l'Oxus à la nage et se hâta de rejoindre son père sur la rive opposée. « Tu m'as vengé, mon fils, lui dit ce dernier, que Dieu t'en récompense ! Quittons maintenant cette contrée : non loin d'Hérat, je connais une oasis où tu vas me conduire.

Roushan obéit, et quand ils eurent atteint l'oasis, Mirza-Serraf tira de dessous son bras un vieux livre d'astrologie qui ne le quittait jamais, et dit : « O mon fils,

---

1. Cette strophe est habituellement chantée par les Turcs avant qu'ils s'élancent sur l'ennemi.

2. *Kurr* signifie aveugle, et *oglou* fils.

cherche dans ce livre un passage qui traite de l'apparition de deux étoiles, l'une à l'orient et l'autre à l'occident. — Père, je l'ai trouvé !

— Bien ! l'oasis où nous sommes contient une source d'eau ; quand la nuit qui précède le vendredi sera arrivée, tu veilleras avec ce livre dans la main, en répétant continuellement la prière qui se trouve à ce passage du livre ; tes yeux devront suivre avec la plus grande vigilance les deux étoiles jusqu'au moment où elles se rencontreront. Alors tu verras la surface de l'eau se couvrir d'une écume blanche. Prends ce vase que j'ai apporté tout exprès, tu y recueilleras soigneusement l'écume et me l'apporteras sans délai. »

Quand la nuit désignée fut venue, Roushan remplit toutes les instructions de Mirza-Serraf, et déjà il revenait avec le vase plein de l'écume mystérieuse ; mais elle était si blanche, si légère et si fraîche, que le jeune homme inexpérimenté ne put résister à la tentation : il avala l'écume. « J'ai accompli toutes tes prescriptions, dit-il à son père ; l'écume cependant ne s'est pas montrée sur l'eau de la source. » Mirza-Serraf répondit : « L'écume a paru sur l'eau de la source ; j'en suis certain. Confesse la vérité, qu'en as-tu fait ? »

Roushan était sincère ; il avoua sa faute. Alors le vieillard, frappant son genou avec ses deux mains : « Qu'as-tu fait, malheureux ? s'écria-t-il. Sois maudit, et puisse ta maison tomber sur ta tête ! Tu m'as ravi le bonheur de te revoir. Cette écume était un remède précieux et unique, un collyre qui avait la puissance de guérir ma cécité. J'en aurais employé une portion pour moi, et je t'eusse laissé boire le reste. Mais les décrets du sort sont irrévocables, tu deviendras un guerrier invincible, et moi je mourrai aveugle. Tout est consommé, maintenant. » Le pauvre vieillard commença alors à dicter ses dernières volontés.

« Mes jours sont comptés, dit-il, désormais tu prendras le nom de Kourroglou, le fils de l'aveugle. Tes vers et tes actions seront attachés pour toujours à ce surnom. Maintenant conduis-moi à Mushad, sur le dos de Kyrat [1], car c'est ainsi que tu devras nommer ton cheval. »

Kourrouglou plaça son vieux père derrière lui, et marcha vers la ville sacrée de Mushad, où ils arrivèrent en peu de temps, grâce à la vigueur surnaturelle de leur cheval. Ce fut dans cette ville qu'il embrassèrent la foi d'Ali, et, d'impies sunnites qu'ils étaient, devinrent *sheahs* et vrais croyants. Ce fut là aussi que Mirza-Serraf mourut, et voici quelles furent ses dernières paroles : « Aussitôt que je serai mort, rends-toi dans la province d'Aderbaïdjan, dont le schah de Perse est souverain. Il voudra t'attirer à sa cour, n'y va pas, mon fils ; mais ne te révolte pas non plus contre lui. »

Il dit et il expira.

DEUXIÈME RENCONTRE.

Nous avons traduit textuellement la première rencontre pour donner au lecteur une idée juste de la forme de ce récit. M. Chodzko déclare dans sa préface, en qualité d'étranger, qu'il n'a point prétendu faire de sa *transcription* une œuvre de style pour la langue anglaise. Nous ne possédons pas assez cette langue pour adresser des critiques à M. Chodzko ; mais nous la lisons assez pour espérer n'avoir point fait de contre-sens, et pour nous être assuré que les rapsodies des Kourroglou-Khans ne pouvaient pas nous être transmises avec plus de concision, de franchise et de simplicité. Nous ne savons pas non plus si le style de M. Chodzko a la véritable couleur

[1] Un cheval bai brun.

orientale ; mais on a pu voir par ce qui précède (rendu mot à mot autant que possible) que c'est une couleur nette, hardie, sans recherche, sans affectation, sans aucune coquetterie déplacée pour chercher à flatter le goût européen. C'était, je crois, la vraie manière et la seule bonne.

La seconde *rencontre* est consacrée à faire rencontrer en effet, Kourroglou et le terrible bandit Daly-Hassan. Ce dernier prétend avoir le monopole du pillage et du meurtre. Il rit de pitié en voyant un ennemi si jeune venir tout seul pour le défier, au milieu de quarante de ses meilleurs garnements. « Le monde entier retentit de ma gloire, s'écrie Daly-Hassan, qui ne se pique pas de modestie ;

« Et le pauvre diable ose me barrer le chemin ? — Misérable ! lui répond Kourroglou ; tu ne t'es jamais battu qu'avec des agneaux : tu ne sais pas encore ce que c'est qu'un bélier. »

Le bélier est apparemment chez cette race de pasteurs le type du courage et de la force ; car Kourroglou, qui n'est pas modeste non plus, se compare de préférence à cet animal dans ses fréquentes vanteries, et quand il a dit : « Je suis Kourroglou le bélier, » il a tout dit.

Daly-Hassan ne se presse pas d'entamer le combat. Les bravades de son ennemi l'amusent, et il lui permet d'improviser et de chanter les stances qui lui *viennent à l'esprit*, comme dit Kourroglou en semblable occasion. Ces stances sont toujours belles d'énergie sauvage, et le refrain de celles-ci est un cri d'impatience. « *Ne combattrons-nous donc pas aujourd'hui ?* » En voici une qui ne manque pas de caractère :

« Montre-moi un homme qui puisse tendre mon arc ! Montre-moi un homme qui, *comme un bélier*, vienne frapper sa tête contre mon bouclier ! Je puis broyer l'acier entre mes dents et le cracher contre le ciel. Oh! ne combattrons-nous donc pas d'aujourd'hui? »

Pendant que Kourroglou chante ses trophes, Daly-Hassan examine Kyrat, l'incomparable Kyrat, le fils de l'étalon-spectre, le coursier fidèle, l'ami, le porte-bonheur de Kourroglou, et *il en devient épris.* « Fais-moi présent de ton cheval, dit-il, et je m'abstiendrai de verser ton sang. » Kourroglou répond par de nouvelles provocations, et le combat s'engage. En un clin d'œil vingt des compagnons de Daly-Hassan sont *expédiés aux enfers*, les vingt autres prennent la fuite à travers le désert. Daly-Hassan reste seul; dévoré de rage, il se précipite sur son ennemi; mais Kourroglou lui fait mordre la poussière, pousse un cri *comme celui d'un aigle*, descend de cheval, et s'asseyant sur sa poitrine, tire tranquillement son khandjar pour lui couper la tête. Daly-Hassan se prend à pleurer. « Misérable bâtard! lui dit Kourroglou, es-tu donc celui qui depuis sept ans faisait l'effroi de ces contrées? Tu n'es qu'une femme pusillanime. *Lâche! tu verses des larmes pour une cuillerée de sang!* »

« Guerrier invincible, lui répond Daly-Hassan, *j'ai juré à Dieu et à moi-même de servir fidèlement l'homme qui pourrait me renverser sur le dos.* Prends-moi pour ton esclave, et dis-moi le nom de mon maître. »

Kourroglou est ému de pitié. Il se lève, rengaîne son poignard, et suit Daly-Hassan dans une caverne où celui-ci le rend maître des richesses immenses qu'il a amassées durant les sept années de son brigandage. A partir de ce jour, il est le serviteur et l'ami de Kourroglou. Ils demeurent ensemble plusieurs mois dans la caverne, et n'en sortent que pour augmenter leur trésor en détroussant les voyageurs, et pour enrôler des bandits sous leurs ordres.

Quand ils ont réussi à se composer une bande de 77 hommes, ils chargent leur butin sur des chameaux et sur des mules, et, poursuivant leur voyage vers la province d'Aderbaïdjan, ils atteignent bientôt les montagnes de Kaflankhou, y laissent leurs hommes et s'en vont tous deux à la découverte pour s'assurer d'une retraite sûre. Ils trouvent dans le district de Karadag une magnifique prairie où ils s'installent avec leurs richesses et leurs compagnons. Leurs exploits répandent bientôt la terreur dans le pays, et *tout homme courageux* vient s'enrôler sous leur bannière.

« Il traitait ses gens comme un père, et la paie qu'il leur faisait était si libérale, qu'elle pouvait remplir le creux du bouclier de chacun d'eux. »

En peu de temps, Kourroglou se voit à la tête de 777 hommes, nombre sacré qu'il n'eût dépassé vraisemblablement que pour celui de 7777, s'il lui eût été possible dès lors d'y atteindre.

Cependant le gouverneur de la province commence à s'alarmer du voisinage de Kourroglou. Il lui dépêche un envoyé qui, sans fleur de rhétorique, lui parle ainsi :

« Qui es-tu? Pourquoi es-tu venu ici? Si tu désires parler au souverain d'Iran, va le trouver ; mais ne demeure pas ici plus longtemps. Si tu as quelque chose à me dire, je t'écouterai afin de savoir ce que c'est. »

Kourroglou trouve le discours de l'ambassadeur un peu familier ; mais il se ressouvient de la défense que son père lui a faite, en mourant, de se révolter contre le schah de Perse. Il traite donc l'envoyé fort honnêtement, et lui promet d'évacuer le pays sous peu de jours.

Il rassemble ses hommes et leur chante ceci :

« L'heure du départ est arrivée. Que quiconque veut me suivre dans le Kurdistan se tienne prêt ! Qu'il me suive, celui dont les lèvres veulent boire dans la coupe de la valeur ! — Qu'il me suive, celui qui veut mettre en pièces le linceul de la mort ! »

Les 777 brigands répondirent : « O Kourroglou, nous ne craignons pas la mort ; là où tu iras, nous irons. » Ils partent ; ils arrivent dans la vallée de Gazly-Gull, située dans le voisinage de Khoï, et débutent par l'extermination et le pillage d'une caravane. Le gouverneur d'Érivan, Hussein-Ali-Khan, se met en route à la tête de quinze cents cavaliers pour aller réprimer ces brigandages. « Ne craignez rien, ô mes âmes ! ô mes *fous* (*Dalcelar*) ! » C'est le nom d'amitié que Kourroglou donne à ses compagnons, c'est le titre glorieux que la postérité leur conserve : « Ne craignez rien, je les disperserai en moins d'une heure. » Kourroglou dit, et revêtu de sa cotte de mailles, armé de toutes pièces, il attend, appuyé tranquillement sur sa lance, l'envoyé d'Hussein. Aux interrogations et aux menaces de l'envoyé, Kourroglou répond comme de coutume par une chanson : « Serdar, lui dit-il, j'ai l'habitude de chanter quelques vers avant de combattre. — Chante, si tu y es disposé, répond le serdar, amateur de poésie comme tous les Orientaux. » Kourroglou chante ici une fort belle strophe :

« Voici la vérité des vérités ! Écoute-la bien, mon serdar. Je suis l'ange de la mort. Regarde ; je suis Azraïl. Mes yeux aiment la couleur du sang. Oui, je suis venu pour arracher les âmes des corps ; je suis le véritable Azraïl. Nous verrons bientôt quelles entrailles, quels crânes seront fouillés les premiers par la pointe de mon poignard. Ce jour même, tu quitteras ce monde ; me voici. Comme un véritable Azraïl, je viens arracher les âmes. »

. . . .

« Maintenant, j'enseignerai à rire à tes ennemis, et à

tes amis à se lamenter. Contemple en moi Azraïl, l'exterminateur des âmes. »

Kourroglou s'élance au plus épais de la mêlée. Il tue tout ce qui est digne d'être tué, il pille tout ce qui vaut la peine d'être pris.

« Kourroglou cependant ne resta pas davantage à Gazly-Gull, il vint se fixer définitivement à Chamly-Bill; sa gloire se répandit bientôt dans les contrées environnantes, et de toutes parts on lui envoyait de l'or et des présents. »

TROISIÈME RENCONTRE.

Kourroglou se prit de goût pour Chamly-Bill, et y bâtit une forteresse [1]. Tous ceux qui entendirent parler de lui, de sa valeur et de sa libéralité, s'empressèrent de se joindre à sa bande. En peu de temps la forteresse devint une ville contenant huit mille familles. Ce fut là que Kourroglou fit connaissance avec le marchand Khoya-Yakub, qu'il adopta, plus tard, pour son frère. Cet homme avait voyagé dans tous les pays du monde, et il amusait souvent Kourroglou par la description de ce qu'il avait vu.

Le marchand Khoya-Yakub, allant un jour à la ville d'Orfah, vit une grande foule rassemblée sur la place du marché. Il s'avança et vit un jeune garçon, tel que le dépeint le poète :

« Mon cœur aime un jeune homme dont les sourcils sont bien arqués. Sa ceinture est étroite; ses lèvres ressemblent à un bouton, à une rose souriante. Jeune

---

1. Un fort, *Kalaa* en Perse, se dit de tout village entouré de murs avec des tours et des meurtrières dans les angles. On voit encore aujourd'hui les ruines du fort de Kourroglou à Chamly-Bill.

homme, sacrifie ton âme à la beauté! contemple en moi son esclave. Parcourez le monde entier : vous ne trouverez pas un enfant de plus belle espérance. Son nom est Ayvaz-Bally. C'est la prairie du huitième ciel! Son père est boucher de son état; le fils est une mine de pierres précieuses. »

Khoya-Yakub demanda : « De quel jardin est cette rose? de quelle prairie est cette plante? » Quelqu'un répondit : « Son père est boucher du pacha de cette ville; Ayvaz-Bally est son nom. » Le marchand pensa alors en lui-même : « Kourroglou n'a pas d'enfants; pourquoi n'adopterait-il pas un si beau garçon pour son fils? Mais que dois-je faire? Si, à mon retour à Chamly-Bill, j'essaie de lui dépeindre ce que j'ai vu, il ne me croira pas. » Il trouva alors un peintre dans Orfah, et lui paya un bon prix pour faire le portrait d'Ayvaz.

Après un voyage de quelques jours, il revint à la forteresse de Chamly-Bill. Il fut dit à Kourroglou que son frère Khoya-Yakub était revenu. Il ordonna aussitôt à ses hommes d'aller à sa rencontre, et de l'amener dans la ville avec les honneurs qui lui étaient dus. Dès qu'il fut descendu de cheval, Kourroglou le baisa sur la joue, et le fit asseoir à ses côtés, tandis que Khoya-Yakub lui baisait les deux mains, comme à son supérieur. « Hourra! mes enfants, du vin! cria Kourroglou; buvons en l'honneur de l'arrivée de notre frère. » Et ils s'assirent, et ils burent au point que Khoya-Yakub commença à devenir gris, et sentit sa tête s'allumer. Kourroglou lui demanda d'où il venait. Il répondit : « D'Orfah! — Tu n'as pas vu, par hasard, à Orfah, un plus beau cheval que mon Kyrat? — Je n'en ai pas vu. — Dis, as-tu vu là, des hommes plus beaux et plus braves que mes compagnons? — Je n'en ai pas vu. — As-tu vu, dis-moi, une fête plus joyeuse que la mienne? — Je n'en ai pas vu. — As-tu vu des échansons plus beaux et plus richement vêtus que les miens? — Frère guerrier, j'ai vu là un jeune garçon que les mains de tous vos jeunes gens ne sont pas dignes de laver. Voilà que tu deviens vieux, et que tu n'as pas d'enfants : pourquoi ne le prendrais-tu pas pour ton fils, afin de faire de lui, quand le temps en sera venu, un guerrier digne de te servir et de te succéder lorsque tu seras mort, aussi bien qu'un appui et un fils tant que tu vivras? » Il commença alors à vanter la beauté d'Ayvaz et sa mâle physionomie. Kourroglou dit : « Eh quoi! marchand qui n'es bon à rien! ne pouvais-tu dépenser quelques tumans pour payer un peintre et m'apporter sa ressemblance? » Le marchand sortit une miniature de son habit et la tendit à Kourroglou. Kourroglou la prit; et quand il l'eut examinée, *les rênes de sa volonté échappèrent des mains de sa patience*, et il s'écria : « Daly-Hassan, qu'on apprête une chaîne et des fers. » Le marchand, étonné, demanda ce que signifiait un ordre semblable. « Je vais te faire enchaîner, misérable! — Pour quelle raison, et quel est mon crime? Est-ce donc la récompense que tu me donnes pour t'avoir trouvé un fils? — C'est pour le mensonge que tu as dit. Homme, écoute-moi; je vais partir pour Orfah à l'instant même; et tu attendras mon retour, enchaîné dans un cachot. Si le jeune garçon justifie réellement tes louanges, que mon nom ne soit pas Kourroglou si je ne couvre pas ta tête d'une pluie d'or et ne t'exalte pas au-dessus de la voûte des cieux. Mais malheur à toi, si Ayvaz est indigne de tes éloges; car j'arracherai la racine de ton existence du sol de la vie; et ton châtiment servira d'exemple aux menteurs impudents comme toi. Tu ne dois pas mentir à tes supérieurs. »

Cela dit, il donna ordre d'enchaîner le marchand par le cou et par une jambe, et de le jeter ensuite en prison.

« Daly-Hassan! que l'on selle Kyrat. » Daly-Hassan mit lui-même la selle et le coussin sur le cheval de son maître, et les attacha sept fois avec la sangle. « Je pars pour Orfah, dit Kourroglou. Que personne de vous ne se hasarde de boire de façon à s'enivrer jusqu'à ce que je sois de retour. Malheur à celui dont la demeure retentira des sons de la musique ou du tambourin. Souvenez-vous de cette défense, ou je vous arracherai de la terre, et vous jetterai au vent, comme un chardon nuisible. Je pars seul pour chercher mon futur enfant, pour chercher Ayvaz. Je mourrai ou je reviendrai avec lui. Écoutez ma chanson.

Improvisation. — « J'adopterai pour mon fils le jeune Ayvaz-Bally. Attendez le jour d'adoption jusqu'à mon retour. Demandez-le en Turquie et en Syrie jusqu'à mon retour. Un homme brave monte l'arabe gris ou le bai, et galope tout le long du chemin, sur le cheval de bataille aux pieds légers. Tuez des veaux, égorgez des moutons, et nourrissez-vous de mes troupeaux jusqu'à mon retour. *Kourroglou dit :* le diable emporte l'ennemi; les braves galopent sur des chevaux arabes : allez et buvez jusqu'à mon retour. »

Ayant dit cela, Kourroglou prit congé de ses frères, monta sur Kyrat et marcha seul, jour et nuit, de bourgade en bourgade, vers la ville d'Orfah. Il n'en était plus qu'à un fersakh de distance, quand il se sentit une faim extrême; et, voyant un berger qui gardait son troupeau sur la pente d'une colline, il se dit : « Le proverbe est bon : si tu as faim, va au berger; si tu es las, au chamelier. Maintenant réfléchissons un peu de quelle façon j'attraperai à déjeuner. » Alors il s'approcha, et s'écria : « Que Dieu te bénisse, berger ! ne peux-tu me donner à déjeuner? » Le berger leva la tête; et, voyant un guerrier dont l'armure, à elle seule, aurait pu acheter son

troupeau et lui-même par-dessus le marché, il répondit :
« Jeune homme, je n'ai point de mets digne de toi; mais
si tu peux t'accommoder de lait de brebis, je vais t'en
chercher. » Kourroglou dit : « Dans ce désert une goutte
de lait vaut le monde entier : vas-en chercher, et me
l'apporte. » Le berger était d'une haute stature et taillé
carrément; il tenait dans sa main une énorme massue,
dont la tête était armée de clous, de vieux fers de lance,
de fers de chevaux cassés et de tout ce qu'il avait pu se
procurer de tranchant; elle pesait un men et demi [1];
une courroie, passée dans un trou, la suspendait à son
poignet. Le berger leva la massue; et, à ce signal, toutes
les brebis se réunirent autour de lui. Il avait aussi avec
lui une écuelle de bois que les Kurdes appellent *moudah*
et qui pouvait contenir trois mens de lait [2]. L'ayant rempli jusqu'aux bords, il la mit devant Kourroglou, et lui
donna une grande cuiller de bois pour qu'il pût manger.
Kourroglou en eut à peine bu quelques cuillerées qu'il se
sentit très-faible, et dit : « Berger, n'as-tu pas une croûte
de pain? — J'en ai, dit le berger; mais il n'est pas un
fils d'homme qui puisse le manger. » Kourroglou reprit :
« Il porte un nom mangeable; et pour peu qu'il soit
moins dur que la pierre, donne-le-moi. » Le berger dit :
« C'est du pain fait d'orge et de millet; je l'ai pétri pour
mes chiens. » Kourroglou dit : « N'importe, apporte-le
tel qu'il est. » Le berger répliqua : « Le soleil l'a séché;
il est devenu tout à fait dur et moisi : tu te rompras les
dents. » Kourroglou dit : « Ne crains rien, mon garçon,
et donne-le-moi promptement. » Un sac de peau était
suspendu au dos du berger; il l'en ôta, et le mit devant
Kourroglou. Ce dernier était si prodigieusement affamé,

---

1. Environ vingt-deux livres anglaises.
2. Men, en turc *batma*, poids employé communément en Perse.

qu'il plongea ses deux mains dans le sac, et, arrachant tout ce qui se trouvait sous sa main, le rompit en morceaux, et le jeta dans le lait. Le berger le regardait faire ; et voyant que son hôte, qui avait déjà préparé de la nourriture pour quinze personnes n'interrompait pas sa besogne, il se dit à lui-même : « La faim l'a rendu fou ; car assurément nul fils d'Adam ne pourrait avaler tout cela ; quand il aura mangé cinq ou six cuillerées, il jettera le reste ; avec ce qu'il a apprêté pour lui, je pourrais nourrir une semaine entière, toute la meute de chiens qui garde mon troupeau. » Pendant ce temps, Kourroglou émiettait le pain, et en remplissait l'écuelle. A la fin, enfonçant la cuiller, qui resta, sans remuer, dans la position verticale, il leva les yeux, et vit le berger qui était debout, en contemplation devant lui. Il lui dit : « Assieds-toi, berger, et mangeons ensemble. » Le berger répliqua : « Beg, tu as préparé toi-même le repas, mange-le tout seul, car je ne puis t'aider. »

Alors, Kourroglou prit la cuiller et se mit à l'œuvre ; ses énormes et rudes moustaches gênaient le passage ; et le pain lui sortait de la bouche tandis que le lait coulait dans sa poitrine. Kourroglou, en colère, jeta la cuiller, et relevant ses moustaches qui allaient par-delà ses oreilles, il ouvrit une bouche semblable à l'entrée d'une caverne, et, prenant l'écuelle de ses deux mains, il avala le contenu jusqu'à la dernière goutte. Le berger le regardait avec stupeur, et disait en lui-même : Par le saint nom d'Allah ! ce ne peut être là un homme, car aucun être humain ne pourrait avaler une telle quantité de nourriture. Encore une fois, je le répète, voyons, au nom d'Allah ! ce qui va arriver. S'il s'enfuit maintenant, ce sera le vampire du désert[1], ou Satan lui-même ; s'il reste,

---

1. *Le fantôme du désert*, « Guli-Beiaban, » le vampire bien connu des contes orientaux.

c'est un fils des hommes. On dit que la famine incarnée est arrivée sur la terre ; c'est là sûrement la famine, il vient de manger tout le lait de mes brebis ; mais au bout d'une heure, il aura faim de nouveau, et alors il me dévorera moi-même. » Kourroglou pensait en lui-même : « Comment vais-je faire pour me rendre à Orfah et voir Ayvaz? Si je me montre sous ce costume, et monté sur ce cheval, mon nom et ma gloire sont trop bien connus en tous pays, pour que je ne sois pas découvert. Prenons plutôt les habits du berger, et entrons ainsi dans la ville. » Il dit donc au berger : « Viens là, et faisons l'échange de nos habits. » Le berger se mit à rire et lui dit : « Pourquoi me railler ainsi sur ma pauvreté? Le châle seul qui est sur ta tête, ou celui qui entoure tes reins, ou bien encore le poignard qui est passé dedans, seraient chacun suffisants pour racheter mon sang[1] et mon troupeau avec. Pourquoi te moquer ainsi de moi? » Cela dit, il cracha dans la paume de ses mains, saisit sa massue, et, la brandissant d'une façon menaçante, il dit à Kourroglou : « Toi, si confiant dans la largeur de tes épaules, regarde aussi la largeur de mon cou. » Kourroglou sourit et lui dit : « Berger, je te jure devant Dieu que je ne me ris pas de toi ; il y a dans cette ville un marchand qui me doit quinze cents tumans[2]. Si je parais devant lui sur ce cheval et dans ce costume, il m'échappera. Je suis venu pour une raison importante ; faisons vite notre échange. Si je reviens, je te rendrai tes habits et reprendrai les miens ; si je ne reviens pas, tu pourras conduire ce cheval au bazar et le vendre. Son prix est de deux mille tumans ; profites-en, et ne m'oublie pas dans tes prières. Tu garderas aussi les autres choses qui m'ap-

---

1. *Racheter mon sang.* Allusion au « jus talionis » du Coran. Le meurtrier doit payer les parents de la victime avec sa vie ou avec de l'argent.
2. Le tuman est une monnaie perse qui vaut environ douze francs.

partiennent. » Le berger dit : « A coup sûr cet homme est fou ; je ne puis expliquer autrement tout ce que j'entends. Allons, Beg, déshabille-toi. » Kourroglou détacha sa ceinture et ôta tous ses habits. Le berger en fit autant de son côté, et mit les vêtements de Kourroglou, auquel il donna son manteau de feutre grossier. Kourroglou le jeta sur ses épaules, et ayant mis aussi le bonnet de feutre du berger, il lui dit : « Maintenant donne-moi ta massue ; » car il voyait qu'en cas de besoin elle pourrait lui être aussi utile qu'un sabre. La prenant à sa main, il dit : « Berger ! ton âme et l'âme de mon cheval.[1] »

Le berger répondit : « Je jure par la foi de Dieu ! Que ton cœur soit en paix ; tu peux te fier à moi. » Et il disait en lui-même : « Dieu veuille que cet homme ne revienne jamais ; alors adieu la pauvreté ; le cheval et les vêtements me suffiront aussi longtemps que je vivrai. »

Kourroglou prit congé du berger, et continua son voyage à pied ; le manteau du berger était sur ses épaules, la massue dans sa main. Il aperçut bientôt la ville d'Orfah, et marcha jusqu'aux portes. Ayant prononcé le mot Bismillah (au nom de Dieu), il entra, et il passait dans une rue, quand il vit un Turc portant un okha de viande. Il la regardait avec amour, priant et soupirant en même temps. Kourroglou lui demanda en langue turque : « Quelle viande portes-tu là, que tu la convoites ainsi, et sembles soupirer après ? » Le Turc répondit : « Es-tu donc étranger, seigneur, ou viens-tu de quelque contrée éloignée ? » Kourroglou dit : « Oui, je viens de loin. » Le Turc lui dit alors : « Ne sais-tu pas que dans les autres pays

---

1. Phrase proverbiale très-usitée chez les Persans, elle signifie : Prends soin de mon cheval comme tu voudrais qu'on prît soin de toi-même.

le pain est cher, tandis que dans celui-ci, c'est la viande qui est chère? J'ai une personne malade chez moi, à laquelle le médecin a prescrit la viande: je vais chaque jour au bazar, mais je regarde en vain, je ne puis en trouver; aujourd'hui, enfin, j'ai trouvé de la viande dans la boutique d'Ayvaz, fils d'Ibrahim le boucher; j'ai été obligé de payer un okha deux piastres, et c'est là ce qui me fait soupirer. » Kourroglou demanda : « Se peut-il que la viande soit aussi chère? — Oui, en vérité, dit le Turc, deux piastres pour un okha, c'est énormément cher. » Kourroglou dit en lui-même : « Bonnes nouvelles pour mon berger! Attends seulement un peu, maudit; aujourd'hui même je vendrai tes moutons. » De là Kourroglou s'en fut vers la boutique d'Ayvaz, devant laquelle il aperçut une foule de gens, mêlés ensemble *comme les plis d'un manteau froissé* : les hommes venaient là pour acheter de la viande, les femmes pour admirer la beauté d'Ayvaz. Kourroglou désireux de le voir aussi, regardait par-dessus les épaules de ceux qui étaient devant lui. Les Turcs, le jugeant d'après son costume, le prirent pour un berger et commencèrent à le frapper sur la tête. Alors Kourroglou se baissa dans l'intention de regarder à travers leurs jambes, mais il s'exposa ainsi à de plus graves insultes. « Je ne puis dompter ces Turcs grossiers, dit-il; comment puis-je espérer d'enlever Ayvaz? » Il se mit à coudoyer de droite et de gauche, et, crachant dans ses mains, il leva sa massue en l'air, dans l'intention de se frayer un passage, en poussant et frappant coup sur coup. Celui qui eut la tête frappée eut le crâne brisé; celui qui reçut le coup sur la jambe eut la jambe cassée; celui qui le reçut sur les épaules resta sur la place.

De cette manière il chassa tout le monde de la boutique d'Ayvaz, quand il l'aperçut assis et tenant tristement sa tête dans sa main. Kourroglou dit dans son cœur : « Un vrai looty [1] possède six tours ; cinq d'adresse et un de force. Je ne crois pas pouvoir effrayer cet enfant. » Il s'approcha alors d'Ayvaz, mit la main dans sa poche, et, prenant une piastre, il la jeta devant Ayvaz en lui disant : « Frère, pèse-moi un okha de viande, et rends-moi le reste en monnaie de cuivre. Seulement sois prompt, mes compagnons sont partis, et il faut que je coure les rejoindre. » Ayvaz se dit :« Voilà une bonne pratique pour moi ; je vends un okha de viande deux francs, il ne m'en donne qu'un, et me demande son reste en monnaie, et cela promptement, parce que, dit-il, ses amis sont partis. » Ayvaz était orgueilleux à cause de sa beauté, et il dit avec aigreur : « Viens ici, approche-toi plus près, maître niais? Que veux-tu dire? » Kourroglou s'approcha d'Ayvaz, et celui-ci ayant plié un de ses doigts, lui donna un bon coup sur la joue avec les quatre autres. Kourroglou dit : « Jeune espiègle, pourquoi me frappes-tu? » Mais il était joyeux dans son cœur, et il ne ressentait aucune colère de cette preuve de courage. Ayvaz repartit : « Drôle, tu veux déprécier ma marchandise ; en présence de tant de pratiques, tu veux acheter un okha de viande pour un sou, et avoir encore du retour, tandis que je vends un okha deux livres. » Kourroglou dit : « Tu es un enfant ; ce n'est pas pour acheter de la viande mais pour en vendre, que je suis venu ici. — Que veux-tu dire, demanda Ayvaz? — Sot que tu es, répliqua Kourroglou, j'ai neuf cents moutons à vendre, et je venais ici pour connaître le prix réel de la viande, savoir si elle est chère ou à bon marché. » On dit, avec vérité, que la raison abandonne la tête d'un boucher quand il

---

1. *Looty*, nom fameux en Perse. Il tient le milieu entre le bravo vénitien et l'aventurier français.

entend le bêlement d'un troupeau. Ayvaz n'eut pas plus tôt entendu parler de neuf cents moutons, qu'il dit : « *Mon oncle*, je ne savais pas que tu étais un maître berger; j'ai été grossier dans mon langage; tu es en droit de me couper la langue. Je t'ai frappé, coupe-moi la main, pardonne seulement ma faute. »

Kourroglou fit l'improvisation suivante :

Improvisation. — « Tu frapperas l'ennemi armé, fût-il enveloppé dans un feuillet du Coran ! Mon futur enfant ! lumière de mes yeux ! je ne me fâche pas de semblables bagatelles. » Ayvaz dit alors : — « Pour l'amour de Dieu ! mon cher seigneur, que personne ne sache que tu as amené neuf cents moutons. Notre ville a cinquante bouchers; ils vont tous te persécuter, et tu seras obligé de diviser ton troupeau entre eux tous; de sorte qu'il n'y en aura pas plus de vingt pour ma part. Tu feras bien mieux d'attendre ici et de t'asseoir, tandis que je vais aller chercher mon père. Nous achèterons à nous seuls tout ton troupeau, et nous seuls te donnerons l'argent. » Kourroglou répondit : « Va donc, je t'attendrai ici. — Reste, dit Ayvaz. Tu vois ici douze quartiers de viande; s'il vient quelques pratiques, tu leur vendras un okha deux piastres si elles ne veulent pas attendre que je sois revenu pour fixer le prix moi-même. » Kourroglou répliqua : « Va, et repose-toi sur moi; j'ai été boucher dix-sept ans, et je connais mon état; je vendrai bien à ta place. » Ayvaz laissa la boutique à la garde de Kourroglou, et courut chercher son père. Bientôt après, un Turc, qui venait pour acheter de la viande, vit Kourroglou, et pensa en lui-même : « Comment acheter d'un pareil monstre! Je suis vraiment effrayé de lui. » Ainsi ruminant, il allait de long en large.

Kourroglou le vit et lui dit : « Tu vas et viens comme si tu étais malade; de quoi as-tu besoin? » Le Turc prit.

une piastre dans sa poche, et demanda un demi-okha de viande. Courroglou lui dit de mettre l'argent sur l'étal et d'entrer dans la boutique. Ayant choisi une éclanche de la meilleure viande : « Prends-la toute! » lui dit-il. Le Turc, pensant qu'il y avait quelque tricherie là-dessous, ou bien qu'on voulait se moquer de lui, répondit : « Tout ce que j'ai à recevoir, c'est un demi-okha de mouton, et je n'en prendrai pas davantage. » Kourroglou leva sa massue sur lui, et s'écria: « Es-tu sourd ou stupide? Je te dis de prendre tout. » Le Turc dit dans son âme : « Il faut toujours profiter de l'occasion ; je vais essayer de prendre tout. S'il ne me dit rien, il aura évidemment perdu le sens; si c'est le contraire, je jetterai la viande par terre, et je me sauverai. » Il entra dans la boutique lentement, et avec timidité, prit la viande, la mit sur son épaule, ayant, pendant tout ce temps, les yeux fixés sur Kourroglou ; ensuite il quitta la boutique et commença à courir, et, tout en fuyant, il regardait souvent derrière lui ; mais personne ne le suivait. Il avait toujours quelque appréhension, et il courait aussi fort que la vitesse de ses jambes le lui permettait. Il n'était pas loin de sa maison quand il rencontra quelques amis, qui lui demandèrent la raison de cette hâte. « Oh! puisse votre maison ne tomber jamais en ruine! Un fou est assis dans la boutique d'Ayvaz; pour une piastre, il m'a donné toute une épaule de mouton; quel beau trafic! Il y a encore onze quartiers dans la boutique; allez vite, et il vous les donnera sûrement. » Pendant que Kourroglou vendait ainsi toute la viande d'Ayvaz pour douze piastres, ce dernier arrivait à la maison de son père transporté de joie, et il dit : « Il est venu à notre boutique un berger qui a neuf cents moutons; je l'ai retenu, et nous achèterons son troupeau. » Son père, Mir-Ibrahim, le boucher, se rendit promptement à la boutique, et dès qu'il vit Kourroglou, il lui jeta ses bras autour du cou, et l'accueillit avec de grands embrassements, l'appelant beg, et ami, et frère en même temps. Kourroglou pensa en son cœur : « Je t'entends, coquin, tu veux m'attraper. » Mir-Ibrahim dit : « Beg, votre nom a échappé de ma mémoire ; tout ce que je sais, c'est que vous aviez coutume de m'honorer de votre présence quand vous nous ameniez des moutons. Il y a longtemps que nous ne nous sommes vus ; mes yeux vous cherchaient et vous désiraient. » Kourroglou pensait dans son cœur : « Fripon ! tu achètes le pain du boulanger, et puis tu le lui revends ensuite[1]. » Et alors il dit : « Mon nom est Roushan. » Il ne disait pas un mensonge, car tel était vraiment son nom. Le boucher sur cela commença à se plaindre : « Comment! nous aviez-vous oublié? et pourquoi être resté si longtemps sans voir votre ami et votre frère? » Kourroglou répondit : « Les moutons que j'avais coutume d'amener ici venaient tous de la Perse; maintenant Kourroglou demeure sur les frontières, à Chamly-Bill. La crainte de ce voleur m'a retenu; mais, grâce à Dieu! Kourroglou étant mort, je te fournirai désormais autant de moutons que tu peux désirer. » Mir-Ibrahim, le boucher, demanda : « Est-il donc vrai que Kourroglou soit mort? — Mort et enterré! J'ai moi-même assisté à ses funérailles. » Le boucher dit : « Dieu soit loué! car vous saurez que notre pacha, ayant entendu parler de ce bandit, a défendu à mon Ayvaz de sortir de la ville, de peur que Kourroglou ne l'enlève et ne le couvre d'infamie. Depuis sept ans, Ayvaz n'est jamais sorti de la forteresse. » Kourroglou disait en lui-même : « Voyez cette sale bête; il m'a enterré vivant, mais je l'aurai bientôt moi-même mis au tombeau;

---

1. Expression proverbiale pour dire : Tu mens, tu m'as trompé.

de sorte que chacun se moquera de lui jusqu'à la fin du monde. »

Ayvaz, voyant qu'il ne restait plus de viande dans la boutique, crut d'abord qu'elle avait été vendue; mais quand il regarda dans la bourse, il n'y trouva que douze piastres, et dit : « Berger, puisse ta maison s'écrouler ! » et alors il se mit à pleurer. Mir-Ibrahim lui demanda la cause de ses larmes ; et celui-ci dit : « Père, j'ai confié à Roushan douze quartiers de viande, et il les a vendus une piastre la pièce. » Kourroglou répondit : « J'avais entendu dire que la corporation des bouchers était renommée pour son avarice sordide, je vois que cela est exact. A chacun des douze amis que j'ai dans la ville, j'ai envoyé un morceau de viande. Quoi qu'il en soit, vous ne perdrez rien. Douze quartiers font six moutons; quand tu viendras acheter mon petit troupeau, tu pourras en prendre douze gratis. » Quand Mir-Ibrahim entendit ces paroles, il frappa Ayvaz au visage. « Retiens ta langue, imbécile, dit-il, et *ne mange plus de bouc*. Ton oncle Roushan [1] sait ce que c'est que d'être un homme; il nous donnera quatorze moutons. » Kourroglou vit qu'il avait perdu deux moutons de plus, et dit en lui-même : « Ta bouche est prête, ton gosier est ouvert, il ne manque que la poire pour jeter dedans ; mais la poire? » Mir-Ibrahim dit : « Allons, Roushan-Beg, levons-nous, et allons à la maison; nous apprêterons l'argent, et règlerons nos comptes. » Ayvaz ferma la boutique, et ils s'en allèrent tous trois à la maison.

Mir-Ibrahim pria Kourroglou de rester avec Ayvaz pendant qu'il irait chercher l'argent. Quand ils se trouvèrent seuls, Ayvaz s'assit sur un siége plus élevé que

---

1. Cher oncle, est une expression affectueuse que l'on emploie avec les personnes âgées.

Kourroglou; Ayvaz se leva et prit dans une niche une bouteille et un verre qu'il plaça devant lui, et alors, relevant ses manches jusqu'au coude, il remplit son gobelet de vin et le vida. Kourroglou n'avait pas bu de vin depuis quelque temps; son cœur battait avec violence; il contemplait tendrement l'heureux buveur, et se léchait les lèvres. Ayvaz dit : « Roushan, mon oncle, pourquoi lèches-tu ainsi tes lèvres? » Kourroglou répliqua : « Que je devienne ton esclave! O phénix du paradis! quelle est cette liqueur rouge que tu bois? » Ayvaz dit : « N'en as-tu encore jamais vu, mon oncle? Cela s'appelle du vin. » Kourroglou reprit : « Mon fils, mon petit-fils, remplis-en un verre pour moi, et laisse-moi le boire. » Ayvaz dit alors : « Ce breuvage a cette mauvaise qualité, qu'il rend fous ceux qui en boivent. — Comment cela? » Ayvaz répliqua : « Donnez-en seulement une once à un bouc, et aussitôt il aiguisera ses cornes et se battra contre un loup; donnez-en à un poisson, et il chargera un vaisseau de marchandises, et naviguera le portant sur son dos, pour trafiquer sur la mer Caspienne. Si tu en bois, tu deviendras fou et courras au bazar, proclamant tout haut que tu as amené neuf cents moutons. Les bouchers tomberont alors sur toi, et te les prendront de force. » Kourroglou dit : « Ayvaz, puissé-je devenir la victime de tes yeux! J'avais coutume d'en boire beaucoup; nous en récoltons en grande abondance. » Ayvaz lui dit : « Comment le fait-on dans votre pays? — Dans notre pays, on cueille les grappes et on les presse jusqu'à ce que le jus en soit bien exprimé; alors on en remplit un vase que l'on met sur le feu. Il bout et rebout jusqu'à ce qu'il soit réduit d'un tiers, et que la quatrième partie demeure; alors nous jetons dedans du pain coupé en morceaux, et nous le mangeons avec nos doigts. » Ayvaz dit : « Puisses-tu mourir, oncle, tu m'as compris merveilleusement! la chose dont tu parles s'appelle *Dushab* [1]. — Comment? qu'est-ce donc, alors, que tu bois ainsi, mon enfant? — C'est du vin. — Bien, bien, je le vois à présent; nous en avons en abondance dans notre pays. — Comment le faites-vous dans votre pays, mon oncle? — Nous prenons de la crème, que nous mettons dans un sac de cuir, et puis nous le secouons jusqu'à ce que le beurre paraisse à la surface. On met le beurre dans le pilon, et l'on boit ce qui reste. — Puisses-tu mourir, oncle! ceci est le abdough (lait de beurre). — S'il en est ainsi, pour l'amour de Dieu! laisse-moi y goûter. — J'ai peur, mon oncle, que tu ne deviennes fou quand tu en auras bu. »

Kourroglou réitéra sa demande, jusqu'à ce qu'enfin Ayvaz, touché de pitié, consentit à lui en donner un verre. « O Dieu! s'écria-t-il, maintenant je mourrai heureux, car Ayvaz m'a offert à boire de ses propres mains. » Il vida le verre, et, comme il n'avait mouillé qu'une de ses moustaches, il dit : « Donne-m'en un autre verre, pour l'autre moustache. » Il continua ainsi de boire et eut bientôt vidé la bouteille jusqu'à la dernière goutte. Ayvaz dit alors d'une voix irritée : « N'oublie pas que ce n'est pas du lait de beurre : tu sentiras bientôt ta tête s'appesantir. » Kourroglou dit : « Mon petit oiseau de paradis! tu ne penses à personne qu'à toi! regarde-moi aussi. » Cela dit, il se leva, et, s'apercevant qu'il y avait encore six bouteilles d'eau-de-vie dans la niche, il les prit l'une après l'autre, et les vida jusqu'à la dernière goutte. Ayvaz s'écriait : « Ceci n'est pas du vin, mais de l'eau-de-vie, rustre; pourquoi en as-tu bu plus d'une! » Kourroglou dit : « O perroquet du paradis! elles se mê-

---

1. *Dushab*, pâte sucrée préparée de la manière ici décrite, dont on fait communément usage dans l'Orient au lieu de confitures ou de sucre.

leront dans mon ventre. » Ayvaz était fâché et se disait :
« Il est ivre, il va bientôt tomber endormi ; alors, comment achèterons-nous ses moutons? » Kourroglou prit
un siége, et, regardant Ayvaz que le vin incommodait
un peu, il prit une guitare et commençant à jouer, dit :
« Ayvaz, que je sois ton esclave! laisse-moi tirer quelques sons de ta guitare! — Quoi! sais-tu donc en jouer,
oncle? » Kourroglou dit : « Quand j'étais un enfant, un
simple petit berger, mon père fit une petite guitare pour
moi, avec un morceau de cèdre; il y mit des cordes
faites avec les crins d'une queue de cheval, et j'ai appris
dessus à jouer un peu. » Ayvaz lui donna la guitare :
Kourroglou l'accorda, et elle résonnait sous ses doigts
comme un rossignol. L'enfant émerveillé écoutait avec
ravissement. A la fin, reprenant son sang-froid, il demanda : « Oncle, peux-tu chanter aussi bien que tu
joues? — Je vais l'essayer et chanter, si tu me le permets. Que pouvons-nous faire de mieux?... Nous sommes
tous deux gris; si je ne chante pas ici, où chanterais-je
donc? » Cela dit, il chanta l'improvisation suivante :

Improvisation.— « Remplissons nos verres, et buvons,
buvons, fils du boucher! Mais il ne faut pas répéter mes
paroles. La rosée est descendue sur les joues de la rose [1].
Tu as vidé la coupe, tu es gris, même ivre-mort, tu es
ivre, ivre-mort, toi, aujourd'hui fils du boucher, mais
qui seras bientôt le mien. »

Quand Ayvaz eut entendu ces vers, il demanda :
« Oncle, as-tu jamais vu Kourroglou! »

Kourroglou fit l'improvisation suivante :

Improvisation. — « Les roses du jardin sont en pleine
floraison ; les rossignols amoureux chantent, les vallées
de Chamly-Bill sont obscurcies par de nombreuses ten-

---

1. La sueur a couvert la figure.

tes¹. C'est là qu'est ma demeure. O fils du boucher!... »

Ici Kourroglou s'arrêta et se dit : « Si je terminais cette chanson par le nom de Kourroglou, le pauvre enfant mourrait de frayeur, restons encore berger un peu de temps. » Il chanta l'improvisation suivante :

Improvisation. — « Dois-je le confesser? Non, je suis berger. La vie des êtres créés doit avoir une fin. Quand je tire de l'arc, ma flèche traverse le roc, ô fils du boucher! »

Comme il disait ces mots, le père d'Ayvaz, Mir-Ibrahim, entra dans la chambre avec l'argent destiné à l'achat des moutons et dit : « Lève-toi, Roushan-Beg, et allons où est le troupeau, afin de terminer notre marché. »

Kourroglou, voyant qu'Ayvaz ne bougeait pas, dit : « Mir-Ibrahim, l'enfant ne viendra-t-il pas avec nous? — Il faut qu'il reste à la maison; le pacha lui a défendu de quitter la ville ainsi que je te l'ai dit. — N'as-tu pas honte d'avoir peur du cadavre de Kourroglou? Vous croyez le premier diseur de bonne aventure, pourquoi ne me croiriez-vous pas? Je te répète que Kourroglou est mort depuis plus d'un mois. Maintenant, sois franc! ce n'est pas Kourroglou que tu crains; mais tu as peur que je te force à être reconnaissant, quand j'aurai fait don à Ayvaz de trente moutons. »

Lorsque le boucher eut entendu qu'il s'agissait encore d'un présent de trente moutons, il perdit la tête. Il donna à Ayvaz un vigoureux soufflet sur la face, et s'écria : « Lève-toi, niais, et fais un grand salut à Roushan-Beg! c'est un homme libéral, c'est un grand homme, et sa parole est une parole. » Ayvaz, qui était excité par le vin qu'il avait bu, non moins que tout ce qu'il venait de

---

1. Dans le texte *chardag*, sorte de tente avec quatre piquets et une couverture d'étoffe de laine noire.

voir et d'entendre, sentit un frisson de terreur dans tout son corps, et il pensa dans son cœur : « Cet homme doit être Kourroglou lui-même ou quelqu'un de sa bande. » Il prit sa guitare et dit : « Père, laisse-moi chanter une chanson et je vous accompagnerai ensuite. »

Improvisation. — « Père, ne confonds pas mon entendement! un homme comme lui ne peut être un berger. Tu n'as qu'un fils, songes-y! Ne l'emmène pas. Un berger ne doit pas avoir cet air-là. J'ai comparé ses paroles avec ses actions; c'est un fou étrange. Son amitié et sa haine ne durent qu'un moment. Ce doit être Kourroglou lui-même ou Daly-Hassan : *cet homme ne ressemble certainement pas à un berger.* »

Kourroglou, entendant cela, sortit et pensa : « Cet anfant est pénétrant, c'est le fils qu'il me fallait. » Ayvaz continuait ainsi :

Improvisation. — « Père, ses marchands trafiquent dans les quatre parties du monde. Mille serviteurs des deux sexes vivent à ses dépens. Il n'aime aucun compte, mais distribue libéralement ses dons par cinq et par quinze. Crois-moi, un berger n'a pas cet air-là. »

Mir-Ibrahim dit : « Que faut-il faire, mon fils? Comment aurons-nous les neuf cents moutons? » Ayvaz continua et chanta :

Improvisation. — « Renvoyez-le ; envoyez-le où nul œil ne pourra le voir. Que pas un hôte, pas un voisin ne s'aperçoive de sa venue. Qu'on ne le voie pas même dans le sommeil! un homme de cette apparence ne peut être, croyez-moi, ne peut être un berger. Le nom d'Ayvaz est attaché à cette chanson. Un signe, en forme de croix, a déjà été brûlé sur ma poitrine. Je sais, entendez bien, ce qui va tomber sur ma tête.

« Père, Ayvaz ne sera pas ton fils plus longtemps! »

Kourroglou, voyant qu'Ayvaz avait deviné ce qu'il était,

se pencha doucement vers lui, et lui dit à l'oreille :

« Méchant enfant! pourquoi ne veux-tu pas venir avec moi voir le troupeau? Je te montrerai quatre belles cages attachées au dos d'un jeune âne; chacune d'elles contient quantité d'alouettes, de cailles, de perdrix aux jambes rouges, de rossignols, et une foule d'oiseaux chanteurs. Aussitôt que nous serons arrivés, je t'en ferai présent, ainsi que des quatre cages. Tu les pendras dans ta boutique, où ils chanteront et gazouilleront sans fin, et tandis que tu écouteras leur ramage, tu seras réjoui. »

Ayvaz alors pleura et dit : « Je ne puis m'en défendre, viens, père, allons. — Oui, allons, mon enfant, notre ami Roushan-Beg empêchera bien que tu sois arrêté aux portes de la ville. Nous allons aussi prendre un esclave avec nous. »

Ainsi, après avoir pris l'argent pour payer les moutons, Ayvaz, Kourroglou, Mir-Ibrahim et l'esclave se mirent en route. A un fersakh de distance d'Orfah, ils arrivèrent à la montagne dont il a été parlé, sur laquelle le berger faisait paître ses moutons. Quand le boucher aperçut de loin le troupeau, il fut réjoui dans son cœur et dit : « Est-ce là ton troupeau, Roushan-Beg? — Ce l'est. — Commençons donc notre marché. Nous conviendrons d'abord de prix et nous examinerons ensuite combien il y a de moutons gras et en bon état; combien de maigres et d'estropiés. — Qu'il en soit ainsi! Fais comme il te plaira. — Combien as-tu de moutons? — Je t'ai dit ce matin que j'en avais neuf cents! — Combien de maigres et combien de gras? — Je n'ai jamais de bétail maigre, mâle ou femelle; tous mes moutons sont gras et en bon état. Aucun d'eux n'a plus de deux ans, et les brebis n'ont pas encore agnelé. — Bien, as-tu acheté ces moutons, ou les as-tu élevés? — Un menteur est pire qu'un chien, et je te dirai la vérité : j'en ai acheté la moitié, et j'ai élevé moi-même l'autre moitié. — Combien veux-tu les vendre la pièce? — Je veux les vendre en bloc. — A quel prix? — Maudit soit celui qui ment. Je te dirai la simple vérité. Je les ai achetés cinq piastres chacun, et tu les auras pour six. Il faut bien que j'aie au moins une piastre de profit dans le marché. Je ne désire pas en avoir davantage avec toi. »

Pendant qu'ils marchandaient ainsi, l'oreille d'Ayvaz suivait chaque parole qu'ils prononçaient. Il dit tout bas, à son père : « Je lui ai fait boire du vin, il ne sait pas ce qu'il dit. On ne peut pas acheter un mouton moins de cinq tumans. Comptez l'argent sans délai, père, et lorsqu'il l'aura reçu, il ne pourra plus se rétracter, quand même il recouvrerait la raison. »

Mir-Ibrahim ouvrit le sac où était l'argent, qu'il compta et versa ensuite dans le pan de la robe de Kourroglou. Ce dernier, voyant que plus de la moitié était déjà payée et que le compte avançait rapidement, dit dans son cœur : « Comment me débarrasserai-je de ce fripon de Turc? » Il possédait une force de poignet si extraordinaire, qu'il pouvait serrer entre ses doigts une pièce de monnaie assez fort pour en effacer l'empreinte. Ayant ainsi effacé une piastre, il la jeta avec colère devant le boucher et s'écria : « Ceci est de la fausse monnaie. » Mais la ruse n'avait pas échappé à l'œil perçant d'Ayvaz, qui dit : « Roushan-Beg, nous ne sommes pas riches; nous avons emprunté la moitié de cet argent; pourquoi l'altères-tu méchamment? » Kourroglou répliqua : « Ayvaz, mon enfant! je n'ai ni marteau ni enclume avec moi. Les coquins d'ouvriers de la monnaie ont oublié de frapper les chiffres du sultan sur la piastre; et il faudra que je perde dessus. » En disant ces mots, il se leva, jeta tout l'argent par terre, et dit d'une voix irritée : « Il y a cent bouchers dans Orfah; je leur vendrai une portion des moutons, et je

20.

vous vendrai l'autre. » Et il s'éloigna. Les prières du boucher furent inutiles, et Kourroglou était sur le point de partir, lorsque Mir-Ibrahim, au désespoir, dit à son fils : « Puisses-tu mourir jeune [1], Ayvaz; va, cours après lui, et prie-le de venir terminer le marché; peut-être t'écoutera-t-il. »

Ayvaz eut rejoint Kourroglou en un moment, et, le prenant par les mains, il le supplia, en disant : « Je t'en conjure, mon oncle, ne sois pas fâché, et reviens. » Kourroglou, faisant semblant de s'adoucir, revint, et s'assit à sa première place. Quand l'argent fut tout compté, on s'aperçut qu'il manquait encore trente tumans. Le boucher dit : « Roushan-Beg, laisse le berger amener ici les moutons, nous les conduirons à la ville, où je lui paierai le reste de la somme. Tu dormiras dans ma maison, et tu partiras demain matin. » Kourroglou répliqua : « Je n'irai pas à Orfah, car j'ai entendu dire que ceux qui y passent la nuit avec de l'argent sont assassinés. Il faut que tu me paies ici même. — Je ne suis pas un voleur, Roushan-Beg; cependant je ferai comme tu l'ordonnes. Reste ici avec Ayvaz; et toi, mon enfant, sois gai et amuse notre oncle par ta conversation, pendant que je courrai à la ville chercher le reste de l'argent. »

Ainsi le boucher sans cervelle laissa son fils entre les mains de Kourroglou, et, enfourchant sa maigre rosse, il partit pour Orfah.

Kourroglou, sous prétexte d'aller chercher les quatre cages qu'il avait promises à Ayvaz, laissa ce dernier avec l'esclave, tandis qu'il retournait vers le berger. Il reprit son armure, *ainsi que ses dix-sept armes*. Alors il de-

---

1. « Mourir dans ton jeune âge », *djevan merg shavi*, et aussi *merghi tu* « sur ta mort », sont deux étranges expressions de tendresse employées par les Perses quand ils veulent obtenir une faveur de quelqu'un ou le flatter.

manda au berger : « Où est mon cheval? — Oh! puisse ta maison tomber en ruine! Ton cheval est aussi fou que toi-même. Je l'ai attaché par les quatre jambes dans ce ravin, et ne puis te dire s'il est mort ou vivant. » Kourroglou lui dit : « Misérable! je souillerai le tombeau de ton père! Tu as fait du mal à mon cheval, fils de chien! » Et il courut sans délai vers le ravin, où il vit son Kyrat attaché d'une telle façon, qu'il ne pouvait bouger. Il détacha les liens de son cheval, le sella, serra la sangle, puis, l'ayant embrassé sur les deux yeux, il monta dessus et galopa vers Ayvaz. Il prit d'abord le sac de piastres, qu'il attacha derrière la selle avec des courroies. « Allons maintenant, mon Ayvaz, monte avec moi sur ce cheval et partons! — Guerrier, tu te moques de moi, mon oncle Roushan sera bientôt ici, et tu seras démonté par un seul coup de sa massue. — Frotte tes yeux, Ayvaz, et regarde ; ne reconnais-tu pas ton oncle? » Ayvaz l'examina attentivement. « Oui, c'est lui, dit-il, c'est Roushan-Beg lui-même; seulement son habit n'est pas le même. »

Il commença à pleurer, et s'écria : O ma mère! ô mon père! où êtes-vous? » Ses larmes et ses prières lui servirent peu. Kourroglou l'enleva sur sa selle, le plaça derrière lui, et ayant lié un shawl autour de son corps et de celui d'Ayvaz, il assujettit ce dernier à sa ceinture. Ensuite il donna un coup d'éperon à son cheval, le fouetta, et emporta sa proie. Le crédule esclave du boucher pensait que tout cela n'était qu'un jeu. Cependant il courut après lui et cria : « Trêve à ce jeu, trêve à cette plaisanterie. » A la fin il se fâcha, sortit un poignard du fourreau, et l'élevant devant Kourroglou, il dit : « Laissez l'enfant, ou je vous passe ce fer à travers le corps. » Kourroglou dit : « Voyez ce reptile ! Il faut que je montre quelque merci envers lui. » Alors il lança sa massue après lui, et le crâne de l'esclave fut écrasé comme la tête d'un pavot.

Le berger, qui vit ce meurtre, devint soucieux; et, tremblant de frayeur, il commença à réciter les prières des mourants. Kourroglou lui ordonna d'approcher et d'ouvrir ses oreilles. Alors il délia sa bourse, en fit tomber bon nombre de piastres, et lui demanda : « Berger, as-tu vu un chameau[1] ? » Le berger répliqua : « Je n'ai pas même vu un mouton. » Kourroglou dit : « Berger, tu vas conduire à l'instant ce troupeau à la ville; pendant ce temps j'enlèverai Ayvaz. » Ainsi le berger conduisit son troupeau à Orfah, tandis que Kourroglou emmenait Ayvaz à Chamly-Bill. L'enfant désolé criait douloureusement : « Malheur à moi ! je laisse ma tante derrière moi; j'abandonne la femme de mon oncle; malheur à eux, malheur à moi ! » Ses yeux étaient rouges et enflés comme des pommes. Kourroglou fit l'improvisation suivante :

Improvisation. — « Je te dis, Ayvaz, il ne faut pas pleurer. Ne tourmente pas mon cœur de tes regrets, ne te lamente point, Ayvaz ! »

Ce dernier, en réponse, fit l'improvisation suivante :

Improvisation. — « Tu dis qu'il ne faut pas pleurer ! Comment puis-je retenir mes larmes, ô Kourroglou ? Tu me dis de ne pas te tourmenter de mes chagrins; comment puis-je m'empêcher d'être triste ? »

Alors Kourroglou chanta :

Improvisation. — « Je revenais des champs, je revenais des déserts, et je demandais aux bergers s'ils ne t'avaient pas vu. Je t'ai séparé de ton vieux père; Ayvaz, ne pleure pas. »

---

1. « Avez-vous vu le chameau? » *Non! strutur didi? Ne!* Conte perse bien connu, et devenu maintenant un proverbe.

Ayvaz chanta ainsi :

Improvisation. — « Tu as rempli les sacs avec l'argent; tu as déchiré le fond de mon cœur; tu as courbé sous le chagrin le dos de mon père. Comment puis-je m'empêcher de pleurer, ô Kourroglou?

Kourroglou chanta :

Improvisation. — « Ne suis-je pas Beg, ne suis-je pas Khan? Ne serai-je pas pour toi un père, un tendre parent? Ne crie pas, ne pleure pas, Ayvaz. »

Ayvaz chanta alors :

Improvisation. — « Mes fleurs, je vous ai laissées dans le jardin ! J'ai laissé derrière moi des beautés dont la ceinture mérite d'être embrassée, j'ai laissé derrière moi mon nom et ma famille ! Comment puis-je retenir mes larmes, ô Kourroglou? »

Kourroglou chanta :

Improvisation. — « Plus de larmes, je t'en conjure, ou tu me feras pleurer moi-même comme un enfant ou une vieille femme. Tu deviendras un guerrier, tu seras la gloire et l'orgueil de Kourroglou. Ne pleure plus. »

Ayvaz dit : « J'ai ouï dire que tu étais un guerrier; tu dois alors me traiter comme il convient à un guerrier. Je ne puis dire si tu es un homme brave ou un vilain. Comment puis-je donc m'empêcher de pleurer? »

Kourroglou lui promit d'en faire son fils, de le faire vivre dans l'abondance et de faire de lui un guerrier, et ils continuèrent leur voyage à Chamly-Bill.

Pendant ce temps, Mir-Ibrahim le boucher arrive chez lui pour chercher l'argent, et dit à sa femme : « J'ai rencontré aujourd'hui un berger qui est un grand niais. J'étais à court de quelques tumans pour payer les moutons, et je lui ai laissé Ayvaz en otage. Va, et tâche de trouver l'argent promptement. » Sa femme court chez quelques parents et amis; et, ayant obtenu la somme nécessaire, elle l'apporta au boucher. Celui-ci remonta à la hâte sur sa chétive rosse, et retourna vite au troupeau. Mais à peine avait-il passé la porte, qu'il vit le berger entrant dans la ville avec ce même troupeau. « Berger, tu es un fripon, un voleur ! De quel droit amènes-tu mes moutons à la ville ? Je les ai achetés, je les ai payés. » Le berger dit : « Je ne te comprends pas. » Mir-Ibrahim demanda : « Quoi ! n'es-tu pas le berger de Roushan-Beg? — Tu rêves comme si tu avais la fièvre. Je ne sais pas qui tu es, et ne puis dire non plus quel est celui que tu nommes Houshan-Beg. — Misérable ! ne m'avez-vous pas vendu ces moutons, il n'y a qu'un instant? n'avez-vous pas pris l'argent ? — Arrière, avec ton mensonge! Les brebis sont la propriété de Reyban l'Arabe, et je les amène en ville pour les traire. Les brebis que l'on trait dans la place du marché se vendent un meilleur prix. »

A ces mots, le boucher sentit une sueur froide lui venir à la peau. Il descendit pour tâter les mamelles des brebis, et s'aperçut qu'elles avaient toutes du lait. Il dit: « Ce hâbleur, Roushan-Beg, me disait, en me vendant son troupeau, qu'il ne s'y trouvait que des mâles ou des brebis qui n'avaient jamais porté. Sans aucun doute, c'était Kourroglou, qui, après m'avoir trompé, doit avoir emmené Ayvaz avec lui. N'as-tu pas vu deux jeunes garçons sur la montagne? » Le berger dit : « Oui, j'ai vu deux jeunes garçons jouant et luttant ensemble sur la montagne. »

Mir-Ibrahim remonta sur sa rosse en grande hâte, et courut au galop. Il ne trouva sur la montagne que le cadavre de son esclave. Sa langue resta clouée à son palais; il commença à frapper ses tempes si violemment qu'il tomba de cheval. Dans son désespoir, il se jeta sur la terre ; et, répandant de la poussière sur sa tête, il s'écria : « Malheur à moi ! il m'a enlevé mon fils. »

Mir-Hibrahim fut trouvé dans cet état déplorable par

Reyhan l'Arabe. Ce dernier était un riche seigneur, qui se rendait au delà des montagnes pour chasser, accompagné de cent soixante cavaliers. Quand il se fut approché, et qu'il eut examiné les choses, il reconnut son beau-frère dans l'homme ainsi désolé : « Quoi! est-ce vous, Mir-Ibrahim? Pourquoi ces larmes, et que signifie ce désespoir? » Le pauvre père, que la douleur privait de la parole, put seulement prononcer ces mots : « Il l'a emmené... il l'a emmené!... » Reyhan l'Arabe demanda en colère : « Fils d'un père brûlé, qui, et par qui enlevé? » Une demi-heure se passa avant que Mir-Ibrahim eût recouvré ses sens, et il dit : « Je l'ai vendu à Kourroglou; il l'a enlevé, il s'est enfui. — Parle clairement. Si tu lui as vendu quelque chose, il avait droit de prendre sa propriété. » Ce ne fut qu'après de nombreuses questions que Reyhan l'Arabe dit, dans son cœur : « Kourroglou, tu es un misérable, tu as passé ta main [1] crasseuse sur ma tête, et enlevé le gibier de mes réserves. » Il appela ses cavaliers, et dit : « Enfants, je vais courir après lui; suivez-moi. » Alors ils galopèrent à la poursuite de Kourroglou, guidés par les traces des pas de son cheval.

Reyhan l'Arabe était monté sur une jument. Kourroglou continuait de marcher, sans être averti de rien, quand il vit Kyrat secouer ses oreilles. C'était un signe certain de la présence de la jument, à environ un mille de distance. Kourroglou dit, dans son cœur : « Mon Kyrat doit sentir la jument de Reyhan l'Arabe. Celui-ci a sans doute tout appris, et me poursuit maintenant. » Il regarda le ciel, et vit quelques oies sauvages passer au-dessus de sa tête. Kourroglou pensa : « Je vais décocher une flèche au guide de la bande : si l'oiseau tombe, je serai vainqueur; mais si la flèche revient seule, Ayvaz

---

[1]. C'est-à-dire : tu m'as trompé et déshonoré.

ne sera pas à moi. » Il prit une flèche de son carquois ; et, après l'avoir placée sur son arc, il l'envoya dans l'air. En très-peu de temps, l'oie descendit, et vint tomber aux pieds de son cheval.

Kourroglou se sentit très-heureux ; il arracha une couple des plus belles plumes de l'oie, et, ôtant le bonnet d'Ayyaz, les attacha, en guise de plumet, à sa calotte. Ayvaz dit : « Tu as fait des trous, avec ces plumes, dans ma calotte ; j'ai une belle nièce qui m'en fera une neuve. — O mon fils ! répliqua Kourroglou, aussi longtemps que tu demeureras dans ma maison, tes habits seront d'or et de soie. » En entendant cela, Ayvaz pleura amèrement. Kourroglou, pour le consoler, improvisa la chanson suivante :

Improvisation. — « Que ta tête semble belle avec cette plume ! c'est comme la tête d'une grue mâle. Je la garderai [1], je veillerai soigneusement sur elle. Je t'ai cherché dans le ciel, et je t'ai trouvé sur la terre. Ne pleure pas, ma jeune grue. La ligne arquée de tes sourcils a été dessinée par la plume du Tout-Puissant. Tu es juste en âge, tu as quinze ans, ô jeune garçon ! A tous ces ornements un seul manque encore : c'est celui des exploits chevaleresques. Tu seras le modèle d'un guerrier. Je couvrirai ta tête d'une calotte d'or. O ma jeune grue ! ne pleure plus. » Après une pause, Kourroglou chanta :

---

1. *Terbatias* « je tournerai autour de ta tête », expression prise d'une coutume orientale. Quand un malheur menace quelqu'un, afin de le prévenir, on fait tourner un mouton noir trois fois autour de lui, et on en fait ensuite présent aux pauvres, ou bien on le fait perdre. Quand le schah de Perse visite un village, les paysans vont au-devant, baisent le pan de sa robe ou son éperon ; ils demandent comme la plus grande faveur la permission de tourner autour de son cheval ; de là l'expression *dourer beguerden,* c'est-à-dire « j'implore, je demande sur tout ce qu'il y a de plus sacré ».

Improvisation. — « Je te vis, et mon cœur fut heureux. Tu trouveras en moi un franc Turcoman-Tuka. Mon nom est Kourroglou *le bélier*. Je suis bien connu dans toute la Turquie. Ayvaz, à la tête de grue, ne pleure plus. »

Retournons maintenant à Reyhan l'Arabe. Il connaissait parfaitement tous les chemins et sentiers des environs d'Orfah; il savait aussi que Kourroglou y venait pour la première fois, et par conséquent ne connaissait pas les localités. Il y avait une passe étroite au-dessus d'un précipice qu'il fallait traverser au moyen de *quelque chose ressemblant à un pont* jeté dessus. Avant que Kourroglou pût avoir passé ce pont, Reyhan l'Arabe y était arrivé en faisant un détour, et il se posta à l'entrée même. Kourroglou, voyant que sa route était interceptée, se détermina à gravir la montagne rapide qui surplombait le pont. Il aiguillonna Kyrat avec ses éperons et le fouetta; Kyrat grimpa comme une chèvre sauvage, et fut bientôt debout sur le sommet. Kourroglou, regardant alors de tous côtés, ne vit rien que les murs perpendiculaires des précipices horribles. On ne voyait aucun passage; seulement, au pied d'un des flancs de la montagne, il y avait un ravin large de douze mètres et de cent mètres de long. Kourroglou demeura à méditer sur ce qu'il y avait à faire.

Reyhan l'Arabe alors dit à ses gens : « Mes enfants, mes âmes, pas un pas de plus. Restez où vous êtes: pas un de vous ne pourrait monter au lieu où est maintenant Kourroglou; il faudra qu'il y meure ou qu'il descende. »

A tout événement, Kourroglou demeura trois jours sur le sommet de la montagne; mais ce qu'il eut de pire, c'est que Kyrat y tomba malade. Kourroglou tourna sa face vers la Mecque, et pria : « O Dieu! si le jour de ma mort est arrivé, ne me laisse pas mourir parmi les Sunnites. » Il regarda alors Kyrat, et son cœur fut réjoui quand il vit que son cheval paissait et mangeait l'herbe avec appétit, signe évident que sa santé s'améliorait, grâce à l'intercession de la sainte âme d'Ali. Il alla examiner le ravin, large de douze mètres, et pensa : « Quel que puisse être le résultat, je veux l'essayer. Si Kyrat franchit le ravin, nous sommes sauvés ; s'il ne le peut, alors nous périrons tous trois misérablement, moi, Kyrat et Ayvaz, brisés en mille pièces au fond du précipice. Je ne puis attendre plus longtemps. » Il sauta sur son cheval, lia Ayvaz à sa ceinture avec un châle, et improvisa à son cheval le chant suivant :

Improvisation. — « O mon coursier ! ton père était bedou, ta mère kholan. Sus! sus! mon digne Kyrat, porte-moi à Chamly-Bill ! Ne me laisse pas ici, parmi les mécréants et les ennemis, au milieu du noir brouillard. Sus ! sus ! mon âme, Kyrat, emporte-moi à Chamly-Bill!

Aussitôt que Reyhan l'Arabe entendit la voix de Kourroglou, il se mit à rire et cria d'en bas : « Bien, maudit! tu as dit tes dernières paroles ; mais que tu chantes ou non, il faut que tu descendes et tombes entre nos mains. » Alors Kourroglou improvisa pour Kyrat :

Improvisation. — « Hélas ! mon cheval, ne me laisse pas voir ta honte. Tu seras couvert de harnais de soie à ta droite et à ta gauche ; je ferai ferrer tes pieds de devant et tes pieds de derrière avec de l'or pur. Sus! sus! mon Kyrat, porte-moi à Chamly-Bill ! Ton corps est aussi rond, aussi mince et aussi uni qu'un roseau. Montre ce que tu peux faire, mon cheval ; que l'ennemi te voie et devienne aveugle d'envie [1]. N'es-tu pas de la race de kholan? n'es-tu pas l'arrière-petit-fils de Duldul [2] ? O Ky-

1. Littéralement : « Tu arracheras les yeux du scélérat. »
2. *Duldul* nom du célèbre cheval arabe qui appartenait à Ali, gendre du prophète.

rat! porte-moi à Chamly-Bill, vers mes braves. Je ferai tailler pour toi des housses de satin, et je les ferai broder exprès pour toi. Nous nous réjouirons, et le vin rouge coulera en ruisseaux. O mon Kyrat! toi que j'ai choisi entre cinq cents chevaux, sus! sus! porte-moi à Chamly-Bill. »

Ayant fini ce chant, Kourroglou commença à promener Kyrat. Reyhan l'Arabe le vit d'en bas, et, devinant que Kourroglou préparait son cheval à franchir le ravin, il dit à ses hommes : « Voulez-vous parier que Kourroglou sera assez hardi pour sauter ce précipice? Son grand courage me plaît. Je vous prends à témoin que s'il franchit le ravin, je me garderai de persécuter un homme si brave. Je lui pardonnerai et lui laisserai emmener Ayvaz ; s'il succombe, je rassemblerai leurs membres dispersés et les ensevelirai avec honneur. » Il dit ces mots, et il regarda la montagne tout le temps à travers un télescope. Kourroglou continuait à promener Kyrat jusqu'à ce que l'écume parût dans ses naseaux. Enfin, il choisit une place où il avait assez d'espace pour sauter ; et alors, fouettant son cheval, il le poussa en avant.

Le brave Kyrat s'élança et s'arrêta sur le bord même du précipice ; ses quatre jambes étaient rassemblées entre elles *comme les feuilles d'un bouton de rose*. Il hésita un instant, prit de l'élan, et sauta de l'autre côté du ravin ; il retomba même deux mètres plus loin qu'il n'était nécessaire.

Reyhan l'Arabe s'écria : « Bravo! bénis soient la mère qui a sevré et le père qui a élevé un tel homme. »

Pour Kourroglou, son bonnet ne remua pas de dessus sa tête; il ne regarda pas même en arrière, comme s'il ne fût rien arrivé d'extraordinaire, et il s'en alla tranquillement avec Ayvaz.

Reyhan l'Arabe dit à ses hommes : « Mes amis, mes enfants! un loup à qui l'on n'ôte pas sa première proie s'enhardit et revient plus rapace que jamais. Kourroglou a enlevé aujourd'hui le fils de mon beau-frère ; demain, il viendra saisir ma femme jusque dans mon lit. Il faut lui montrer que notre orteil est aussi assez fort pour tendre un arc. »

Sur cela, ils s'élancèrent à sa poursuite. Aussitôt que Reyhan l'Arabe aperçut Kourroglou, il cria : « Roi, parvinsses-tu à t'échapper jusqu'à Chamly-Bill, je t'y atteindrais encore. » Kourroglou pensa : « Ce brigand ne veut pas me laisser en paix. » Il fit descendre Ayvaz de cheval, examina la selle, les étriers, resserra la sangle, et retourna au-devant de Reyhan l'Arabe, auquel il demanda : « Que veux-tu de moi, mécréant? — Écoutez cette belle question, ce que je veux ! Tu as passé ta main crasseuse sur ma tête. » Kourroglou demanda : « Veux-tu combattre avec moi comme un homme ou comme une femme ? — Qu'entends-tu par combattre comme un homme ou comme une femme ? — Si tu ordonnes à tes cavaliers de sauter sur moi, alors tu combattras comme une femme ; si, au contraire, tu consens à te battre seul avec moi, ce sera un combat comme il convient à des hommes.

— Soit, battons-nous donc comme des hommes. » Kourroglou, qui voyait que les cavaliers de Reyhan l'Arabe attendaient tranquillement, rangés en ligne, dit dans son cœur : « Malgré ses promesses, je ne puis me fier à la parole des Sunnites ; commençons donc par éloigner d'ici au moins une partie de ses cavaliers. Écoutez-moi, Reyhan l'Arabe, j'ai coutume de chanter avant le combat. Voici mon chant :

Improvisation. — « Guerrier Reyhan ! tu es venu avec une armée contre moi seul. Où est ton honneur, où est ta valeur si vantée? Pourquoi cherches-tu à détruire mon âme? Guerrier Reyhan, tu es fou ! »

Le son de sa voix, aussi bien que le chant, étaient si

terribles, que les cavaliers de Reyhan furent frappés de peur. Kourroglou continua :

Improvisation. — « Montrez-moi un homme qui puisse tendre mon arc. Trouvez-moi un guerrier qui vienne frapper sa tête comme un bélier contre mon bouclier. Je puis broyer l'acier entre mes dents, et je le crache alors avec mépris contre le ciel. Oh! pourquoi ne pas combattre aujourd'hui? »

Les cavaliers de Reyhan l'Arabe, saisis d'horreur, murmurèrent l'un à l'autre : « Pour la gloire de la race d'Osman, pas un de nous n'échappera au tranchant du sabre de Kourroglou. » Plusieurs d'eux prirent la fuite. Kourroglou dit dans son cœur : « Est-ce ainsi? Fuyez donc. » Et il improvisa :

Improvisation. — « Donne ordre à ton armée de se diviser par bataillons. Ah! ont-ils tant de confiance dans leur nombre? Je suis seul, que cinq cents, que six cents de vous s'avancent! Reyhan est venu, il est fou, en vérité. »

Ce chant mit en fuite le reste des cavaliers de Reyhan. Ce dernier seul resta et ne quitta pas la place. Kourroglou improvisa :

Improvisation. — « Un guerrier ne chasse pas ses frères guerriers dans le couvert. Il menace avec son épée égyptienne bien affilée, élevée en l'air. Pense à toi, Reyhan, avant qu'il soit trop tard. Es-tu fou? Tu n'as jamais éprouvé la force du bélier, le front de Kourroglou; tu n'as jamais eu devant toi un bras si puissant. Tu es encore là, Reyhan, es-tu fou? »

Reyhan l'Arabe était un seigneur d'un grand courage; on parlait de sa gloire et de ses hauts faits dans toute la Turquie. Kourroglou s'écria : « Retourne dans ta maison, Reyhan; regarde la fuite de tes cavaliers. » Sa réponse fut : « Ce sont tous des corbeaux, ils ne peuvent résister à un hibou comme toi. » Cela dit, Reyhan lança sa jument arabe sur le railleur. Kourroglou, de son côté, donna de l'éperon à Kyrat. Le choc fut terrible.

Les dix-sept armes qu'il portait avec lui furent employées tour à tour, et cependant aucun avantage ne fut remporté de part et d'autre. Kourroglou vit que Reyhan l'Arabe était un homme d'un courage et d'une habileté supérieurs.

Ils s'approchèrent plusieurs fois à cheval poitrine contre poitrine et dos contre dos. Ils se prirent l'un l'autre par la ceinture. Reyhan tirait Kourroglou afin de le désarçonner, et criait : « Tu n'emmèneras pas Ayvaz. » Kourroglou le tirait aussi de dessus sa selle et criait : « J'emmènerai Ayvaz. »

Ils descendirent de cheval en même temps et commencèrent à lutter à pied, le cou enlacé avec le cou, le bras avec le bras, la jambe avec la jambe. On aurait dit deux chameaux [1] mâles se battant ensemble. Le soleil commençait déjà à baisser. Kourroglou se sentait fatigué de la puissante résistance de son ennemi, et s'écria dans son cœur : « O Dieu ! préserve-moi de malheur, ô Ali ! » Cela dit, il éleva Reyhan l'Arabe en l'air et le rejeta par terre ; il s'assit sur sa poitrine, et, tirant son couteau, il se préparait à lui couper la tête ; mais il dit dans son cœur : « S'il demande merci, je le tuerai ; s'il ne le de-

---

1. Les combats de chameaux sont beaucoup plus féroces que ceux de taureaux, de béliers, de bouledogues ou de coqs. Les riches oisifs en Perse parient souvent à leur sujet. Il est presque impossible de ne pas éprouver une sorte de plaisir sauvage à être témoin de ces combats. Ces deux énormes corps tout en se battant, demeurent presque sans aucun mouvement. Leurs longs cous enlacés l'un l'autre ne donnent signe de vie que par de convulsives contorsions. Deux têtes avec des yeux presque hors de leurs orbites, des bouches écumantes, d'affreux rugissements complètent le tableau.

mande pas, ce serait pitié de tuer un si brave jeune homme. »

Il regarda son visage, mais il était rouge, tranquille, et ne laissait voir aucun changement. Alors il détacha la courroie qui était derrière sa selle, et s'en servit pour lier les jambes et les mains de Reyhan. Ce dernier dit : « Au moment où tu lançais ton cheval pour franchir le précipice, je te faisais présent d'Ayvaz. J'ai été infidèle à ma parole, et pour un péché si énorme, le malheur tombe sur ma tête coupable. » Kourroglou répliqua : « En vérité, nul autre homme que moi n'osera te poursuivre. J'ai pitié de toi, et n'ai pas envie de te tuer. J'ai seulement lié tes mains et tes jambes. Si une armée me poursuivait, elle ne serait pas assez hardie pour continuer après t'avoir vu ainsi garrotté. »

Kourroglou lia donc Reyhan avec une corde sur sa jument, et, ayant remonté sur Kyrat, il conduisit la jument avec une corde. Il plaça Ayvaz derrière lui, et ils arrivèrent ainsi à Chamly-Bill. Les sentinelles de Kourroglou le virent venir de loin et informèrent les bandits de l'arrivée de leur maître. Sept cent soixante-dix-sept hommes allèrent à sa rencontre. Kourroglou commanda qu'on fût chercher une robe d'honneur pour Ayvaz. Ayvaz la mit : Kourroglou ordonna que Khoya-Yakub, qui, tout le temps de l'absence de Kourroglou, avait été enchaîné et confiné dans une sombre prison, fût amené devant lui. Il le reçut tendrement, lui ôta ses fers, et le fit conduire au bain. Aussitôt que Khoya-Yakub fut revenu, il le revêtit d'un superbe habillement, et l'invita à s'asseoir près de lui, à la place d'honneur.

Les bandits s'enquirent avec empressement des détails de la capture d'Ayvaz, et Kourroglou les leur dit du commencement à la fin, n'épargnant pas les louanges à Reyhan sur sa force et son courage. Il dit son conte en vers et en prose, fidèle à sa coutume de dire la vérité à la face des gens, disant à un poltron qu'il était un poltron, à un brave qu'il était un brave. Voici une des improvisations faites en l'honneur de Reyhan :

Improvisation. — « Frères, Aghas ! un homme doit être un homme comme Reyhan. Il a arraché des larmes d'admiration de mes yeux. Son bouclier est d'argent ; il répand le sang de l'ennemi avec abondance. Il a uni mon âme à la sienne. Il a gravé à la fois dans mon cœur le respect et l'attachement. Un homme juste doit être comme Reyhan. Puisse chaque père avoir cinq fils comme lui ; puissions-nous avoir des guerriers comme lui pour compagnons ! Il mérite d'être le frère de Kourroglou. Un homme juste doit être un homme comme Reyhan[1]. »

Kourroglou ordonna qu'on servît un repas. Ayvaz fut nommé chef des échansons ; le vin coula, les mets tombèrent comme la pluie, et toute la bande festoya ensemble.

QUATRIÈME RENCONTRE.

Le chapitre qui précède nous a paru si coloré et si original, que nous n'avons pas eu le courage de l'abréger beaucoup. Au ton héroïque se mêle dans le récit la gaieté rabelaisienne, et l'ensemble est, comme dans toutes les œuvres naïves, un composé de terrible et de bouffon. Le déjeuner de Kourroglou sur la montagne ne rappelle-t-il pas, en effet, une scène de Grangousier ? N'y a-t-il pas aussi un peu du frère Jean des Entommeures et de Panurge en même temps, dans les niaiseries malicieuses qu'emploie Kourroglou pour obtenir d'Ayvaz la permis-

---

1. Le texte de cette belle pièce de poésie sert d'exemple de la force des participes turcs, qui ne peut être égalée dans aucune langue européenne.

sion de boire de son vin? Mais bientôt viennent les touchantes lamentations d'Ayvaz enlevé, et là, il y a la simplicité élevée de la forme biblique. Enfin, l'admiration de Reyhan l'Arabe pour Kourroglou franchissant le précipice rentre dans la chevalerie merveilleuse de l'Arioste.

La rencontre suivante pénètre plus avant dans les mœurs et usages de l'Orient. La princesse Nighara est toute une révélation de l'idéal de la femme dans ces contrées. Idéal bizarre et qui, pour le coup, n'est pas le nôtre. L'examen en sera d'autant plus curieux; et ce serait peut-être ici le lieu de donner comme préface à ce chapitre un travail que M. Chodzko nous a communiqué sur les pratiques, usages, superstitions, idées religieuses et sociales qui défraient la vie mystérieuse des harems. Mais nous craignons de nuire à l'intérêt que peut inspirer Kourroglou, par cette longue interruption, et nous remettons à la fin de notre analyse la publication des curieux documents qui viennent à l'appui.

La quatrième rencontre traite donc de la princesse Nighara; mais comme elle en traite fort longuement, nous abrégerons le plus possible, ayant regret, toutefois, à tout ce que nous passerons sous silence.

Et d'abord, nous voudrions omettre Demurchi-Oglou comme ne se rattachant pas à l'action de cette aventure; mais nous devons le retrouver dans la suite de la vie de Kourroglou, et nous ne pouvons nous dispenser de le faire connaître au lecteur, d'autant plus qu'il y a là un trait d'affinité avec l'aventure de Guillaume Tell, et raffiné dans tous ses détails par l'ingénieuse exagération des Orientaux. On a dû remarquer aussi dans le chapitre précédent la supériorité de l'invention persane, à propos de Kourroglou effaçant, par la seule pression de ses doigts, l'effigie d'une monnaie d'or. Les héros de chez nous se contentent de briser la pièce en deux, et croient avoir fait l'impossible. Mais le véritable impossible ne se trouve que dans l'Orient.

Voilà donc Demurchi-Oglou, le fils du forgeron; qui, du fond de sa ville du Nakchevan, entend parler de la gloire et de la magnificence du bandit. *Mon cœur éclate ici faute d'action*, dit Demurchi-Oglou, et le voilà parti avec son cheval pour Chamly-Bill. Kourroglou, qui chassait aux alentours de sa forteresse, le rencontre et dit d'abord : « Voilà un beau garçon ! » Demurchi lui présente sa requête. « *Mon âme*, lui répond le maître, tu dois savoir que je donne du pain aux braves et rien aux lâches. — Amis, dit-il à ses chasseurs, *j'ai trouvé ici mon gibier.* » Il fait asseoir Demurchi sur les genoux, *à la manière des chameaux mâles*, et lui fait ôter son bonnet. Puis il demande une pomme, tire son anneau de son doigt, le fixe sur la pomme qu'il pose sur la tête de Demurchi, se place à distance, tend son arc, et fait passer les soixante flèches de son carquois à travers l'anneau.

Content de voir que Demurchi n'a pas sourcillé, il dit à ses compagnons : « Mes âmes, mes enfants, que celui qui m'aime contribue à équiper Demurchi-Oglou. » A l'instant même, nos bandits, sans aucune crainte de passer pour communistes, se dépouillent chacun de son habillement, de son armure ou du harnachement de son cheval, « et il lui fut donné tant de choses, qu'en un instant l'étranger se trouva riche. »

On l'emmène à Chamly-Bill, on fête sa venue; Kourroglou improvise pour lui au dessert, et, dans une de ses strophes, il lui dit :

« Personne sur la terre ne connaîtrait mes hauts faits sans mes jolies chansons. Oui, tout ce que j'ai fait, je l'ai fait pour mes amis, et la passion d'un gain égoïste ne s'est jamais élevée dans mon âme. »

« Mais écoutez maintenant, s'écrie le rapsode, l'histoire de la princesse Nighara, fille du sultan de Constantinople. »

La belle princesse a entendu parler de Kourroglou, et elle s'est éprise de lui sur sa brillante réputation. Un jour qu'elle était sortie pour se promener dans les bazars de la ville, et qu'au son des tambours, tous les promeneurs et tous les marchands s'enfuyaient pour ne pas payer de leur tête le bonheur de l'apercevoir, un certain Belly-Ahmed (c'est-à-dire *le fameux* Ahmed), qui se trouvait là, se dit en lui-même : « Ton nom est Belly-Ahmed, et tu ne verrais pas cette belle princesse ? » Il la vit, en effet, et faillit le payer cher ; car la princesse, qui n'entendait pas raillerie, le foula aux pieds, et l'eût fait étrangler par ses eunuques, s'il n'eût eu l'heureuse inspiration de lui dire, tout en la suppliant, qu'il était natif d'Erzeroum. Aussitôt la princesse lui demande s'il n'a point vu dans ces contrées un certain Kourroglou, et Belly-Ahmed, qui n'est point sot, se hâte de se donner pour un de ses serviteurs. Alors la princesse lui jette de l'or à poignées, et lui remet, pour son maître, son propre portrait avec une lettre ainsi conçue :

« O toi qui es appelé Kourroglou ! la gloire de ton nom a jeté un charme sur nos contrées. Je me nomme Nighara, fille du sultan Murad. Je te dis, afin que tu l'apprennes, si tu ne le sais pas encore, que j'éprouve un ardent désir de te voir. Si tu as du courage, viens à Istambul, et enlève-moi. »

Belly-Ahmed part pour Chamly-Bill, et se présente aux sentinelles qui s'emparent de lui et le conduisent à Kourroglou. Celui-ci lui trouve bonne mine, le fait asseoir, et envoie son bel échanson Ayvaz lui chercher du vin. Alors recommence avec Ahmed un dialogue dans la forme de celui qu'on a vu au chapitre précédent, entre Kourroglou et Khoya-Yakub. « As-tu vu un plus beau cheval que mon Kyrat? — Je n'en ai pas vu. — As-tu vu un plus beau guerrier que mon Ayvaz? — Je n'en ai pas vu. — As-tu vu une plus belle fête, etc. — Mais, ô Kourroglou! j'ai vu, à Istambul, la princesse Nighara! » Kourroglou dresse l'oreille, lit le billet, regarde la miniature, fait seller Kyrat; et part en laissant Belly-Ahmed enchaîné dans un cachot, comme il avait fait pour Khoya-Yakub; en pareille circonstance, c'est sa façon d'agir.

Ayant passé les portes de la ville (Constantinople), il descendit de cheval, et Kyrat le suivit par les rues. Ce merveilleux cheval (descendant à coup sûr de celui qui portait les quatre fils Aymon), sachant bien qu'il pourrait éveiller, par sa beauté, la convoitise des étrangers, ou *craignant qu'on ne jetât sur lui quelque charme*, « avait l'esprit de laisser tomber ses oreilles comme un âne, de rebrousser son poil, d'emmêler sa crinière, enfin de se donner l'apparence et la démarche d'une rosse. »

Kourroglou vit une femme décrépite dont le dos *avait la forme courbée de la nouvelle lune*, et connut à son air que c'était une sorcière. Il lui demande l'hospitalité. Elle s'excuse sur sa pauvreté. Il lui donne de l'or, elle s'attendrit. Mais arrivés à la maison de la vieille, Kourroglou, qui veut y faire entrer Kyrat, trouve la porte si basse, qu'il est obligé de partager la muraille en deux d'un coup de sabre. La dame pleure, le bandit l'apaise en lui promettant de lui faire rebâtir une *belle grande porte*. L'écurie était confortable; mais il n'y avait dans les mangeoires qu'un peu de paille et de ronces sèches. Heureusement Kyrat n'était pas dégoûté, et, comme son maître, mangeait ce qui se trouvait, *pourvu que ce fût un peu moins dur que la pierre*.

Kourroglou trouva la maison propre et bien aérée, mais dépourvue de tapis. Or, un Persan se passera de tout volontiers plutôt que de tapis. Une chambre honorable doit en avoir un en laine étendu au milieu, deux étroits en drap feutré, placés de chaque côté du premier, dans le sens de la longueur, et un quatrième en pur feutre, appelé le serendaz, placé en travers sur le tout. C'est là qu'un gentleman persan boit, mange, cause, et digère convenablement. « Mère, dit Kourroglou à la vieille, va m'acheter au bazar un assortiment de tapis ; que le feutre soit de la manufacture de Jam, et que celui du milieu soit des fabriques du Khorassan. Voici encore une poignée d'argent. »

Il s'installe bientôt sur ses beaux tapis, ôte son armure, dont la vieille suspend une à une les diverses pièces à la muraille, et lui donne encore une poignée d'argent pour qu'elle aille acheter une robe neuve ; car la sienne est si vieille et si malpropre, que le sybarite Kourroglou *ne peut la regarder*. « Voici un vrai fils pour moi ! dit la sorcière. Puissé-je rencontrer une douzaine de tels enfants ! » Elle s'en va chercher des habits neufs tout faits dans la boutique d'un tailleur, et enveloppe sa bouche d'un mouchoir blanc pour cacher à son hôte délicat sa bouche édentée. Sous prétexte de l'arrivée prochaine de douze prétendus amis qu'il doit régaler, Kourroglou lui commande un énorme souper, riz, beurre, épices et viandes en abondance, le tout dans un grand bassin, que la vieille n'eut pas la force d'apporter quand il fut rempli et prêt à servir. Kourroglou venait de frotter, de brosser et de laver Kyrat ; il s'était lavé aussi les pieds et les mains, avait récité dévotement son Namaz, ni plus ni moins qu'un bon père de famille, et se sentait grand appétit. Il alla chercher lui-même à la cuisine la montagne de riz et de viande, et après que son hôtesse eut étendu sur lui une grande nappe, et sur la nappe une serviette de peau, il ouvrit sa main comme *la patte d'un lion*, et se mit à jeter des poignées de viande dans sa bouche comme dans une caverne.

Au milieu de ce repas pantagruélesque, dont le récit détaillé et répété doit, je m'imagine, faire une vive impression quand les rapsodes le déclament à un auditoire de pauvres diables maigres et affamés, Kourroglou ne laisse pas que de plaisanter agréablement. « Ma vieille, je veux dire ma jeune beauté (car la sorcière trouve la première épithète grossière et ne peut la souffrir), mange aussi, au nom de Dieu, de peur que le souffle de la destruction ne vienne à s'élever dans ton estomac, et que je n'aie à rendre compte de toi au jour du jugement. » La vieille se flattait que les restes de ce terrible souper lui suffiraient pour vivre une semaine et régaler encore ses voisines. Elle disait s'être rassasiée à la seule odeur des mets en les faisant cuire; mais quand elle vit la dévastation que son hôte portait dans l'édifice, elle craignit d'aller se coucher à jeun, et plongea sa main décharnée dans le bassin. Malheureusement un grain de riz lui causa un accès de toux durant lequel Kourroglou mit à sec le fond du plat; et quand elle voulut ramasser ses nappes, elle s'aperçut avec effroi que la nappe de cuir avait disparu. « Qu'en as-tu fait, mon fils? — Était-ce donc la nappe? dit Kourroglou; j'ai trouvé le dernier morceau un peu dur et amer. J'ai eu quelque peine à l'avaler. Pourquoi ne m'as-tu pas averti? — Hélas! pensa la vieille, mon hôte n'est autre que la famine personnifiée. Si sa faim recommence, il avalera mon pauvre corps. »

Kourroglou fit faire son lit en travers de la porte, ce qui effraya beaucoup la vieille. « De quoi t'inquiètes-tu? lui dit-il; si tu veux sortir la nuit, je te permets de passer par-dessus mon lit et de me marcher sur le corps; je ne m'en apercevrai point. »

Couchée dans la même chambre, la vieille, pensant que

son hôte avait de mauvais desseins, *parce qu'il avait beaucoup mangé*, ne put fermer l'œil. « Veilles-tu, mère? — Hélas! oui; je me demande si tu n'es pas Nazar-Djellaly. — Non. — Tu es donc Guriz-Oglou? — Erreur. — En ce cas, tu es Reyhan l'Arabe? — Encore moins. — Alors, tu es le chef des sept cent soixante-dix-sept, tu es Kourroglou! — Tu l'as dit. Je viens ici pour enlever la princesse Nighara. »

La langue de la vieille se raidit dans sa bouche. « Allons, n'aie pas peur, vieille carcasse. — Comment serais-je rassurée? Quand un enfant crie, sa mère lui dit pour le faire taire : « Tais-toi, ou le loup viendra te manger; » et l'enfant crie encore. La mère dit : « Voici le léopard; » l'enfant crie plus fort. La mère dit alors : « Voici Kourroglou qui va t'emporter; » l'enfant se tait et cache sa figure dans l'oreiller.

Kourroglou jure par le plus pur esprit du Créateur du ciel et de la terre qu'il la traitera comme sa propre mère si elle ne le trahit pas; mais que, dans le cas contraire, fût-elle assise dans le septième ciel, il lui jetterait un nœud coulant pour l'en arracher; et quand même elle se changerait en Djiin pour se cacher aux entrailles de la terre, il l'en retirerait avec des pinces pour la mettre en pièces.

Dès le matin, Kourroglou va au bazar et y achète un habit blanc pareil à celui que portent les mollahs, puis une cornaline sur laquelle il fait graver le chiffre du sultan. Enfin, il fait l'emplette d'une excellente guitare dont le manche se dévisse et se retire à volonté. Il met le cachet et l'instrument ainsi démonté dans sa poche, et, muni de ses moyens de séduction, il aborde un fakir et le prie de venir réciter à sa mère mourante quelques versets du Koran. Quand il l'a amené chez la vieille, il lui ordonne d'écrire sous sa dictée une lettre de passe moyennant laquelle il se présentera comme un *mollah*, un *chavush*, c'est-à-dire un pèlerin de la Mecque, un saint homme envoyé par le sultan à sa fille, et franchira les portes du palais. Le fakir, qui croit Kourroglou incapable de lire l'écriture, le trompe, et écrit à la princesse, au nom du sultan, que ce faux chavush est le plus grand coquin de la terre, et qu'il lui recommande de lui faire donner le fouet. Kourroglou, qui lit par-dessus l'épaule du secrétaire infidèle, l'étrangle à demi, le réduit à l'obéissance, scelle la lettre avec le cachet contrefait du sultan, et pour mieux s'assurer de la discrétion du fakir, lui donne un tel coup sur la tête, *qu'elle s'aplatit comme un livre qui se ferme*. Il le pousse ensuite dans un coin de la chambre, donne un coup de pied au mur, qui s'écroule, et ensevelit le cadavre sous ses ruines. On ne peut pas mieux expédier une affaire; mais le récit en est fort long et fort curieux, à cause des sentences et des formes du dialogue, mêlé toujours de plaisanteries et de férocité.

La vieille criait et se frappait la poitrine. « Jamais le sang innocent n'avait été répandu dans ma maison, et tu l'as souillée! — Veux-tu donc que je te tue aussi, infidèle sunnite? lui répond Kourroglou, et que je fasse tomber le reste de ce mur sur ton corps flétri? »

Kourroglou se revêt du costume blanc des mollahs, entoure sa tête de plusieurs aunes de linge blanc, cache sa guitare dans sa poche, son poignard dans son sein, et, le rosaire dans une main, le bâton de voyage dans l'autre, il franchit, grâce à la feinte lettre et au sceau apocryphe du sultan, les portes sacrées du palais. « De cette manière, dit le rapsode avec un mélange de sympathie et d'indignation, il fut permis à ce larron des larrons d'entrer dans le harem... à cet homme capable de couper le sein d'une mère nourrissant son enfant! »

Ayant franchi les portes des sept murailles, il arrive aux jardins fleuris de la princesse. Il y avait quatre bassins d'eau courante et des fontaines qui s'élançaient en jets. Kourroglou plia son manteau en quatre, et s'assit dessus au bord d'une des pièces d'eau, le rosaire à la main, les yeux à demi fermés, comme un vrai Rominagrobis, ce qui ne l'empêchait pas de voir distinctement, dans un kiosque ouvert, la belle Nighara *buvant du vin* avec plusieurs belles filles de sa suite.

Une d'elles vint au bord du bassin pour chercher de l'eau, quoiqu'il ne paraisse pas que Nighara ait eu l'habitude d'en mettre beaucoup dans son vin. « Homme, qui es-tu ? dit la suivante effrayée. — Homme ! s'écrie Kourroglou, quel nom est-ce là ? ne peux-tu, fille impure, me saluer du nom de Haji ? et la princesse Nighara ne peut-elle se donner la peine de chausser sa pantoufle à demi pour venir au devant du royal chavoush Roushan, envoyé ici de la Mecque par le sultan Murad ? »

Toute personne qui apporte une bonne nouvelle a droit à une récompense immédiate. Un khan, en pareille circonstance, détache ordinairement sa riche ceinture, et la présente au messager. La suivante de Nighara court au kiosque, et commence par s'emparer du châle et des bijoux de la princesse qui étaient posés sur le tapis. « Es-tu ivre ? dit la princesse étonnée d'une semblable audace. — C'est toi-même qui es ivre, répond l'autre sans se déconcerter. Ce que je prends m'appartient ; j'apporte la nouvelle qu'un saint homme est arrivé de la Mecque avec un message pour toi. *Un feu divin brille dans ses yeux, et son visage en renvoie les rayons vers le soleil.* »

« Levons-nous, mes filles, dit la princesse. J'ai lu dans les traditions sacrées que ceux qui vont au-devant d'un pèlerin de la Mecque sont préservés d'être brûlés par la flamme de l'enfer, si la poussière des sabots de son cheval tombe seulement sur eux. »

Pendant ce temps, Kourroglou avait ôté sa robe et son turban de pèlerin ; il avait mis son bonnet sur l'oreille, à la façon des dandys kajjares, rajusté les plis de son bel habit vert-olive, et noué gracieusement le cachemire qui lui servait de ceinture, et qui laissait voir le manche de son poignard couvert de gros diamants. Quand la vertueuse princesse vit le saint homme transformé en un superbe brigand à grandes moustaches, elle commença, non par s'enfuir, mais par faire attacher les pieds de la suivante qui s'était ainsi trompée, et sous prétexte qu'elle avait dû recevoir quelque baiser de cet imposteur, elle lui fit appliquer une vigoureuse bastonnade sur les talons, puis s'approchant de Kourroglou, qui essayait de justifier la suivante en se déclarant un *amoureux sans argent*, incapable de séduire personne par des présents, elle lui donna un grand coup de pied dans la poitrine. « Princesse, dirent les suivantes, c'est une pitié de te voir ainsi profaner ton joli pied contre la poitrine non lavée de ce misérable. — Taisez-vous, sottes filles, dit le bandit sans se déconcerter ; vous ne savez pas que mon sein est plus précieux que le talon de votre maîtresse. »

Alors il prit sa guitare et improvisa :

« Je respire de ton jardin le parfum de la jacinthe et de la violette. Comme elles tu fleuris dans la solitude. Tu es une flèche au fond de mon cœur. »

Nighara était indignée. Kourroglou chanta encore :

« Tu es le fruit le plus frais dans les jardins du printemps ; tu es le coing embaumé et la grenade vermeille, etc. »

Au lieu de s'adoucir à de tels compliments, la farouche Nighara fait un signe à ses femmes, et aussitôt une grêle de coups tombe sur l'audacieux. « Dieu vous préserve, s'écrie en cet endroit le rapsode, de tomber sous les ongles d'une femme irritée ! »

En un instant les vêtements de Kourroglou volèrent en pièces : « Princesse, dit-il, si tu n'as pitié de moi, montre au moins quelque merci envers ces pauvres filles. Leurs mains deviendront calleuses à force de me battre. » La princesse dit à ses suivantes : « Allons prendre un peu de vin pour nous donner des forces, afin que nous puissions battre encore cet imposteur. » Mais en retournant vers son kiosque, elle regarda en arrière, remarqua les traits de Kourroglou, et le trouva beau. Aussitôt il oublia la cuisson des coups d'ongles et des coups de verges, reprit sa guitare et chanta :

« O Nighara aux yeux de gazelle, verrai-je ton sein se changer en pierre ? Tu m'as renversé sur le visage. Puissent tes yeux être remplis de larmes ! »

Nighara, qui ne pouvait détacher ses yeux de ce mâle visage, se fait apporter du vin.

« Fais remplir ton gobelet de mon sang, et bois-le, » lui chante encore Kourroglou.

En voyant boire du vin, Kourroglou, qui n'en avait pas goûté depuis son départ de Chamly-Bill, oubliait toutefois son désespoir amoureux « pour se lécher les lèvres. » Nighara, émue de pitié, lui fit apporter un bassin de baume *mumiâh*, en disant : « Je ne désire pas ta mort ; bois et va-t'en. »

Kourroglou goûta le baume, fit la grimace, et demanda du vin. « Ah! saint homme, tu bois la liqueur défendue par le Prophète, dit la princesse irritée de nouveau. Eh bien, nous t'en donnerons ; mais tu danseras pour nous divertir ; après quoi nous te battrons encore et te jetterons dehors. » Nighara disparaît, et revient avec ses femmes, qui apportent des tapis, des vins et des mets divers. On étend les tapis sur le gazon, on sert le festin au bord de la fontaine. La démarche de la princesse était pleine d'agréments et de grâces, et, malgré sa fureur, elle avait arrangé ou plutôt dérangé sa toilette pour être plus séduisante. Kourroglou chanta :

« O aghas, mes frères! Nighara est venue! Des larmes de joie coulent de mes yeux. L'Arménien aime sa croix, bien que son prophète ait souffert sur la croix! Voyez comme elle a orné ses cheveux noirs, auxquels elle a permis de tomber sur son cou délicat! Elle est venue! »

. . . .

« Elle est venue pour m'apprendre la beauté. Nighara est venue pour tuer Kourroglou; elle est venue! »

La princesse le regardait toujours; mais, comme les femmes de chez nous, elle se montrait toujours plus cruelle pour se faire aimer davantage; seulement, ses façons d'agir étaient un peu plus énergiques. Elle le fit battre de nouveau, et cette fois si sérieusement, que Kourroglou, vaincu par la souffrance, *se roulait par terre*. Ne faut-il pas s'étonner ici de voir ce héros, dont la force fabuleuse détruisait des légions et se frayait un passage au milieu des armées, pousser la douceur et la soumission envers le beau sexe jusqu'à se laisser mettre en lambeaux, ni plus ni moins que n'eût fait Don Quichotte, le modèle de la chevalerie? Cet ensemble de force et de tendresse caractérise Kourroglou d'un bout à l'autre du poëme. Enfin, n'en pouvant plus supporter davantage, mais ne voulant pas lever la main sur des femmes, il se jette dans la pièce d'eau, la traverse à la nage, en élevant sa guitare au-dessus de sa tête, et gagnant le milieu, où l'eau jaillissait d'un pilier de marbre, il s'assit en cet endroit.

Les femmes commencèrent à lui jeter des pierres. « O Belli-Ahmed! tu m'as trompé, pensait Kourroglou. Elle ne m'a jamais aimé. »

Alors il se mit à chanter, et là, vraiment, il lui dit de si belles choses, que son sein commence à palpiter, et qu'elle l'écoute « avec un plaisir toujours croissant.

« Le soleil est levé sur la colline de l'Orient. Elle est le jardin des fleurs. Les roses ouvrent leurs boutons sur ses joues. Que nul ennemi n'ose regarder dans le jardin de l'amant!... O Nighara! celui qui touchera ta ceinture une fois seulement deviendra immortel. »

CINQUIÈME RENCONTRE.

Le soir approchait. La fraîcheur de l'eau calmait les souffrances de Kourroglou. La princesse se dit : « Il répète sans cesse le nom de Kourroglou. Ah! si c'était lui-même! Parle, avoue la vérité, lui dit-elle, es-tu Kourroglou? » Et comme il l'assurait, elle reprit : « Kourroglou est, dit-on, de la même taille que mon père le sultan. Je vais te faire essayer sa robe royale. Si elle est trop longue pour toi, je ferai enfoncer des clous dans tes talons afin que tu deviennes plus grand. Si elle est trop courte, je te ferai couper les pieds. Si elle est trop large, je ferai ouvrir le ventre, et on le remplira de paille pour te grossir. »

Kourroglou dit : « Tu me punis selon le code d'Abou-Horeyra. N'importe, j'essaierai la robe. »

Il sortit de l'eau, et Nighara, de ses propres mains, lui passa la robe. Elle semblait avoir été faite pour lui. Alors ils jetèrent leur main autour du cou l'un de l'autre, et entrèrent dans le pavillon, où, suivant la coutume turque, ils burent dans la même coupe. Alors la princesse dit : « As-tu amené ici ton fameux cheval Kyrat? — Oui, je l'ai amené. — Il faut donc que tu trouves pour moi un autre cheval aussi bon que Kyrat. »

Kourroglou voyant les progrès qu'il faisait dans le cœur de la princesse se mit à chanter :

« Humide, humide est la neige que l'on voit au sommet des grandes montagnes ! Tes yeux brillants soufflent la fraîcheur sur mon cœur embrasé ! Mon cher amour est couvert d'habits couleur de rose ; elle est tout entière d'une teinte rose. L'eau qu'elle boit est aussi pure que l'azur du ciel. Ses yeux sont enivrés d'amour et de vin.

« Je suis Kourroglou. Ne suis-je pas libre de me promener dans ces bosquets ? Je ne puis marcher en liberté dans le monde, car le monde est trop étroit pour moi. »

Kourroglou ayant combiné son plan avec la princesse, reprit ses habits de mollah et sortit du harem comme il y était entré. Il fut arrêté à la porte par les gardes, qui lui dirent : « Saint homme, puisque tu as accès auprès de la princesse, commande-lui, au nom du ciel, de nous faire toucher notre paie ; car, depuis le départ du sultan son père, nous n'avons pas reçu une obole.

— Je vous jure que je vous ferai payer, dit Kourroglou, et, en attendant, pour lui marquer votre mécontentement, vous devez abandonner vos postes, et vous refuser à escorter la princesse. »

Ayant donné cet avis charitable, le fourbe retourne chez sa vieille hôtesse, et va ensuite acheter au bazar un beau poulain de trois ans, le ramène à l'étable, prépare lui-même la selle, et, au lever du soleil, en entendant les trompettes sonner pour annoncer une promenade de la princesse hors la ville, il paie magnifiquement sa vieille, lui conseille de se cacher afin de n'être point persécutée à cause de lui, et monté sur Kyrat, suivi par le poulain attaché à son étrier, il s'en va sur la route attendre Nighara, qui bientôt arrive dans son chariot. Il l'enlève des bras de ses femmes, la met en croupe et s'enfuit avec elle dans le désert. Là, tombant de fatigue, il s'étend sur le gazon et cède au sommeil. La princesse lui demande s'il compte dormir longtemps. « Mon sommeil est de deux sortes, lui dit-il. Le plus court est de trois journées, le plus long est de sept journées. Mais écoute, ma bien-aimée. Kyrat a le don de pressentir l'approche de mes ennemis. Quand l'ennemi se met en route pour me poursuivre, Kyrat hennit ; quand l'ennemi est à moitié chemin, Kyrat devient inquiet et souffle avec ses narines ; quand l'ennemi est tout près de se montrer, Kyrat gratte la terre et l'écume lui vient à la bouche. » La princesse se plaint vainement du long somme dont son amant la menace en plein désert et au milieu des dangers. Il faut que Kourroglou dorme ou qu'il périsse ; à cette robuste organisation il faut un repos semblable à celui de la mort. Elle examine Kyrat avec inquiétude, et quand elle a vu signaler le départ et la marche de l'ennemi, quand elle a remarqué ses sabots grattant la terre et sa bouche couverte d'écume, elle éveille Kourroglou, ainsi qu'elle a été avertie par lui de le faire. Aussitôt il se lève, rattache les sangles de son coursier, fait monter Nighara sur l'autre, et attend de pied ferme le jeune sultan Burji, qui accourt à la délivrance de sa sœur Nighara. Kourroglou, par ses terribles chansons, porte l'épouvante dans le cœur des guerriers du prince, et bientôt, s'élançant au milieu d'eux, il les disperse comme un troupeau de gazelles. Mais Burji-Sultan, résolu à reconquérir sa sœur, s'élance seul contre lui. « Que faire ? dit Kourroglou dans son cœur ; si je tue le frère de ma bien-aimée, elle ne me le pardonnera jamais et remplira ma vie d'amertume. » Nighara se prend à pleurer. « O Kourroglou ! je n'ai qu'un frère, ne le tue pas. — Mon amie, ne crains rien, » dit Kourroglou. Et, s'adressant au prince : « Le chef de tes écuries ne gagne pas le pain qu'il mange ; il n'a pas seulement serré les sangles de ton cheval. Je t'avertis que tu roules sur la selle. Descends et raccourcis tes sangles, tu combattras ensuite contre moi. »

Le Turc crédule descend pour arranger sa selle. Pendant ce temps, Kourroglou s'approche avec précaution, le renverse, s'assied sur lui et feint de vouloir le tuer. Burji pleure et se lamente : « Le sultan mon père n'avait qu'une fille et un fils ; tu enlèves l'une, tu vas tuer l'autre. Toute la famille va être éteinte. — Je t'accorde la vie à condition que tu me donnes ta sœur en mariage. Je suis aussi savant qu'un mollah ; j'ai lu les sept volumes des commentaires arabes sur le Koran ; je sais par cœur toutes les formules usitées dans les mariages. » Le prince prononce avec lui la prière nuptiale consacrée par le Koran, et lui accorde sa sœur. Kourroglou le relève, l'embrasse au front, et lui dit : « Désormais, au nom et par l'autorité du sultan Murad ton père, je gouverne et règne à Chamly-Bill. Où aurait-il trouvé un meilleur parti pour sa fille ? »

En continuant leur route vers Chamly-Bill, Kourroglou et Nighara traversent encore quelques aventures. Ils pénètrent dans le camp d'un jeune Européen qui tombe amoureux de Nighara, et veut l'enlever à son époux. Kourroglou est forcé de détruire sa suite et de piller ses trésors ; il est même au moment de le tuer pour lui apprendre à vivre, lorsque Nighara, touchée de l'amour de ce jeune homme, le fait sauver, et menace Kourroglou d'avaler un poison mortel caché dans l'anneau qu'elle porte au doigt s'il n'abandonne pas sa poursuite. Kourroglou se soumet, et continue son voyage avec elle. Nighara montait à cheval aussi bien que lui-même, et pouvait fournir une course aussi hardie, aussi rapide que la sienne. Ils surprirent une caravane, se firent payer une riche redevance, et là, encore, Nighara obtint grâce de la vie pour le marchand.

Elle blâmait beaucoup son époux de commettre toutes ces violences. Il lui répondit avec la franchise d'un honnête Turcoman : *Je ne laboure ni ne trafique ; il faut donc que je vole.* L'argument était sans réplique. Enfin ils atteignent les portes de Chamly-Bill. Les brigands vinrent à leur rencontre avec des acclamations, des chants et des décharges de mousqueterie. « Guerrier, dit la princesse à Kourroglou, lequel d'entre eux est Ayvaz? Montre-le-moi.

Improvisation de Kourroglou :

« Regarde ici, mon cher amour : ce cavalier est Ayvaz. Regarde-le, et préserve mon âme du lit de feu de la jalousie. Regarde, voilà Ayvaz ; mais ne tombe point amoureuse de lui. Dans sa main étincelle un bouclier hezzare. Le miel de l'éloquence est sur sa langue ; et *la ligne du pinceau de la main du Tout-Puissant* est sur l'arc de ses sourcils. Regarde ; mais n'en tombe pas amoureuse. Ce n'est qu'un garçon de quatorze ans. Une plume de grue est sur sa tête. Ce cavalier est Ayvaz, oui, Ayvaz lui-même. »

Il présenta alors son épouse à ses compagnons en leur disant : « Nous devons tous l'honorer, elle est la fille du sultan de Turquie ; » et Nighara s'étant assise sur le seuil de la porte de la forteresse, les sept cent soixante-dix-sept cavaliers de la garde sacrée de Kourroglou se prosternèrent devant elle. « O Dieu ! s'écria Kourroglou, sois béni et ton nom glorifié ! Je dois à ta seule bonté d'avoir réalisé mes plus chères espérances. ! » Il frappa les cordes de sa guitare et chanta ainsi :

« Les nuages de l'adversité ont été dissipés par la foi de Kourroglou. Ils se sont évanouis comme la brume du matin. Voici mon Ayvaz. »

Nighara fit son entrée couchée sur les riches coussins d'un palanquin d'honneur. Toutes les femmes et toutes les esclaves de Kourroglou vinrent à sa rencontre, et l'introduisirent respectueusement dans le harem. Belly-Ahmed fut tiré de sa prison et récompensé par un des premiers grades dans la troupe. Ce même jour, on célébra le mariage de Kourroglou et celui d'Ayvaz, auquel le maître donna une femme. Les musiciens, danseurs et jongleurs vinrent en foule. Le vin coula par torrents, et il coule encore à cette heure, dit ordinairement le *khan* pour clore cette rapsodie.

SIXIÈME RENCONTRE.

Dans un des districts de l'Anatolie vit une grande tribu de nomades connus sous le nom de Haniss. Elle est composée de trente mille familles qui sont toutes riches et qui habitent un pays magnifique. Chacun de ces chefs consacre sa vie à quelque objet favori. L'un aime les beaux vêtements, un autre préfère les femmes, et un troisième est passionné pour les chiens de chasse ou les faucons. Leur chef, Hassan-Pacha, aimait les chevaux par-dessus tout. Quand il entendait parler d'un beau cheval, il n'épargnait ni argent ni peine pour se le procurer.

Un jour, Hassan-Pacha vint dans ses écuries, et, après avoir examiné plusieurs de ses chevaux, il dit à son vizir : « Certainement, aucun roi, dans les cinq parties du monde, ne peut se vanter d'avoir une écurie comme celle-ci. » Le vizir répliqua : « Aucun roi, il est vrai, n'a d'écurie comme celle-ci; mais Kourroglou a un cheval à Chamly-Bill, du nom de Kyrat, et Keyvan lui-même, celui qui gouverne les sept cieux, ne possède pas son pareil. — O mon vizir ! je suis prêt à donner tout ce que j'ai pour acquérir ce joyau. — Pacha, ce n'est pas chose facile. Kourroglou ne manque pas d'argent, et il n'y a aucune possibilité de lui prendre son cheval de force. — Vizir, à l'homme qui m'amènera ce cheval je donnerai la moitié de mon pouvoir; s'il dit: « Ce n'est pas as-« sez, » je lui donnerai la moitié de mes richesses; et si cela même ne le centente pas, j'ai sept filles, il aura la liberté de choisir la plus belle pour sa femme. Va, et fais proclamer à son de trompe, dans la direction des quatre vents, à tous les camps de notre tribu, l'ordre suivant : « Qu'il soit bey ou mendiant, vieux ou jeune, il sera mon gendre celui qui m'amènera Kyrat. »

Il y avait dans la tribu de Haniss un certain marmiton nommé Hamza, dont la tête et les sourcils étaient chauves, et qui était marqué de petite vérole. Cet homme, ayant entendu la proclamation, accourut auprès du vizir nu-pieds et à peine vêtu. « Que proclame-t-on ainsi, vizir ? — Qu'est-ce que cela te fait, à toi, vilaine tête chauve ? — Je demande seulement de quoi il s'agit ? » Le vizir le mit au fait, et ajouta : « L'homme qui réussira sera riche. — Qu'ai-je besoin d'argent ? dit Hamza; douze livres d'écorce de melon d'eau que l'on me donne à manger chaque jour dans les cuisines suffisent à mon appétit. » Le pacha promet de partager son pouvoir et ses richesses, et de donner l'une de ses sept filles pour femme à celui qui lui amènera Kyrat. Aussitôt Hamza dressa les oreilles. « Vizir, j'ai vu les sept filles du pacha; mais s'il consentait à me donner la plus jeune... — Celui qui amènera le cheval aura le droit de choisir. » Hamza se frappa la poitrine avec ses deux mains, et dit : « Regarde-moi, regarde-moi; je suis l'homme qui choisira. — En vérité ? dis-moi comment, par exemple. — Le pacha aura Kyrat; mais il faut que tu me conduises d'abord en sa présence. » Le vizir pensa : depuis tant de jours que nous faisons publier cette proclamation, il ne s'est encore trouvé personne qui voulût en profiter. Voici le premier et le dernier ; il faut le faire voir au pacha.

Hamza fut introduit devant le pacha. « Est-ce toi, pauvre tête fêlée, qui as promis de m'amener Kyrat ? — Moi-même ; mais que me donneras-tu pour cela, pacha ? — Je te donnerai la moitié de mes richesses. — Je n'ai pas besoin de richesses. — Je te donnerai la moitié de mon pouvoir. — Je n'ai pas besoin de ton pouvoir ; qu'en ferais-je ? — Tu choisiras celle de mes filles que tu voudras. — Pacha, je ne puis croire à tes paroles. — Que puis-je faire de plus pour te convaincre ? — Jure, en baisant le Koran, que, dans le cas où tu violerais ta parole, tu divorceras d'avec chacune de tes sept femmes. » Le pacha en fit le serment. Hamza lui dit : « Je suis depuis longtemps amoureux de la plus jeune de tes filles ; si je perds la vie dans cette expédition, je n'en aurai nul regret ; si, au contraire, je ramène le cheval, j'aurai ta fille. » Le pacha dit : « Tu l'auras ; » et il baisa le Koran.

Hamza partit en hâte pour Chamly-Bill, où l'arrivée d'un pauvre diable comme lui fut à peine remarquée. Après un mois de séjour dans ce lieu, il pensa dans son cœur : « Tâchons de pêcher Daly-Ahmed avec l'hameçon de l'amitié. Je trouverai peut-être ainsi moyen de m'introduire dans l'écurie. » Il entra alors dans la cour de l'écurie avec circonspection et à pas lents. Après avoir déchiré sa chemise sur sa poitrine, il ramassa un tas de fumier ; et, se jetant dessus, il se mit à pleurer et à gémir à haute voix. Les larmes coulaient de ses yeux comme la pluie d'un nuage. Daly-Mehter, écuyer de Kourroglou, passait justement de ce côté ; il vit un malheureux, tout nu et en larmes, assis sur ce tas de fumier. Son cœur fut ému de pitié. Tout le monde sait que les fous [1] sont très-portés à la pitié : « Pourquoi cries-tu

1. Par allusion à la signification littérale du mot *daly*, fou, tête faible

ainsi, tête chauve? » Hamza répondit : « Puissé-je devenir ton esclave! Je suis orphelin et étranger; grâce à la laideur de mon front chauve, personne ne veut me prendre à son service. Je désirerais pourtant trouver un maître qui pût me donner un morceau de pain. » Daly-Mehter pensa : « Tout le monde vit du pain de Kourroglou; je prendrai cet homme à l'écurie, et je le nourrirai. » Pour commencer, il releva ses manches jusqu'au coude; et, remplissant un vase d'eau chaude, il lava la tête d'Hamza, et, l'ayant nettoyé entièrement, il lui donna ses vieux habits pour se vêtir. Hamza le chauve montra tant de zèle et d'habileté dans son service, que la raison de Daly-Mehter lui échappait d'étonnement. Un des deux meilleurs chevaux de cette écurie était Kyrat, qui était attaché, par une jambe, à une chaîne dont Kourroglou portait toujours la clef dans sa poche. L'autre, monté habituellement par Ayvaz, se nommait Durrat. Ce cheval était aussi attaché séparément, et la clef de son cadenas était dans la poche de Dahly-Mehter.

Toutes ces circonstances furent bientôt connues de Hamza, qui commença à désespérer de pouvoir jamais s'emparer de Kyrat. Kourroglou vint un jour à l'écurie, et trouva Daly-Mehter endormi. Il regarda, et vit un misérable en guenilles et à tête pelée, qui étrillait Kyrat avec une brosse et un morceau de drap. Kourroglou et Hamza ne s'étaient jamais vus auparavant. Kyrat était tendu comme un arc, sous la pression de la puissante main de Hamza; et sa robe était toute luisante, par le fait de son excellent pansement. Kourroglou trembla de toutes ses jambes, et pensa dans son cœur : « L'homme sous le bras duquel Kyrat est plié ainsi ne peut pas être un homme ordinaire. » Il cria : « Chien pelé, tu vas emporter la peau du cheval : est-ce là la manière de l'étriller? » Hamza prit un gros marteau de fer dans une niche, et, le levant sur Kourroglou, il cria : « Que viens-tu faire dans cette écurie? Va-t'en, vagabond. » Car, il lui avait été enjoint par Daly-Mehter de ne permettre à personne d'entrer dans l'écurie. Kourroglou dit : « Fou, comment oses-tu lever ta main sur moi? » Daly-Mehter fut tiré de son sommeil par ce bruit. Il se releva, et salua son maître : « Quel est cet homme que tu as engagé à mon service? — Puissé-je devenir ta victime! Des milliers de gens vivent de ton pain. Cette tête chauve est très-habile et très-adroite, et peut, aussi bien que tant d'autres, profiter de tes largesses. — Je ne refuse mon pain à personne; qu'il en mange autant qu'il voudra; mais, à juger de ses jambes et de toute son allure, je n'attends rien de bon de lui; il a l'air d'un voleur de chevaux. — Oh! non, seigneur; s'il était de fer, on ne pourrait faire plus de cinq aiguilles de ce pauvre diable! »

Hamza comprit alors que c'était là Kourroglou, il jeta son marteau à terre, et, dans sa terreur, il courut se cacher sous le bât d'une mule. Kourroglou, avant de quitter l'écurie, dit à Daly-Mehter : « Attache toujours un œil vigilant sur mon cheval; ne donne ta confiance à personne. » Il ne poussa pas plus loin cette enquête.

Plus Hamza restait attaché à l'écurie, plus il reconnaissait l'impossibilité de voler Kyrat. Il dit donc dans son cœur : « Si ce n'est Kyrat, ce sera au moins Durrat. Le premier est père du second, et sa mère était une jument arabe. Hassan-Pacha ne les a jamais vûs ni l'un ni l'autre : il me croira, il me donnera sa fille; et s'il arrive jamais à connaître la vérité, il ne me l'ôtera pas, après que je l'aurai épousée. »

Pendant la nuit il apprêta la selle de Durrat et tous les harnais qui en dépendaient. Daly-Mehter était ivre quand il revint du palais de Kourroglou, et voyant que Hamza pleurait amèrement, le visage appuyé sur ses

mains, comme s'il était devenu veuf, il demanda :
« Qu'as-tu, Hamza ? — Seigneur, comment puis-je m'empêcher de pleurer ? Chaque nuit tu vas avec Kourroglou boire du vin rouge, et tu ne t'es jamais dit : Apportons-en quelques gouttes au pauvre orphelin. Hélas ! qu'est-ce que cela, du vin ? je n'en ai jamais vu. Est-ce doux ou acide ? »

Daly-Mehter se leva, prit le bidon de l'écurie, et s'en fut au cellier de Kourroglou. Ayant rempli le bidon, il le rapporta, le mit devant Hamza et lui dit : « Bois, tête chauve. » Hamza remplit un vase jusqu'au bord, et le tendit à Daly-Mehter. « Seigneur, essaie le premier ; que je voie comment tu bois. » Daly-Mehter vida le vase jusqu'à la dernière goutte, et dit : « Voici la manière de boire. » Hamza remplit le vase à son tour, et, l'ayant approché de ses lèvres, il donna une secousse si adroite, qu'il répandit tout le breuvage par-dessus son épaule, sans que Daly-Mehter s'en aperçût. De cette manière, il grisa si bien l'écuyer, que ce dernier à la fin tomba comme mort sur le plancher. Hamza dit dans son cœur : « Il n'est pas convenable que je me montre sous ces haillons. » Il ôta donc ses vieux habits, et ayant dépouillé Daly-Mehter, il changea de vêtements avec lui. Il trouva dans la poche de l'ivrogne la clé de la chaîne de Durrat, conduisit le cheval hors de l'écurie, lui mit la selle sur le dos, et s'en fut comme une étoile filante sur la route qui conduisait au camp de la tribu de Haniss.

Kourroglou vint de bonne heure à l'écurie ; il n'avait point de ceinture, car il sortait du harem. Il regarda et vit Kyrat à sa place ordinaire, mais Durrat avait disparu. Il devina tout de suite que la tête chauve l'avait volé. Il appela l'écuyer. Daly-Mehter se releva, se frotta les yeux, et salua. « Vilain, que signifient ces haillons que je vois sur toi ? Quel est ce tour de jongleur ? »

Le pauvre écuyer regardait ses habits, et n'en pouvait croire ses yeux. « Où est Durrat? — Seigneur, Hamza doit l'avoir emmené pour le promener ou le faire boire. — Ne te disais-je pas, que c'était un voleur de chevaux? Vite, que l'on selle Kyrat! »

Kourroglou, armé, monta au sommet de la plus proche montagne, sur laquelle ses sentinelles avancées étaient postées; il examina le pays, à l'aide d'un télescope, jusqu'à ce qu'il découvrit enfin le fuyard. Il le vit volant comme une flèche vers ses tentes.

Il fut transporté de rage et rugit sur la montagne : « Misérable voleur, où fuis-tu, où fuis-tu? Tu peux aller aussi loin que Stamboul; je t'y suivrai, et je m'emparerai de toi. »

La voix de Kourroglou, quand il était en colère, pouvait s'entendre à un mille de distance. Hamza la reconnut de loin, et dit : « O père céleste, la vie est douce : Malheur, malheur à moi! » Il regarda devant lui, et vit un village à peu de distance. Il dit dans son cœur : « Si je pouvais gagner ce village, mon âme pourrait encore être sauvée. » On voyait un profond ravin à l'entrée du village. « Qui peut dire, pensa Hamza, si, avant que j'aie atteint ce village, Kourroglou n'aura pas *brûlé mon père!* »

Au fond du ravin se trouvait un moulin; le meunier était absent, et les roues restaient oisives. Hamza y courut, attacha la bride de Durrat à la porte, et entra dans le bâtiment désert. Là, il trouva la robe du meunier qu'il mit sur lui, et il se frotta de farine de la tête aux pieds.

On sait que lorsqu'un homme a fait une course rapide, ses yeux sont comme couverts d'un brouillard, et que sa vue n'est pas très-claire pendant quelque temps. Kourroglou ne reconnut pas Hamza, et demanda : « Meunier, où est le cavalier qui monte le cheval attaché à ta porte?

— O mon agha! le cavalier s'est précipité ici, saisi d'une telle crainte, qu'il a couru se cacher sous la roue. »

Kourroglou, tout tremblant de rage, descendit de cheval : « Tiens mon cheval. » Il tira alors son poignard, et courut à la recherche du voleur. Kyrat avait cette qualité, qu'il obéissait en toute chose à quiconque le recevait en dépôt de la main de Kourroglou. Il se laissa guider comme un enfant. Hamza, qui n'était pas sot, jeta la robe de meunier à bas, et sauta sur Kyrat. Il essaya d'un temps de galop, et revint attendre tranquillement Kourroglou, qui, ayant tourné sens dessus dessous tout ce qu'il y avait dans le moulin, et n'y trouvant pas une âme, sortit et vit Durrat à la porte. Aux pieds de Durrat, la robe du meunier gisait par terre; un peu plus loin on voyait le victorieux Hamza sous sa propre forme, monté sur Kyrat. Il pensa dans son cœur : « J'ai fait là un marché capital! plaise à Dieu que je ne le regrette pas quand il sera trop tard! » Et il s'écria : « Hamza-Beg! — Quel est ton plaisir, noble guerrier? — Nous allons revenir à la maison, mais nous irons au pas, les chevaux sont fatigués. — Où dis-tu que tu veux aller? — A Chamly-Bill. Tu m'as offensé sans raison; et je suis venu te chercher en personne. — Ne plaisante pas davantage, Kourroglou. J'ai cherché le cheval dans le ciel, mais, Dieu soit loué, je l'ai trouvé sur la terre. Tu as daigné me faire présent le Kyrat, de ta propre main. Puisses-tu jouir d'une vie et d'un bonheur sans fin! Seulement ne me demande pas de te suivre. — Je t'en conjure, je t'en prie, Hamza, je deviendrai ton esclave! Dis, sont-ce des richesses, un cheval, une femme, que tu convoites? Guerrier, je te jure que tu auras toute chose en abondance. Tu as le choix; tout ce que je possède t'appartient. — Je ne serai pas la dupe de ta ruse. Ce que je désire ne t'appartient pas : je te ferai connaître la vérité. J'aime la plus jeune des filles de Hassan-Pacha, qui a promis de me la donner pour femme, en échange de Kyrat. Depuis six mois et plus, je languissais de désespoir à Chamly-Bill. Maintenant regarde, j'emmène Kyrat, et tu es toi-même la cause de mon bonheur. Puisses-tu vivre heureux et longtemps! Je m'en vais prendre femme. — Hamza-Beg! rends-moi seulement le cheval, et je t'apporterai sur mon sabre la tête de Hassan-Pacha. — Ce serait une conduite basse de ma part; quelle preuve de courage montrerais-je aux yeux de ma fiancée? »

Les prières et les promesses de Kourroglou ne servirent à rien. Hamza jura par la plus pure essence de Dieu qu'il ne rendrait pas le cheval. Kourroglou poussa un profond soupir du fond de sa poitrine, et dit : « Hamza-Beg! permets-moi de chanter un air qui me vient à la mémoire. »

Improvisation. — « Sans Kyrat, la vie et le monde ne sont qu'un fardeau pour moi. Pauvre Kourroglou! maintenant que Kyrat a quitté tes mains, tu dois te frapper la tête de douleur, Kourroglou! »

Hamza regardait Kourroglou pendant que celui-ci continuait de chanter ainsi :

Improvisation. — « Tu as dû demander Kyrat à Dieu même. La queue de Kyrat était un bouquet de fleurs. Monter sur lui c'était monter le bonheur en personne. O Kourroglou! que Dieu te le rende! Je me noie dans une mer profonde; le chagrin de la perte de Kyrat se pose comme une pierre sur mon âme, et m'entraîne dans l'abîme. Je suis un paysan, un meunier, loin de moi cette épée, Kourroglou, tu devras maintenant crier « du blé, du blé [1]! »

---

1. C'est un cri par lequel les menniers sur la plate-forme de leur moulin font connaître qu'ils n'ont plus rien à moudre.

Kourroglou avait l'air d'un fou, il disait : « Sans Kyrat je ne mérite pas d'être un guerrier. »

Hamza dit : « O Kourroglou ! tes paroles ont brûlé mon foie. Va à Chamly-Bill, et demeure en repos pendant six mois. A la fin de ce temps, tu peux prendre l'habit d'un Aushik [1], et venir au camp de la tribu de Haniss. Je vais y mener Kyrat, et j'épouserai la fille du pacha ; mais je te jure que de même que j'ai reçu Kyrat de tes propres mains, de même je te rendrai de mes propres mains les rênes et le cheval. — Comment puis-je savoir, ô Hamza-Beg, si tu es sincère ou non dans tes paroles ? — Je jure par le plus pur être de Dieu. J'ai l'âme noble, et je te le répète encore, je conduirai moi-même Kyrat par la bride, et je te le rendrai. »

Cela dit, il tourna la tête de Kyrat, et s'en fut vers le camp de la tribu de Haniss. Kourroglou contempla son bien-aimé cheval jusqu'à ce qu'il eût disparu dans l'éloignement. Triste, et les yeux baissés, il retourna sur ses pas et monta sur Durrat. Tous les bandits étaient sortis de Chamly-Bill afin de voir quelle figure ferait Hamza, ramené par Kourroglou ; mais quand ils virent leur chef seul et monté sur Durrat, ils se dirent entre eux : « Kourroglou aura été attrapé par cette adroite tête pelée. » Ils eurent peur de la colère de Kourroglou, et se dispersèrent dans toutes les directions. Chacun d'eux, comme un rat, se cacha dans quelque trou. Ayvaz seul fut assez hardi pour parler, et dit : « Agha, tu as fait un bon marché ; Durrat pour Kyrat ! As-tu pris le voleur ? — Va-t'en, sot enfant ! » Le jeune homme effrayé s'éloigna.

Kourroglou s'en fut dans le harem, et, pendant les six mois qui suivirent, il ne bougea pas de la chambre de

---

1. Chanteur improvisateur.

Nighara. Au bout de ce temps, il dit : « Nighara, Hamza m'a fait une promesse : il faut que j'aille là-bas et que j'y meure ou que je revienne avec Kyrat. »

Il se leva, revêtit l'habit d'un Aushik, et, après avoir pris congé de sa femme, il partit.

En s'approchant du camp des Haniss, il se préparait à passer une large rivière, quand il remarqua sur le sable la trace des pieds d'un cheval qui l'avait franchie en un saut, d'une rive à l'autre. Il dit dans son cœur : « Nul cheval au monde, excepté mon Kyrat, ne pourrait accomplir une chose semblable. Hamza a dû venir ici avec lui. »

Étant entré dans le camp, il mit un temps considérable à faire le tour des tentes nombreuses et des cordes tendues qui en marquaient les limites. Fidèle à son rôle, il chantait tout le temps de sa plus belle voix, charmant et égayant tous ceux qu'il rencontrait; et toutes ses chansons étaient à l'éloge du cheval.

Cette nouvelle parvint bientôt aux oreilles du pacha; ce seigneur était de mauvaise humeur, parce que depuis le jour où Kyrat lui avait été amené par Hamza, il n'avait pu encore monter ce cheval, qui était attaché dans l'écurie et ne souffrait pas que personne s'approchât de lui, si ce n'est Hamza-Beg. Le pacha ordonna que Kourroglou fût amené en sa présence. Il lui fit un accueil gracieux, et lui permit de s'asseoir dans sa tente. « On dit que tu es habile dans l'art de louer les chevaux : tu arrives justement dans un lieu où tu peux voir une écurie qui n'a pas sa pareille dans tout l'univers. » Kourroglou eut peur que Hamza-Beg ne le trahît; il regarda, et, voyant que ce dernier était absent, il chanta l'éloge suivant :

Improvisation. — « Laissez-moi chanter l'éloge d'un cheval arabe. Sa crinière doit être comme si elle était de fils de soie; ses pieds ne doivent pas être charnus. Ils sont exactement entourés de peau; ses sabots ont l'air d'avoir été tournés ; ses fers ne doivent pas peser plus d'un okha d'argent; il doit être robuste et d'une taille moyenne; son cou doit être long, mince et uni comme un ruban. Quand on le sort de l'écurie, il bondit et se joue de mille manières. » — Bravo, Aushik ! cria le pacha, je n'ai jamais entendu louer le cheval avec tant de *méthode*. Le célèbre Kyrat qu'Hamza-Beg m'a amené possède toutes les qualités que tu as énumérées; mais de quel usage est-il pour moi? Il est si méchant et si fou, que je ne puis pas le monter.

Kourrouglou dit : « Longue vie au pacha ! un cheval fou est le meilleur à monter. — Pour quelle raison? »

Kourroglou chanta ainsi :

Improvisation. — « Un noble cheval marche hardiment, comme s'il cherchait à renverser son cavalier. Il secoue ses oreilles et tire si fort les rênes que le cavalier doit le tenir ferme et ne donner aucun repos à ses mains. Le cheval d'un guerrier-bélier doit être fou comme son maître. »

Le pacha appela ses serviteurs : « Faites venir Hamza-Beg devant moi. Je désire qu'il écoute ces belles louanges du cheval. »

Hamza-Beg avait épousé la plus jeune fille du pacha, et il avait été élevé au rang de grand vizir.

Il vint, vêtu d'un riche habit de fourrure ; son turban était du plus beau cachemire, et il avait une suite de trois cents hommes.

Il entra, et, saluant à peine de la tête le pacha, il s'assit sans qu'on le lui dît et s'étendit sur son siége.

Kourroglou fut grandement surpris de voir tant de splendeur et de gravité dans un homme qui, six mois auparavant, n'était qu'un marmiton. Il se leva humblement de sa place et fit un profond salut. Un frisson glacial courut sur toute sa peau, et, en saluant, il plaça la main sur son cœur. Ce geste signifiait : Hamza-Beg! sois miséricordieux et ne me trahis pas! Hamza-Beg, en réponse, plaça la main sur ses yeux, ce qui voulait dire : « Ne crains rien et prends patience [1]! »

Le pacha dit : « Nul doute que l'Aushik ne soit lui-même un bon cavalier. » Il se tourna vers Kourroglou et dit : « Aushik, serais-tu dans le cas de monter mon cheval? » Kourroglou se mit à pleurer et à se plaindre de ce qu'on voulait, sans doute, lui donner quelque cheval fou qui le tuerait et rendrait ses enfants orphelins. Le pacha dit : « N'aie pas peur. Tu auras deux cents tumans de moi. Si le cheval te tuait, l'argent serait remis à ta veuve et à tes orphelins, comme le prix de ton sang. Si tu peux descendre vivant de dessus son dos, je te donnerai l'argent comme récompense. » Kourroglou dit : « Puisse le

---

[1]. La conversation par signes est portée à une grande perfection en Perse. Je me rappelle qu'une fois, pendant ma visite à un certain beglerberg, on lui amena un coupable qui ne voulait pas avouer sa faute. Le beglerberg ordonna d'apporter les fouets et les falaka. « Je jure que je suis innocent », s'écria l'accusé, croisant sur sa poitrine ses deux poings fermés avec un seul doigt levé en avant. Les exécuteurs étaient prêts, regardant le beglerberg, qui, de son côté, fixait les yeux sur la poitrine de l'accusé : « Tu es coupable, drôle, s'écria-t-il. — Sur ta tête bienheureuse, je suis innocent », répondit l'accusé, croisant ses poings comme auparavant, avec cette différence qu'il y avait deux doigts au lieu d'un projetés en avant. Ils continuèrent ainsi, l'accusé après chaque menace du beglerberg, croisant ses mains sur sa poitrine avec toujours plus de doigts levés. Enfin, quand après une nouvelle protestation, il eut mis ses mains sur sa poitrine avec tous les doigts étendus, le beglerberg dit : « Allons, laissez-le aller. Peut-être est-il réellement innocent. Retourne à ta maison, et fais que je n'entende plus de plaintes contre toi. » Quand je quittai la maison du beglerberg, je remarquai que mes domestiques riaient et chuchotaient entre eux, et j'obtins d'eux l'explication suivante : l'accusé avait fait d'abord entendre au beglerberg qu'il lui donnerait un tuman, s'il voulait le renvoyer; ensuite il lui en avait promis deux, trois, et ainsi de suite; mais il n'obtint son pardon que lorsqu'il eut promis de payer dix tumans. (*Note de M. Chodzsko.*)

pacha nager dans le bonheur, et puisse son règne être long! Je suis content. Si je meurs, puisses-tu vivre de longs jours, seigneur! » Le pacha donna ordre au vizir d'aller chercher Kyrat.

Le rusé Hamza-Beg pourvut à tout: voyant que Kourroglou n'avait point d'armes avec lui, il réussit, en sellant Kyrat, à cacher une massue sous les housses et suspendit un sabre au pommeau de la selle. Il le brida ensuite et lui noua la queue. Six hommes suffisaient à peine pour conduire Kyrat hors de l'écurie, tant il était devenu gras et sauvage, après six mois de repos. L'écume jaillissait de ses naseaux. Kourroglou vit tout et chanta :

Improvisation. — « O toi que j'ai eu pour la première fois entre mes mains dans le Turquestan, viens, Kyrat, viens, bonheur de ma vie! Tu es tombé entre les mains d'un vilain. Viens, Kyrat, toi la plus chère de toutes les choses de ma vie, viens! J'ai pour toi un mors fait avec quinze livres de fer. Quand tu es courroucé, tu ne touches pas à ta nourriture de trois jours; tu ne bronches pas dans une course de quarante milles. O Kyrat, toi, la plus chère des choses de ma vie, viens! »

La pacha dit : « Aushik, ma patience est épuisée; je t'ordonne de monter ce cheval à l'instant même. »

Kourroglou dit : « Je suis sûr que le cheval me tuera. Béni soit le sel que tu m'as donné; sois le protecteur de mes pauvres orphelins!... — Tu peux te tranquilliser; il ne te tuera pas. Je te recommande à la protection des quatre premiers kalifes. » En disant ces mots, le pacha mit dans le sein de Kourroglou la bourse promise, avec les deux cents tumans. Ce dernier dit : « Longue vie au pacha! » et il alla vers Kyrat. Hamza-Beg lui tendit les rênes de ses propres mains, et lui dit tout bas : « Guerrier, la parole d'un guerrier est une parole. La promesse que je t'ai faite il y a six mois est remplie. » Kourroglou lui dit à l'oreille : « Pour cette conduite généreuse, je te jure, aussi longtemps que j'aurai un morceau de pain, je le partagerai avec toi. » Hamza-Beg dit : « Prends le sabre suspendu à la selle, attache-le à ta ceinture, tu trouveras aussi une massue sous les housses. » Kourroglou monta sur Kyrat, ceignit le sabre, et, tirant la massue, il la fit tourner au-dessus de sa tête. Hamza-Beg recula, comme s'il était effrayé, et se cacha dans la foule. Quand Kourroglou sentit Kyrat sous lui, il devint si joyeux, qu'il perdit toute sa raison et sa présence d'esprit. Il faisait trotter le cheval dans toutes les directions. Le pacha le rappela : « Aushik, donne-moi le cheval; il me paraît très-doux, ce matin : laisse-moi essayer de le monter. » Kourroglou dit dans son cœur : « Je te laisserais plutôt monter sur mon propre cou; » et il ajouta tout haut : « Pacha, permets-moi de te chanter un air, d'abord; ensuite, je descendrai. »

Improvisation. — « Ce cheval peut courir, en un jour, d'Ardibil à Kashan. Qu'importe le sultan, qu'importent tous les pachas à celui qui est monté sur ce cheval? Ce cheval ne s'arrête que tous les trente farsakhs. O toi, bonheur de ma vie, tu es encore à moi.

« Il a franchi une grande rivière; j'ai reconnu l'empreinte de ses pas. Oh! je baiserai chacun de tes sabots, je baiserai tes deux yeux brûlants. Je remercie Dieu de te revoir, ô mon Kyrat, bonheur de ma vie; tu es encore à moi. »

Le pacha dit : « Aushik, fais-le galoper encore une fois, je te regarde comme un habile cavalier. » Kourroglou passa deux fois au galop près de l'endroit où était le pacha. « Bien, maintenant donne-le-moi, je veux l'essayer moi-même. — Pacha, tu ne le monteras pas. »

Le pacha se tourna vers Hamza-Beg, et dit : « Ce fou ne veut pas me rendre le cheval. Si c'était Kourroglou lui-même? » Hamza-Beg répondit : « Comment puis-je le dire? — N'as-tu donc pas vu le bandit durant ton séjour à Chamly-Bill? — Je ne l'ai pas vu. Mes yeux aussi bien que mon esprit ont été occupés tout le temps à trouver quelque moyen de dérober Kyrat. Ce Kourroglou a plusieurs milliers de braves guerriers comme lui; qui pourrait jamais tous les connaître? » Le pacha, tournant son visage vers Kourroglou, dit : « Allons, amène ici le cheval, je veux le monter maintenant. » Kourroglou dit : « Santé au pacha! un air me vient dans la tête; écoute-moi :

Improvisation. — « Une course sur un cheval bai porte toujours bonheur. Le cœur du cavalier met en lui ses délices. Ses genoux sont noirs, son cou vous rappelle le cou du chameau *bagyar* [1]. Le cœur met en lui ses délices. Quand il marche, son pas est comme le pas du chameau *koshak* [2]; quand il est en bon état, son dos doit être aussi large que sa poitrine, et la distance entre ses jambes de derrière est telle qu'un archer peut s'asseoir entre pour tendre son arc. Le cœur met ses délices en lui. »

Le pacha dit : « Tu deviens trop familier, Aushik. Je t'ai déjà dit que nous en avions assez; descends. Je désire monter Kyrat moi-même. » Kourroglou sourit avec mépris, et dit :

« Pacha sans cervelle! je couvrirai ton turban de boue! Comment peux-tu penser à monter ce coursier? il a plus d'esprit que toi. » Le pacha dit : « Hamza-Beg, dis-lui de descendre. — Je le lui ai dit, mais il refuse d'obéir. J'ai peur, en vérité, que cet homme ne soit Kourroglou. Pourquoi lui as-tu donné le cheval? » Le pacha

---

[1]. Espèce de chameau très-estimée en Perse.
[2]. Autre espèce de chameau.

dit : « Allons, vite, descends, Aushik, es-tu sourd? »
Kourroglou dit : « Pacha, je me rappelle un air ; écoute-
moi :

Improvisation. — « Le cheval est à moi. Je ferai
couvrir son précieux dos de housses de soie. Je le ferai
baigner dans toute une rivière de vin rouge. C'est l'élu
de Kourroglou, l'élu entre cinq cents chevaux. Le cœur
met en lui ses délices. Quand le chef des palefreniers,
Daly-Mehter, s'approche de lui, il se lève sur ses jambes
de derrière, et le palefrenier, pour le panser, est obligé
de le frapper sur la bouche avec un bâton. »

« Alors tu es Kourroglou, s'écria le pacha ; j'en remercie Dieu! Je t'ai cherché dans le ciel, et je t'ai trouvé
sur la terre. Je vais te faire mettre en pièces ici, de telle
sorte qu'il ne reste pas de traces de toi sur la terre. »

Hamza-Beg, voyant que la querelle s'échauffait et que
les choses, selon toute apparence, deviendraient pires
encore, se retira pour voir à quelque distance comment
elles finiraient. Le pacha cria : « Hamza-Beg, viens là,
voici Kourroglou! » Hamza-Beg répliqua! « Oui, tu l'as dit;
mais que puis-je faire contre lui? Ne t'ai-je pas conseillé
de ne pas lui mettre le cheval entre les mains? » Le pacha
fut épouvanté, mais il continua d'appeler Kourroglou,
lui ordonnant de descendre. Kourroglou chanta ainsi:

Improvisation. — « Hassan-Pacha, ne te fie pas trop
à ton pouvoir. J'ai plus d'un serviteur qui te vaut. Que
te servira de gravir des montagnes et des rochers? Crois-
moi, le pied de ton cheval ne passera jamais sur mes
chemins. Aghas, sultans! regardez le vaste désert. J'aurai vos corps enveloppés de la tête aux pieds dans la
pourpre du sang. Je vous tuerai tous avant de revoir
Ayvaz. Mes serviteurs portent de lourds djezzaïrs[1] sur

---

1. Longue arquebuse appelée aussi shamtal; elle porte à une grande distance.

leurs épaules. Montrez-moi le héros qui puisse tendre mon arc. Avancez, héroïques béliers! voyons si vous pouvez frapper un bouclier avec vos têtes. Je puis mâcher le fer et le cracher ensuite vers le ciel. Je suis le seigneur de Chamly-Bill et de ses montagnes couvertes sur leurs crêtes de neiges aux mille couleurs. Je compte mille hommes de chaque tribu sous ma bannière. Je puis seul montrer cent mille ingénieuses devises. »

Le pacha commanda alors à ses hommes de le saisir. Kourroglou, sur cela, s'écria : « O Ali! » Et tirant l'épée du fourreau, il fondit sur les nomades, comme un loup affamé sur un troupeau. Des monceaux de cadavres s'élevèrent autour de lui, et le pacha prit la fuite. Kourroglou dit dans son cœur : « Hamza-Beg m'a rendu de tels services qu'il faut que je lui montre ma gratitude d'une manière sensible. Je tuerai son beau-père, afin qu'il règne désormais sur la tribu de Haniss. » Alors, donnant de l'éperon à Kyrat, il atteignit le pacha, et d'un coup de son sabre il lui aplatit le crâne comme la tête d'un pavot. Hamza-Beg vit le sort de son maître, et, ôtant son turban, il se jeta sous les pieds de Kyrat, ce qui signifiait : Nous nous rendons; nous sommes tes prisonniers. Kourroglou dit : « Hamza-Beg, si j'ai tué le pacha, c'était seulement pour faire de toi son successeur. Si dans ton cœur tu as quelque autre désir, dis-le-moi, que je puisse l'accomplir. »

Kourroglou, ayant établi solidement l'autorité de son ami sur les tribus de Haniss, le quitta pour retourner à Chamly-Bill. En passant à travers les camps les plus éloignés, il jeta un regard dans l'intérieur de quelques tentes. Les eunuques en sortirent aussitôt, et lui reprochèrent la hardiesse avec laquelle il se permettait d'examiner l'intérieur des tentes qui formaient le harem de Hassan-Pacha. Kourroglou demanda si la femme de Hamza-Beg était là. « Elle y est, » fut la réponse. « Combien de filles avait Hassan-Pacha ? — Sept ; l'une d'elles est mariée à Hamza ; les six autres ne sont pas mariées. — Amenez-les ici, et faites-les placer en rang ; je désire les voir. » Quand ses ordres eurent été exécutés, il dit : « Celle-là seule peut partir ; c'est la femme d'Hamza-Beg, et elle est pour moi une fille, une sœur. »

Il fit choix de la plus jolie des sept sœurs, et la plaça derrière lui sur sa selle. Il dit à l'eunuque : « Si Hamza-Beg demande ce qu'est devenue la fille du pacha, tu lui diras que Kourroglou l'a emmenée à Chamly-Bill pour son ancien maître, Daly-Mehter. »

Et il s'en alla ainsi de bourgade en bourgade jusqu'à ce qu'il fût arrivé chez lui. Tous les bandits vinrent à sa rencontre. Kourroglou dit à Ayvaz de faire venir Daly-Mehter devant lui, et d'envoyer la fille du pacha dans son propre harem. Aussitôt que Daly-Mehter parut, Kourroglou dit : « Écoute-moi, écuyer, j'ai été irrité contre toi à cause de Kyrat. Faisons la paix. J'ai amené la fille de Hassan-Pacha pour toi. » Alors, se tournant vers Ayvaz, il dit : « Qu'aucune dépense ne soit épargnée. Il faut que tu prépares des noces splendides ; car c'est la fille d'un homme d'un rang élevé ; elle doit être honorée. »

Les cérémonies et les illuminations durèrent pendant sept jours à Chamly-Bill. A la fin du septième jour, la nouvelle femme de Daly-Mehter fut conduite dans sa demeure.

SEPTIÈME RENCONTRE.

L'histoire d'Hamza-Beg a été un peu longue ; mais il nous semble que si la sultane Scheherazade l'eût racontée au sultan Schaariar, il ne s'en serait pas plaint plus que des autres, et n'eût pas fait couper la tête féconde de la belle rapsode, avant d'avoir vu au moins ce qui était advenu de la tête chauve d'Hamza. Maintenant Kourroglou arrive à un épisode de sa vie qui se distingue de tous les autres par sa brièveté et sa couleur sinistre. Il y a un crime dans la vie de ce héros, et à partir de ce moment on voit le signe de la colère divine se lever à son horizon et envahir peu à peu la splendeur de son ciel. Le rapsode n'en fait pas la remarque, il ne dogmatise pas; on voit même qu'il raconte sans figure et sans complaisantes métaphores, comme à regret et pénétré d'effroi, le crime de son héros. Mais l'admirable instinct philosophique qui est dans la conscience des poëtes populaires se révèle dans l'enchaînement des aventures de Kourroglou. Qu'on ne croie donc pas que ce sont des épisodes pris au hasard dans le roman capricieux de sa vie errante. Non; la mémoire populaire est un artiste ingénieux, un poëte qui ne manque pas de profondeur. Au premier coup d'œil, nous avions pensé que la vie de Kourroglou n'était qu'un conte héroïque et comique; mais arrivé à la septième rencontre, et voyant ensuite se dérouler la suite de ses derniers succès, puis de ses imprudences, puis de ses revers et de ses profondes douleurs, enfin de ses infortunes jusqu'à sa mort déplorable, nous avons reconnu que c'était là un véritable poëme, avec son sens philosophique, sa moralité et sa personnification de l'être humain (d'une race peut-être en particulier), dans un individu poétique. Nul doute que Kourroglou a existé, et que le fond de son histoire est authentique: c'est le Napoléon de la race nomade; et s'il est déjà devenu fabuleux, c'est que, pour les esprits illettrés, deux siècles équivalent peut-être à deux mille ans. Mais la tradition fait l'histoire d'après les mêmes règles morales qu'observent les hommes de génie pour l'écrire. Elle comprend qu'un héros n'est qu'une incarnation plus riche de l'esprit

qui anime ses contemporains. Elle ne lui donnera donc
ni vertus, ni vices, ni facultés qui ne soient en rapport
avec ceux de sa race et de son temps. Kourroglou traver
sant les précipices et les fleuves à la course de son cheval,
massacrant à lui seul une armée, mangeant et buvant
comme les héros de Rabelais, est au fond de ce milieu
fantastique un homme très-réel, un caractère très-saine‑
ment développé. C'est ainsi qu'a procédé Hoffmann dans
ses bons jours; c'est pour cela que, parmi de nombreuses
aberrations, il a créé plusieurs chefs-d'œuvre.

Kourroglou était marqué en naissant d'un signe de
grandeur. Il avait de grandes choses à faire, pour lui-
même et pour sa race : venger le supplice de son père et
affranchir les *vaillants hommes* de son temps du joug
des *sunnites impies*. Mais comme les vaillants hommes
de son temps, il est né téméraire et orgueilleux. Une
ardente curiosité, une vanité secrète l'ont déjà privé d'une
partie des avantages que son père le magicien devait lui
procurer. On se rappelle que ce père, ce magicien (qui,
entre nous, me paraît être une personnification du Destin, tout puissant et aveugle comme lui), lui avait préparé, par ses savantes incantations, un cheval qui l'eût
porté jusqu'au ciel; car il avait des ailes, et c'est un regard d'irrésistible curiosité de Kourroglou qui les a fait
tomber de ses flancs lumineux. Kyrat sera encore le premier cheval du monde, a dit le père; mais ce ne sera plus
Pégase, et ses pieds rapides sont pour jamais enchaînés
à la terre.

Une seconde imprudence de Kourroglou cause l'éternelle douleur et la mort de son père. On se rappelle qu'il
devait lui rapporter dans un vase l'écume d'une source
mystérieuse; mais l'écume le tente, il la boit, et le père
ne reverra plus la lumière des cieux. « A partir de ce
jour, tu n'es plus Roushan, dit le magicien, tu es Kourr-

oglou, le fils de l'aveugle, » c'est-à-dire le fils du Destin, et ce nom sera ta gloire et ta condamnation. Tu as vengé ton père, mais tu l'as laissé périr ; tu seras le plus grand guerrier de ton siècle, mais tu seras maudit ; tu porteras la peine de ton orgueil au milieu de tes prospérités, et, comme ton père, tu finiras misérablement.

Jusqu'ici nous avons vu réussir, comme par miracle, toutes les audacieuses tentatives de Kourroglou. Il a rassemblé mille hommes de chaque tribu, il s'est bâti une forteresse que nul souverain n'ose plus attaquer. Il a enlevé Ayvaz et Nighara, ces deux objets de sa tendresse ; mais Ayvaz le trahira, et Nighara, pas plus que ses sept cent soixante-dix-sept femmes, ne lui fera connaître la joie et l'orgueil de la paternité. Chacune de ses entreprises sera couronnée de succès en apparence, et sera expiée dans l'ensemble mystérieux de sa vie par de poignantes douleurs. On verra bientôt (et on l'a vu déjà par ce cri de l'âme qui lui échappe au milieu de ses plus menaçantes improvisations : *la vie est un fardeau pour moi!*), qu'il pressent la fatalité attachée à tous ses pas. L'orgueil est son mauvais ange, l'orgueil doit le perdre, l'orgueil le rend criminel ; cet orgueil sera châtié. Ses grandes facultés, je ne sais pas s'il ne faut pas dire pour entrer dans l'esprit de la race qui le chante, *ses grandes vertus*, l'ambition, la cupidité, la ruse, la volupté, l'intempérance, la soif du sang, tout ce qui l'a fait grand et heureux parmi les héros de sa race, va l'abandonner peu à peu, parce qu'il a abusé de ces dons du ciel. Je parle comme un rapsode turcoman, faites-moi le plaisir de m'écouter en bons Turcomans ; oui, c'étaient là des dons du ciel ! Il était le plus grand des fourbes. Honte à lui ! il va devenir confiant et sincère, parce qu'une fois il a fait un mauvais usage de sa ruse et de sa prudence. Il dressait des embûches, et l'ennemi ne manquait jamais d'y tomber : gloire à lui! mais une fois il a tendu le piége à celui qu'il devait respecter, et désormais il sera pris dans ses propres filets : malheur à lui! Il était bandit et meurtrier, rien de mieux! Une fois il est devenu assassin : désormais le poignard sera toujours levé sur lui. Malheur au fils de l'aveugle !

Voilà, je crois, le raisonnement qu'il faut mettre dans la bouche du rapsode, pour comprendre la septième rencontre et la suite des jours de Kourroglou. Appelons maintenant l'exemple à notre aide.

Kourroglou avait, comme on sait, l'innocente habitude de détrousser les marchands qui poussaient la folie ou l'insolence jusqu'à lui refuser un modeste tribut de cinq cents tumans en passant sur ses terres. Mais il n'avait pas souvent cet embarras, parce que les riches voyageurs, ayant appris à le connaître, allaient désormais au-devant de ses désirs, et ne se faisaient plus tirer l'oreille pour s'exécuter. Kourroglou était si sûr de son fait, qu'il s'en allait tout seul, déguisé, le plus souvent en aushik (chanteur improvisateur), au beau milieu de la caravane; et quand il s'était un peu diverti aux dépens de ses hôtes, quand il leur avait bien fait peur de l'ogre Kourroglou; quand il leur avait dit : « Seigneurs, prenez garde ! Kourroglou est toujours là où on l'attend le moins; peut-être est-il déjà parmi vous; mais, pour sûr, il y sera bientôt. » Alors le sycophante, en les voyant pâlir, renfonçait sa guitare, levait sa massue, et criait de sa voix de stentor : « Voilà Kourroglou! » Aussitôt les marchands de se prosterner, de se frapper la poitrine, de s'arracher la barbe, et de crier merci! « Guerrier, disaient-ils, nous savons que tu as porté le tribut à cinq cents tumans; mais si tu exiges le double, nous te le donnerons à condition que nous ne verrons pas le visage de Daly-Hassan. »
On se rappelle que ce Daly-Hassan, ancien brigand pour

son compte personnel, vaincu par Kourroglou, s'est attaché à lui par reconnaissance, a grossi son armée par de nombreux enrôlements, et qu'il se distingue dans toutes les entreprises. Mais il paraît que sa cruauté est excessive. Lorsque Kourroglou, toujours fidèle aux lois qu'il a instituées, a répondu aux marchands : « Oh non ! c'est bien assez ! » il revient vers ses compagnons, et Daly-Hassan, qui l'attend au pied de la montagne en léchant ses moustaches comme un tigre qui a soif, lui demande la permission d'essayer le tranchant de son sabre sur ces marauds, afin de leur arracher quelques barils de vin par-dessus le marché. Mais Kourroglou lui répond : « Vous connaissez le proverbe arabe : la justice constitue la moitié de la religion ! » Et il rentre à Chamly-Bill, les poches pleines d'or et le cœur de bons sentiments.

Mais, hélas ! il est arrivé ce jour néfaste où le héros doit être mis à la plus rude épreuve, et où sa vanité doit déchaîner les malédictions suspendues sur sa tête. Il faut suivre ce récit dans l'original.

« Un jour, Mohammed-Beg, de la tribu des Kajars, vint visiter Kourroglou avec douze mille hommes de cavalerie. Ils demeurèrent à Chamly-Bill, buvant et festoyant, jusqu'à ce que les celliers et les cuisines de Kourroglou fussent complétement vides. Le sommelier et le cuisinier vinrent ensemble l'annoncer à Kourroglou, et dirent : « Tes hôtes ont mangé et bu tout ce qu'il y avait ici ; ils n'ont pas même laissé les croûtes ou la lie. »

Kourroglou envoya ses gardes rôder dans le voisinage, et bientôt après, on lui signala une caravane. Il fit seller Kyrat ; et, armé de pied en cap, il se dirigea vers la prairie.

Il regarda et vit une immense caravane campée sur ses pâturages. Tout annonçait que le marchand était un homme puissamment riche. Et dans une tente dressée pour la circonstance, on voyait deux Turcs assis et jouant au trictrac. Kourroglou arriva jusqu'à eux, et dit : « Salam ! » Un des Turcs l'aperçut, et dit : « Homme, descends de cheval ! — Non, je ne veux pas descendre. — D'où viens-tu ? — Eh quoi ! n'avez-vous pu déjà reconnaître Kourroglou ? — Bien, cela est tout à fait différent. Kourroglou est un grand homme ; nous lui paierons un tribut pour le séjour que nous avons fait sur ses terres. » Kourroglou crut que le marchand voulait se débarrasser de lui par une plaisanterie ; car il ne s'était pas levé pour lui témoigner son respect quand le nom de Kourroglou était sorti de ses lèvres. Il se recula, et visant avec sa lance le Turc qui restait toujours assis, il fit cabrer son cheval. Le Turc lui dit alors froidement : « Retiens ton bras, Kourroglou. » La pointe de la lance avait déjà effleuré la poitrine du Turc ; mais Kourroglou retint son cheval et s'arrêta. Le Turc dit : « Tu devrais jeter un voile de femme sur ton visage. Il ne convient pas à des hommes d'agir ainsi. J'ai entendu raconter beaucoup de choses de toi ; mais je t'ai vu maintenant, et tu ne mérites pas ta renommée. Un homme brave donne à son ennemi le temps de se mettre en garde. C'est le rôle d'une femme de combattre sans avertir et de tuer par surprise. Laisse-moi au moins le temps de finir ma partie de trictrac, de prendre ensuite mes armes et de monter sur mon cheval. Nous nous battrons alors en duel. Si je te tue et si je délivre le *collier du monde de tes étreintes rapaces*, des prières seront dites pour ton âme. Si, au contraire, tu réussis à me tuer, tu prendras toutes les richesses et les marchandises rassemblées en ce lieu. »

Kourroglou écouta patiemment, et reconnut la justice de ces paroles. Il attendit donc qu'il plût au marchand de s'armer et de monter à cheval. Quand cela fut fait, le Turc dit : « Kourroglou, tu dois commencer ; tu es libre de m'attaquer de telle manière et avec telle arme qu'il te plaira. »

Kourroglou avait dix-sept armes sur lui, et il fit autant d'attaques différentes ; mais elles furent toutes parées ou repoussées.

Le Turc s'écria : « Viens plus près, prends-moi par la ceinture, et vois si tu peux me faire descendre de cheval. J'aimerais à éprouver ta force. » Kourroglou saisit le marchand à la ceinture et tâcha de le désarçonner ; mais le Turc se tint ferme sur la selle, comme s'il y eût été cousu.

Le Turc dit : « C'est maintenant à mon tour ; laisse-moi te faire éprouver ma force. » Il saisit la ceinture de Kourroglou, et le secoua d'une telle façon, que ce dernier fut sur le point de tomber ; et même un de ses pieds avait déjà perdu l'étrier.

Le Turc, comme s'il dédaignait de profiter de sa victoire, lâcha la ceinture de Kourroglou, quitta son armure, et, descendant de cheval, il invita Kourroglou à entrer sous sa tente et à devenir son hôte.

Kourroglou descendit avec soumission de dessus Kyrat, se glissa dans la tente comme un rat, et prit humblement un siége. Il se sentait si honteux, qu'il osait à peine respirer. Le Turc baissa la tête comme auparavant, et se remit à jouer au trictrac avec son compagnon. Kourroglou vit que le Turc était un homme plein de courage et de noblesse. Fidèle à son habitude de dire en face à l'homme brave qu'il était brave, et au poltron qu'il était poltron, il accorda sa guitare, et chanta au marchand l'air suivant :

Improvisation. — « J'ai demandé à ses esclaves et à ses serviteurs qui il était. Ils ont tous répondu : C'est le seigneur des seigneurs, un marchand guerrier. Il possède plus d'or qu'on n'en peut trouver dans Alep ou dans Damas. C'est le lion du désert. Son coursier est couvert de la dépouille du léopard. Il ne daigne pas jeter un regard sur un ennemi ou sur un ami. J'ai lancé mon cheval contre lui, j'ai levé ma massue au-dessus de sa tête. Le marchand alors a poussé un cri, et s'est élancé de sa place. »

Le Turc sourit, et regarda l'autre joueur d'une manière significative (car il était évident que le chanteur mentait par habitude de se vanter). Kourroglou dit dans son cœur : « Le maudit se raille de moi. » Il reprit ainsi :

Improvisation. — « O mon Dieu, tu l'as créé sans défaut. Il n'est le serviteur que de toi seul ; mais envers tout le reste du monde, il est impérieux et superbe. Il a amassé des montagnes de marchandises, et il s'est reposé. Il a jeté un regard à son compagnon, et il a souri. Il a baissé la tête, et il a joué au trictrac. »

Le Turc dit : « Guerrier Kourroglou, pour ta poésie, je te paierai un tribut de cinq cents tumans. » Kourroglou pensait qu'il n'aurait rien de cet homme qui l'avait vaincu. Aussitôt qu'il entendit parler de cinq cents tumans, son cerveau recouvra la santé ; il fut transporté de joie, et improvisa ainsi :

Improvisation. — « Il a mis sur ses oreilles le bonnet d'un derviche ; sur ses épaules est un manteau d'hermine. Je lui ai chanté un air. Le marchand m'a donné cinq cents tumans pour récompense. »

Le Turc ayant versé l'argent devant le chanteur, il dit : « Voici mon tribu de cinq cents tumans. Si tu veux accepter mon invitation, Dieu merci, nous ne manquons pas de vin ni de kabab. Il y a toutes sortes d'aliments préparés. Si tu ne veux pas venir, et que tu préfères t'en aller, tu es le maître. » Kourroglou dit : « J'aimerais mieux partir, si tu daignais me le permettre. »

Kourroglou, ayant mis l'argent dans sa poche, prit

congé de son hôte, et retourna à Chamly-Bill. Quand les bandits virent l'argent, ils le félicitèrent de sa victoire. Kourroglou dit : « Ne m'insultez pas, chiens que vous êtes! Ce ne sont pas des tumans, mais bien autant de gouttes de mon propre sang. Cét homme m'a vaincu; mais il n'a pas voulu me tuer, et, de plus, il m'a payé mon sang avec cet argent. »

Il ordonna à ses gardes de veiller le moment du départ du marchand et de le lui annoncer.

A partir de ce moment, Kourroglou sent décroître la conscience de sa force; il n'ose plus sortir seul. Quand Ayvaz vient lui dire : « Ne veux-tu pas faire une sortie, seigneur? Nous sommes à la fin de l'automne. Si la neige tombait cette nuit, les routes seraient interceptées, et nous ne trouverions plus de voyageurs à rançonner. Cependant ta caisse et ta paneterie sont vides. J'aperçois une caravane : allons ! » Kourroglou répond : « Retire-toi! le premier marchand était un homme sage, et il n'a pas voulu me tuer; mais un autre peut être fou. »

Kourroglou ne voulait pas confesser devant ses gens qu'il était continuellement tourmenté par l'idée de la supériorité du Turc qui l'avait vaincu. Il résolut de voir encore une fois son heureux adversaire. Après bien des perquisitions, il sut le jour où le marchand devait quitter Erzeroum. Il partit avant lui, et se posta dans une passe de montagnes, de l'autre côté de la ville où passait la route. Le Turc était seul, à cheval, ayant laissé sa caravane derrière lui, à quelque distance. Kourroglou se sentit transporté de fureur; il poussa son cheval sur le marchand, le jeta à bas de sa selle, et coupa la tête de *l'homme renversé*. Il sentit bientôt sa rage se calmer, et, *fâché de ce qu'il avait fait*, il chanta ainsi :

Improvisation. — « Begs, écoutez-moi! Sur le chemin d'Alep, je rencontrai un marchand, je rencontrai un lion affamé. Je soufflais comme la brise du matin. Je me suis placé en embuscade sur sa route, non loin d'Erzeroum ; j'ai coupé sa tête à Erzengan. J'ai rencontré un marchand. »

L'ayant dépouillé de ses vêtements, Kourroglou vit que ce n'était pas un Turc, mais un Arménien, et il chanta :

Improvisation. — « Sa mort m'a délivré de mille maux. Je l'ai acceptée avec délices, comme un bouquet de roses. J'ai dépouillé le corps, et j'ai vu que c'était un Arménien. Oh ! que les montagnes se couvrent de brouillards, que des torrents ruissellent de leurs sommets [1] ! Kourroglou, que ton bras soit desséché ! J'ai rencontré un marchand. »

Cette dernière strophe, si courte et si bizarre, nous paraît la plus belle et la plus orientale des improvisations de Kourroglou. Elle a la concision mystérieuse du style biblique. L'âme coupable s'y dévoile en voulant cacher sa honte et son effroi sous des métaphores. L'orgueil blessé, la colère, la vengeance toujours vivante dans lo

[1]. Pour laver le déshonneur d'avoir traîtreusement attaqué l'homme sans défense. Les Persans haïssent, à cause de quelques différences de religion, les Turcs sunnites, plus encore que les chrétiens, s'il est possible. De sorte que Kourroglou cherche une consolation dans la pensée qu'il a trouvé que son supérieur à tous égards n'était pas un sunnite, mais un Arménien. (*Note de M. Chodzko.*)

Cet Arménien est évidemment le plus grand personnage du roman de Kourroglou : et n'est-il pas remarquable que ce héros, si supérieur à Kourroglou lui-même par son sang-froid, son courage, sa force et sa générosité, soit resté chrétien dans l'imagination des rapsodes? Est-ce seulement par excès de haine contre les sunnites qu'on lui attribue un si grand rôle? Dans un autre endroit, nous avons vu la princesse Nighara s'attendrir très-particulièrement, jusqu'à vouloir se donner la mort, pour un voyageur européen que Kourroglou menaçait de sa fureur. Il faut bien que dans ces têtes poétiques de l'Orient le chrétien soit un être supérieur, en dépit de la répulsion fanatique.

cœur du meurtrier, entonnent le chant du triomphe ; les méchantes passions acceptent la mort de l'homme juste et généreux *comme un bouquet de roses*. Puis aussitôt le désespoir du maudit étouffe l'hymne impie. *Oh! que les montagnes se couvrent de brouillards!* la nuit descend sur les yeux de Caïn. *Kourroglou, que ton bras soit desséché!* Et le bon refrain si bête et si sombre : « J'ai rencontré un marchand ! » *en dit plus qu'il n'est gros.* Nous connaissons certains refrains romantiques des ballades modernes, qui cherchent le terrible et le naïf, à l'imitation de ces formes populaires. Aucun ne m'a fait l'impression de ce : *j'ai rencontré un marchand*, qui vient si à point, qui résume si bien le souvenir d'une action qu'on ne veut pas s'avouer à soi-même, et qui, ne cherchant ni le naïf, ni le terrible, rencontre l'un et l'autre à la grande honte des faiseurs de nos jours. Kourroglou devait être un grand poëte. Il ne pensait qu'à la rime, et il trouvait l'effet. M'est avis qu'aujourd'hui nous faisons le contraire.

A partir de ce moment, la fatalité s'appesantit sur Kourroglou. Après quelques exploits où ses imprudences le mettent à deux doigts de sa perte et où il succomberait sans l'héroïque secours d'Ayvaz et de ses compagnons, il est fait prisonnier, traîné à la queue d'un cheval, nourri des os qu'on lui jette comme à un chien, enfin attaché à un poteau pour mourir sous le fouet et le bâton. Il échappe pourtant à cette épreuve terrible, mais c'est pour retrouver Chamly-Bill en révolution ; Ayvaz le hait et le maudit comme un tyran, ses meilleurs amis le trahissent et l'abandonnent. Le combat qu'il est forcé de leur livrer est d'une haute poésie épique ; sa douleur, son amour pour Ayvaz, son indignation, touchent parfois au sublime. Enfin, Kourroglou, devenu vieux, s'éprend encore d'une princesse étrangère et veut l'enlever. Surpris et jeté dans un puits, il y devient *si gras*, ce qui, pour un homme tel que lui, est le comble de l'abjection et de la honte, qu'il est retiré de l'abîme et délivré à grand'peine. Mais l'esprit du grand homme est affaibli. Pris par ses ennemis, il finit esclave et aveugle comme Samson, après avoir vu tuer Kyrat sous ses yeux, et dès lors la mort est un bienfait pour lui. Ses derniers chants d'agonie ont encore de la grandeur et le montrent puissant et résigné. Il y a de l'analogie entre la fin de ce poëme et celle de la légende des quatre fils Aymon.

Nous n'avons traduit qu'une faible partie de cette curieuse épopée de Kourroglou. La fin est surtout frappante; mais nous ne voulons pas priver l'amie qui nous a aidé à traduire du plaisir de la donner elle-même au lecteur dans une publication complète.

FIN DE KOURROGLOU.

MYRZA

LE POEME
DE MYRZA

Durant les quatre ou cinq siècles au milieu desquels est jeté le grand événement de la vie du Christ, l'intelligence humaine fut en proie aux douleurs et aux déchirements de l'enfantement. Les hommes supérieurs de la civilisation, sentant la nécessité d'un renouvellement total dans les idées et dans la conduite des nations, furent éclairés de ces lueurs divines dont Jésus fut le centre et le foyer. Les sectes se formèrent autour de sa courte et sublime apparition, comme des rayons plus ou moins chauds de son astre. Il y eut des caraïtes, des saducéens et des esséniens, des manichéens et des gnostiques, des épicuriens, des stoïciens et des cyniques, des philosophes et des prophètes, des devins et des astrologues, des solitaires et des martyrs : les uns partant du spiritualisme de Jésus, comme Origène et Manès ; les autres essayant d'y aller, sur les pas de Platon et de Pythagore ; tous escortant l'Évangile, soit devant, soit derrière, et travaillant par leur dévouement ou leur résistance à consolider son triomphe.

Dans cette confusion de croyances, dans ce conflit de rêves, de travaux fiévreux de la pensée, de divinations maladives et de vertiges sublimes, une nouvelle forme fut donnée à certains esprits, une forme agréable, élastique, qui seule convenait aux esprits éclairés et aux caractères faciles : cette disposition de l'esprit humain qui domine dans tous les temps de dépravation, et chez toutes les nations très-civilisées, nous l'appellerons, pour nous servir d'une expression moderne, *éclectisme*, quoique cette dénomination n'ait pas eu dans tout temps le même sens; nous nous en tenons à celui qu'elle implique aujourd'hui, pour qualifier la situation morale des hommes qui n'appartenaient à aucune religion au temps dont il est question ici.

Parmi ces éclectiques, on vit des hommes d'un caractère et d'un esprit tout opposés, des hommes graves et des hommes frivoles, des savants et des femmes; car cette doctrine, qui consistait dans l'absence de toute règle, accueillit toute sorte de pédantisme et toute sorte de poésie. Les rhéteurs s'y remplissaient l'estomac d'arguments, et les poëtes s'y gonflaient le cerveau de métaphores. L'Inde et la Chaldée, Homère et Moïse, tout était bon à ces esprits avides et curieux de nouveautés, indifférents en face des solutions : heureux caractères qui, Dieu merci, fleurirent toujours ici-bas au milieu de nos lourdes polémiques. Grands diseurs de sentences, sincères admirateurs de la vertu et de la foi, le tout par amour du beau et par estime de la sagesse, vrais épicuriens dans la pratique de la vie, prophètes élégants et joyeux, bardes demi-bibliques et demi-païens, intelligences saisissantes, fines, éclairées, pleines de crédulités poétiques et de scepticisme modeste; en un mot, ce que sont aujourd'hui nos véritables artistes.

Le petit poëme qu'on va lire fut récité, en vers hébraïques, sous un portique de Césarée, par une femme nommée Myrza, laquelle était une des prophétesses de ce temps-là, espèce mixte entre la bohémienne et la sibylle, poëte en jupons comme il en existe encore, mais d'un caractère hardi et tranché qui s'est perdu dans le monde, aventurière sans patrie, sans famille et sans dieux, grande liseuse de romans et de psaumes, initiée successivement par ses amants et ses confesseurs aux diverses religions qui s'arrachaient lambeau par lambeau l'empire de l'esprit humain. Cette femme était belle, quoique n'appartenant plus à la première jeunesse; elle jouait habilement le luth et la cithare, et, changeant de rhythme, de croyance et de langage selon les pays qu'elle parcourait, elle traversait les querelles philosophiques et religieuses de son siècle, semant partout quelques fleurs de poésie, et laissant sur ses traces un étrange et vague parfum d'amour, de sainteté et de folie; bonne personne du reste, que les princes faisaient asseoir par curiosité à leur table, et que le peuple écoutait avec admiration sur la place publique. Voici son poëme tel que, de traduction en traduction, il a pu arriver jusqu'à nous. Nous osons parfaitement le livrer aux savants, aux poëtes et aux chrétiens de ce temps-ci, sachant le bon marché que notre siècle panthéiste fait de toutes choses, et la complaisance que son ennui lui inspire pour toutes sortes de rêves.

I.

En ce temps-là, longtemps avant le commencement des jours que les hommes ont essayé de compter, Dieu appela devant lui quatre Esprits, qui parcouraient d'un vol capricieux les plaines de l'espace : Allez, leur dit-il, prenez-vous par la main, marchez ensemble, et travaillez de concert.

Ils obéirent, et, ne se quittant plus, présidèrent chacun à une des œuvres de Dieu; et un nouvel astre parut dans l'éther : cet astre est la terre que nous habitons aujourd'hui, et ces quatre Esprits sont les éléments qui la composent.

Mais deux de ces Esprits, se sentant plus puissants, firent la guerre aux deux autres.

L'eau et le feu ravagèrent la terre, et l'air fut tantôt infecté des vapeurs humides des marais, et tantôt embrasé des feux d'un soleil dévorant.

Et pendant un nombre de siècles que l'homme ne sait pas, mais qui sont dans l'éternité de Dieu moins qu'une heure dans la vie de l'homme, notre globe bondit dans l'immensité, comme une cavale sauvage, sans guide et sans frein ; sa course ne fut réglée que par le caprice des Esprits à qui Dieu l'avait abandonné ; tantôt, emporté d'un essor fougueux, il s'approcha du soleil jusqu'à s'y brûler ; tantôt il s'endormit languissant et morne, loin des rayons vivifiants que chaque printemps nous ramène. Il y eut des jours d'une année et des nuits d'un siècle. Le globe n'ayant pas encore arrêté sa forme, les froides régions qu'habitent le Calédonien et le Scandinave furent calcinées par des étés brûlants. Les contrées où la chaleur bronze les hommes se couvrirent de glaciers incommensurables. L'Esprit du feu descendit dans le sein de la terre ; on eût dit qu'un démon enfonçait ses ongles et ses dents dans les entrailles du globe : des rugissements sourds s'échappaient des rochers ébranlés, et la terre s'agitait comme une femme dans les convulsions de l'enfantement. Quelquefois le monstre, en se retournant dans le ventre de sa mère, sapait les fondements d'une montagne, et creusait sous les vallées des voûtes sans appui. La montagne et la vallée disparaissaient ensemble, et des lacs de bitume s'étendaient en bouillonnant sur les débris amoncelés ; une fumée âcre et fétide empoisonnait l'atmosphère ; les plantes se desséchaient, et l'eau, appelée par le feu, ravageait à son tour le flanc déchiré de sa sœur.

Enfin le feu s'ouvrit un passage à travers le roc et l'argile, et se répandit au dehors comme un fleuve débordé. La mer, brisant ses digues de la veille, fit chaque jour de nouvelles invasions, et chaque jour déserta ses nouveaux rivages comme un lit trop étroit. On voyait, dans l'espace d'une nuit, s'élever des montagnes de fange ou de cendre, que le soleil et le vent façonnaient à leur gré; des ravins se creusaient tels que la vie d'un homme voyageant le jour et la nuit n'eût pas suffi pour en trouver le fond; des météores gigantesques erraient sur les eaux comme des soleils détachés de la voûte céleste, et les vagues de l'océan roulaient sur les sommets que les nuages enveloppent aujourd'hui bien loin au-dessus de la demeure des hommes.

Dans cette lutte, la terre et l'eau, jalouses l'une de l'autre, se mirent à créer des plantes et des animaux qui à leur tour se firent la guerre entre eux; des lianes immenses essayèrent d'arrêter le cours des fleuves, mais les fleuves enfantèrent des polypes monstrueux, qui saisirent les lianes dans leurs bras vivants, et leur étreinte fut telle, que des myriades de races d'animaux s'y arrêtèrent et y périrent; et de tous ces débris se forma le sol que nous foulons aujourd'hui, et sous lequel a disparu l'ancien monde.

Cependant à toutes ces existences d'un jour succédaient d'autres existences; les races se perdaient et se renouvelaient; la matière inépuisable se reproduisait sous mille formes. Du sein des mers sortaient les baleines semblables à des îles, et les léviathans hideux rampant sur le sable avec des crocodiles de vingt brasses. Nul ne sait le nombre et la forme des espèces tombées en poussière; l'imagination de l'homme ne saurait les reconstruire; si elle le pouvait, l'homme mourrait d'épouvante à la seule idée de les voir. L'abeille fut peut-être la sœur de l'éléphant; peut-être une race d'insectes, aujourd'hui perdue, détruisit celle du mammouth, que l'homme appelle le colosse de la création. Dans ces marécages qui couvraient des continents entiers, il dut naître des serpents qui, en se déroulant, faisaient le tour du globe, et les aigles de ces montagnes, infranchissables pour nos gazelles abâtardies, enlevaient dans leurs serres des rhinocéros de cent coudées. En même temps que les dragons ailés arrivaient des nuages de l'orient, les licornes indomptables descendaient de l'occident, et quand une troisième race de monstres, poussée par le vent du sud, avait dévoré les deux autres, elle périssait gorgée de nourriture, et l'odeur de la corruption appelait l'hyène du nord, des vautours plus grands que l'hyène, et des fourmis plus grandes que les vautours; et sur ces montagnes de cadavres, parmi ces lacs de sang livide, au milieu de ces bêtes immondes, dévorées et dévorantes, des arbres sans nom élevaient jusqu'aux nues la profusion de leurs rameaux splendides, et des roses plus belles et plus grandes que les filles des hommes ne le furent jamais, exhalaient des parfums dont s'enivraient les esprits de la terre, couverts de robes diaprées, aujourd'hui réduits à la taille du papillon, et aux trois grains d'or de l'étamine de nos fleurs.

Ces volcans, ces déluges, ces cataclysmes, cet ouvrage informe du temps et de la matière, les saintes Écritures l'appellent l'âge du chaos. Or, tandis que les quatre Esprits se livraient à la guerre, il arriva qu'ils passèrent près du char de Dieu, et, frappés de terreur, ils s'arrêtèrent. Dieu les appela et leur dit : Qu'avez-vous fait? Pourquoi ce monde que je vous ai confié

marche-t-il comme s'il était ivre? Avez-vous bu la coupe
de l'orgueil? Prétendez-vous faire les œuvres de l'Éternel? Un esprit plus puissant que vous va se lever à ma
voix; il vous enchaînera, et vous forcera de vivre en
paix.

L'Éternel passa; et quand les quatre Esprits virent
s'effacer dans l'espace le cercle de feu que traçaient les
roues de son char, ils reprirent courage, et, se regardant, ils se dirent: Pourquoi ne résisterions-nous pas à
l'Éternel? Ne sommes-nous pas éternels, nous aussi? Il
nous a créés, mais il ne peut nous détruire, car il nous a
dit: Vous n'aurez pas de fin. L'Éternel ne peut reprendre
sa parole. Il nous a donné ce monde. Mais c'est nous
qui l'avons couvert de plantes et d'animaux. Nous aussi,
nous sommes créateurs. Unissons-nous, armons nos
volcans en guerre. Que l'océan gronde, que la lave
bouillonne, que la foudre sillonne les airs, et vienne
l'Éternel pour nous donner des lois!

En parlant ainsi, ils cessèrent de se haïr; et, abaissant leur vol sur les montagnes les plus élevées de la
terre: Nous allons, dirent-ils, entasser ces monts les
uns sur les autres, et nous atteindrons ainsi à la demeure
de Dieu. Nous le renverserons, et nous régnerons sur
tous les mondes.

Mais comme ils commençaient leur travail insensé,
un ange envoyé par le Seigneur versa sur eux la coupe
du mépris, et, saisis de torpeur, ils s'endormirent
comme des hommes pris de vin.

Et quand ils se réveillèrent, ils virent sur la mousse
un être inconnu, plus beau qu'eux, quoique délicat et
frêle. Sa tête n'était pas flamboyante, et son corps n'était
pas couvert d'une armure d'écailles de serpent; le ver à
soie semblait avoir filé l'or de sa chevelure, et sa peau
était lisse et blanche comme le tissu des lis.

Les Esprits étonnés l'entourèrent pour le contempler, s'émerveillant de sa beauté, et se demandant l'un à l'autre si c'était là un esprit ou un corps. Cependant cette créature dormait paisiblement sur la mousse, et les fleurs se penchaient sur elle comme pour l'admirer; les oiseaux et les insectes voltigeaient autour d'elle, n'osant becqueter ses lèvres de pourpre, et formant un rideau d'ailes doucement agitées entre son visage et le soleil du matin, qui semblait jaloux aussi de le regarder. Alors l'Esprit des eaux : — Quel est celui-ci ? et qui de nous l'a produit à l'insu des autres ? Si c'est de la terre qu'il est sorti, d'où vient que les vapeurs de mes rives n'en savent rien ? et où est le feu qui l'a fécondé ? Est-ce une plante, pour qu'il soit sans plumes, et sans fourrure, et sans écaille ? Et si c'est une plante, d'où vient que je n'ai point arrosé son germe, d'où vient que l'air n'a pas aidé sa tige à s'élever et son calice à se colorer ? Si c'est une créature, où est son créateur ? Si c'est un esprit, de quel droit vient-il s'établir dans notre empire, et comment souffrons-nous qu'il s'y repose ? Enchaînons-le, et que la bouche des volcans se referme derrière lui, car il faut qu'il aille au fond de la terre et qu'il n'en sorte plus.

L'Esprit de la terre répondit : Ceci est un corps, car le sommeil l'engourdit et le gouverne comme les animaux; ce n'est pas une plante, car il respire et semble destiné au mouvement comme l'oiseau ou le quadrupède : cependant il n'a point d'ailes, et ne saurait voler; il n'a pas les défenses du sanglier, ni les ongles du tigre pour combattre, ni même l'écaille de la tortue pour s'abriter. C'est un animal faible, que le moindre de nos animaux pourrait empêcher de se reproduire et d'exister. Et puisque aucun de nous ne l'a créé, il faut que ce soit l'Éternel qui, par dérision, l'ait fait éclore, afin de nous surprendre et de nous effrayer; mais il suffira du froid pour lui donner la mort.

— Ne nous en inquiétons point, dirent les autres ; il est en notre pouvoir, éveillons-le, et voyons comme il marche et comme il se nourrit. Puisqu'il n'a ni ailes, ni nageoires, ni arme d'aucune espèce, pour s'ouvrir un chemin et se construire une demeure, il ne saurait vivre dans aucun élément.

Et les quatre Esprits de révolte se mirent à railler et à mépriser l'œuvre du Dieu tout-puissant.

Alors cet être nouveau s'éveilla, et, à leur grande surprise, il ne se mit ni à fuir, ni à ramper comme les serpents, ni à marcher comme les quadrupèdes; il se dressa sur ses pieds, et sa tête se trouvant tournée vers le ciel, il éleva son regard, et les Esprits de révolte virent, dans sa prunelle, étinceler un feu divin. Quel est, dirent-ils, celui-ci, qui ne rampe, ni ne vole, et qui a un rayon du soleil dans les yeux? Va-t-il monter vers le ciel comme une fumée? et d'où vient qu'avec un corps si chétif il est plus beau que le plus beau des anges du ciel? — Alors ils furent saisis de crainte, et l'interrogèrent en tremblant.

Mais cette créature ne les entendit pas; on eût dit que ses yeux ne pouvaient distinguer leur forme, car elle ne leur donna aucun signe d'attention, et ne répondit rien à leurs questions.

Ils se réjouirent donc de nouveau, en disant : Cette bête n'a ni le sens de l'ouïe, ni le sens de la vue ; elle ne saurait faire entendre aucun cri, elle est plus stupide que les autres bêtes. Celles-ci ne nous comprennent pas et ne nous voient pas non plus; mais l'instinct les avertit de notre présence; et un tressaillement secret s'empare du plus petit oiseau, lorsque le volcan gronde, ou lorsque l'orage s'approche; l'ours et le chien s'enfuient en hurlant, le dauphin s'éloigne des rivages, et le dragon se réfugie sur les arbres les plus élevés des forêts; mais cette bête n'a pas de sens, et les polypes seuls suffiront pour la dévorer.

Alors la créature inconnue éleva la voix, une voix plus douce que celle des oiseaux les plus mélodieux, et elle chanta un cantique d'actions de grâces au Seigneur, dans une langue que les Esprits de révolte ne comprirent pas.

Et leur colère fut grande, car ils se crurent insultés par cette langue mystérieuse, et ces accents d'amour et de ferveur remplirent leur sein de haine et de rage. Ils voulurent saisir leur ennemi; mais l'ennemi, ne daignant pas les voir, se prosterna devant l'Éternel, puis se releva avec un front rempli d'allégresse, et se mit à descendre vers la vallée, sans cesser d'être debout, et posant ses pieds sur le bord des abîmes avec autant d'adresse et de tranquillité que l'antilope ou le renard. Comme les pierres et les épines offensaient sa peau, il cueillit des herbes et des feuilles, et se fit une chaussure avec tant de promptitude et d'industrie, que les Esprits de révolte prirent plaisir à le regarder.

Cependant, à mesure que la créature de Dieu marchait, la terre semblait devenir plus riante, et la nature se parait de mille grâces nouvelles. Les plantes exhalaient de plus doux parfums, et la créature, comme saisie d'un amour universel, se courbait, respirait les fleurs, se penchait sur les cailloux transparents, souriait aux oiseaux, aux arbres, aux vents du matin. Et le vent caressait mollement sa poitrine; les oiseaux la suivaient avec des chants de joie; les papillons venaient se poser sur les fleurs qu'elle leur présentait; les arbres se courbaient vers elle et lui offraient leurs fruits à l'envi l'un de l'autre. Elle mangeait les fruits, et, loin de dévorer avidement comme les bêtes, semblait savourer avec délices les sucs parfumés de l'orange et de la grenade. Une biche, suivie de son faon, vint à elle, et lui offrit son lait qu'elle recueillit dans une conque de nacre, qu'elle porta joyeusement à ses lèvres en caressant la biche; puis elle présenta la coquille au faon, qui but après elle, et qui la suivit, ainsi que sa mère.

Les Esprits suivaient en silence, et ne concevaient rien à ce qu'ils voyaient; enfin ils se réveillèrent de leur stupeur et dirent: C'est assez nous laisser insulter par une œuvre de ténèbres et d'ignorance; ce vain fantôme d'ange a un corps et se repaît comme les bêtes; il doit être, comme elles, sujet à la mort et à la pourriture. Si la biche et son faon, si l'oiseau et l'insecte, si l'arbre et son fruit, si l'herbe et la brise se soumettent à lui, voici venir le léopard et la panthère qui vont le déchirer.

Mais le léopard passa sans toucher à la créature de Dieu, et la panthère, l'ayant regardée un instant avec méfiance, vint offrir son dos souple et doux à la main caressante de son nouveau maître.

— Voici le serpent qui va le couvrir de morsures empoisonnées, dirent les Esprits de haine. Le serpent dormait sur le sable. La créature divine l'appela dans cette langue inconnue qu'elle avait parlée à l'Éternel, et le serpent, déroulant ses anneaux, vint mettre sa tête humiliée sous le pied du maître, qui se détourna sans lui faire ni mal ni injure. L'éléphant s'approchant, les Esprits espérèrent qu'il les débarrasserait de l'étranger, mais l'éléphant, ayant pris des fruits dans sa main, le suivit, obéissant à sa parole, et cueillant à son tour les fruits et les fleurs sur les branches les plus élevées pour les lui offrir avec sa trompe. Le chameau arriva, et, pliant les genoux, offrit son dos à l'étranger, et le porta dans la vallée. Alors les Esprits, transportés de colère, s'assemblèrent sur une cime élevée; ils réunirent leurs efforts pour créer un monstre qui surpassât en laideur, en force et en cruauté les monstres les plus hideux qu'eût produits la terre. Mais comme le Seigneur, qui jusqu'alors avait habité avec eux, s'était retiré, ils ne purent rien créer d'abord. Enfin, après beaucoup de conjurations adressées aux éléments qu'ils croyaient gouverner, ils firent sortir de terre un dragon redoutable, et le forcèrent avec des menaces de marcher contre la créature de Dieu. Mais celle-ci, le voyant venir, monta sur le cheval, appela l'hippopotame, le taureau, et tous les animaux forts de la terre et de la mer, et les oiseaux forts du ciel, et tous se rangèrent autour d'elle comme une armée. Le cheval bondit d'orgueil sous son maître, et le porta comme un roi à la rencontre de l'ennemi. Alors le dragon épouvanté revint vers ceux qui l'avaient envoyé, et leur dit : — Vous voyez ce qui arrive; toutes les créatures se rangent sous sa loi, celui-ci est le roi de la terre, et l'esprit de Dieu est en lui. — Et le dragon étendant ses ailes, l'Esprit de ténèbres qui était en lui s'envola, et sa dépouille restant par terre, l'étranger la ramassa, la regarda, et s'en fit un vêtement pour traverser les régions froides.

Car elle continua sa course vers le nord, et parcourut le monde entier, se construisant partout des chariots avec les arbres des forêts et les métaux de la terre; mangeant de tous les fruits; se faisant aimer et servir par toutes les créatures; traversant les fleuves à la nage, ou sur des nacelles que son adresse improvisait; s'habituant à tous les climats; prenant son sommeil à l'ombre des forêts, à l'abri dans les grottes, ou dans des tentes de feuillage qu'elle dressait au coucher du soleil; sachant tirer le feu d'un caillou ou d'une branche sèche, et partout louant l'Éternel, chantant ses bienfaits, et implorant son appui.

Quand cet être singulier eut fait le tour de la terre et s'y fut installé comme dans son domaine, les Esprits de révolte, enchaînés jusque-là par la curiosité, résolurent de détruire ce qu'ils croyaient être leur ouvrage, et de bouleverser le globe, afin d'anéantir leur ennemi avec lui. — Ouvre une crevasse sous ses pieds, dirent-ils à la terre, et dévore-le dans la gueule béante de tes abîmes. — Mais la terre refusa d'obéir, et répondit : Celui-ci est l'envoyé de Dieu, le roi de la création. Ils dirent au volcan de l'envelopper d'un lac de feu et de faire pleuvoir sur lui des pierres embrasées; mais le volcan refusa, et répondit comme la terre. La mer refusa d'inonder, et l'air de laisser passer la foudre. Alors les Esprits virent qu'ils n'avaient plus de pouvoir, et, feignant de se soumettre à l'envoyé de Dieu, ils s'offrirent au Seigneur pour être les ministres de son favori. Mais Dieu, connaissant leur dessein, répondit : La mer ne sortira plus de ses bornes, la terre ne quittera plus la voie que je lui ai tracée dans l'espace, le soleil ne s'éteindra plus, l'air ne sera plus infecté de miasmes fétides; vous serez enchaînés à jamais, et vous obéirez en esclaves, non pas à mon envoyé, mais à l'ordre que je vous assigne, et qui est ma parole, la loi éternelle de l'univers. Quant à celui-ci, que vous ne connaissez pas, c'est mon œuvre, et je l'ai faite en souriant pour vous railler et vous montrer que par vous-mêmes vous ne pouvez rien. Je lui ai donné les besoins des animaux, un corps frêle, sans défense et sans vêtement; je l'ai mise nue sur la terre. Et vous voyez qu'en un jour elle a eu des chaussures, des vêtements, des esclaves, de quoi pourvoir à tous ses besoins, et régner sur la force sans posséder la force. Vous n'avez pas compris où était sa puissance, et voyant qu'elle n'avait les avantages naturels d'aucun animal, vous vous êtes demandé comment elle savait gouverner l'instinct de tous les animaux et leur commander. C'est que j'ai mis en elle une étincelle de mon esprit, et qu'elle est à la fois corps et intelligence, matière et lumière. Allez, et que le monde soit son héritage. Elle ne vous commandera pas, car elle pourrait, comme vous, s'enivrer d'orgueil et succomber à son tour. Allez, et sachez le nom du plus beau de mes anges, c'est l'homme.

II.

La terre devint donc l'apanage de l'homme : il n'avait ni ailes d'or, ni auréole de lumière ; il ne pouvait contempler les splendeurs du tabernacle de Jéhovah ; mais la part d'intelligence qu'il avait reçue était si grande, qu'il savait toutes les merveilles de l'univers sans les avoir jamais vues, et qu'il aimait Dieu et le servait mieux que les Séraphins brûlants qui environnent son trône. Son âme voyait ce que les yeux de son corps ne pouvaient apercevoir. Il devinait par la réflexion les plus profonds mystères de la nature, et sa pensée était plus rapide que l'éclair.

Ce que voyant, les Esprits jaloux se disaient entre eux : Dieu a fait pour celui-ci plus que pour nous tous. Le plus petit insecte, il est vrai, s'élève plus haut que lui dans l'air qu'il respire ; mais le plus puissant des Archanges ne saurait monter aussi hardiment et aussi vite dans l'éther de l'immensité que l'esprit de l'homme par sa volonté.

Et Dieu, se complaisant dans son ouvrage, créa beaucoup d'autres hommes semblables au premier, et en couvrit la face de la terre, en leur disant : La terre est à vous, cultivez-la, et vivez de ses fruits. Gouvernez les animaux ; les espèces ne périront plus, la terre ne sera plus ravagée, les plantes et les animaux se reproduiront toujours, et vous, vous ne mourrez point.

Les hommes vivaient ensemble, et ils étaient heureux; ils ne connaissaient pas le mal, et ils étaient purs, sans avoir la vanité de savoir qu'ils l'étaient; car ils l'étaient tous également, et ils ne s'imaginaient point que la source de leur grandeur fût en eux-mêmes. Ils adoraient le Seigneur, et se servaient de ses dons avec frugalité. Ils respectaient la vie des animaux, et n'employaient leur dépouille à leur usage que lorsque les animaux mouraient selon les lois de la nature. Ils considéraient les bêtes comme des productions choisies de la matière, qui, étant douées de sensibilité et d'une sorte de volonté, avaient des droits sacrés à leur protection. Les bêtes ne s'enfuyaient pas à leur approche, et comme le chien obéit encore aujourd'hui à son maître et comprend ses ordres, le lion, le castor et tous les autres animaux comprenaient le geste, le regard et l'autorité de l'homme; ils l'aidaient à bâtir des maisons, des temples, à exécuter des migrations sur les continents, à cultiver la terre, à travailler les métaux et à les façonner, non en vile monnaie ou en armes cruelles, mais en instruments de travail et en ornements pour les temples.

Or, tout était commun parmi les hommes, le travail et les fruits de la terre. Ils se regardaient tous comme vivant sous la volonté de Dieu, chargés de veiller à l'équilibre de cette nature dont ils étaient rois; ils s'occupaient sans cesse à réparer les ravages des précédents cataclysmes, à dessécher les marais fétides qui corrompaient l'air et engendraient trop de reptiles et d'insectes, à ouvrir des canaux pour l'écoulement des lacs et des étangs, à rassembler en troupeaux les animaux trop nombreux sur certains points du globe, et à les conduire vers d'autres régions désertes, à distribuer de même la végétation selon les climats qui lui convenaient; car, avant l'homme, la matière, livrée à sa vorace faculté de produire, s'épuisait sans cesse, et, renaissant de ses propres débris, offrait partout des ruines auprès des créations nouvelles. Cet homme, que les Esprits des terribles éléments avaient pris d'abord pour un souffle débile dans le corps d'une bête avortée, devint donc, sans autre magie et sans autre prestige que sa patience et son industrie, plus puissant que les éléments eux-mêmes. La terre fut bientôt un jardin si beau et si fécond, que les anges du ciel venaient s'y promener, et ne pouvant converser directement avec les hommes, parce que Dieu l'avait défendu, ils chantaient doucement dans les brises et dans les flots, et les hommes les voyaient alors en songe avec les yeux de l'âme.

Mais il arriva que, la terre étant pacifiée et embellie, et l'ordre des saisons réglé, le travail devint moins actif. Les hommes eurent plus de temps à donner à la prière et à la méditation : leur nombre n'augmentait pas et ne diminuait pas; il avait été calculé par l'Éternel, pour opérer les grands travaux, qui se terminaient maintenant, et l'esprit humain commençait à souffrir de sa propre force, et à désirer quelque chose au delà de ce qu'il possédait. Les hommes voulaient, pour faire cesser leur inquiétude, que Dieu leur accordât un don; mais ils ne savaient lequel, car ils ne souffraient que parce qu'ils ne manquaient plus de rien.

Leur sommeil devint moins paisible; durant les belles nuits d'été, ils s'asseyaient par groupes sur les hauteurs, et au lieu de contempler avec bonheur, comme autrefois, le cours des astres et la beauté de la voûte céleste, ils soupiraient tristement, et dans leurs cantiques éplorés ils demandaient à Dieu de faire cesser leur ennui.

Alors il y en eut qui dirent : — Les bêtes souffrent les

maladies du corps, et elles meurent ; les hommes ne sont pas soumis aux maux de la chair, et ne meurent pas. Bénissons Dieu. Mais l'esprit de l'homme souffre une douleur dont il ne sait pas le remède. Demandons à Dieu qu'il nous ôte la réflexion, et nous laisse seulement l'intelligence nécessaire pour commander aux animaux.

Mais cet avis fut combattu par quelques-uns, qui considéraient la richesse de leur intelligence comme ce qu'ils avaient de plus précieux au monde.

Il y en eut alors d'autres qui s'avisèrent d'un désir plus noble, et dirent : — Nous avons comparé le sommeil paisible des bêtes aux aspirations de nos veilles brûlantes, et nous avons découvert les causes de nos ennuis; dépêchons les oiseaux en messagers aux hommes de tous les pays. Et quand la foule, accourue de toutes parts, se fut réunie autour de ces sages, debout sous le portique des temples, ils parlèrent ainsi :

— Le malheur de l'homme ne vient pas d'une cause accidentelle; cette cause est son organisation défectueuse et le triste destin qu'il accomplit dans l'univers. C'est un être borné dans ses jouissances, quoique infini dans ses désirs. Il souffre, et ne sait comment se guérir : cela est injuste, car les animaux connaissent la plante qui doit leur rendre l'appétit lorsqu'ils l'ont perdu, et l'âme de l'homme ne peut embrasser le but de ses vagues désirs. Mais ce n'est pas le seul avantage que les bêtes aient sur nous. Elles sont divisées en sexes différents; c'est pourquoi elles se cherchent, se rapprochent et s'unissent dans une extase qui les élève au-dessus d'elles-mêmes, et qui nous est inconnue. Le charme qui les attire est si puissant, qu'il n'est aucune caresse, aucune menace de l'homme, aucun attrait de la gourmandise, aucune injonction de la faim qui les empêche de courir au fond des bois et des vallées à la suite les unes des autres. Le tigre ou le lion enfermé loin de sa compagne se couche en rugissant, et semble renoncer à la vie, car il refuse toute nourriture. Le cheval séparé de la cavale, le taureau de la génisse, au temps de leurs amours, deviennent indociles, et brisent les chariots. Tous devinent l'approche de leur compagne : le loup sent venir la louve du fond des forêts ténébreuses ; le chien hurle et tressaille à l'arrivée de la lice sans la voir ni l'entendre ; l'oiseau sait se frayer une route au travers des plaines immenses de l'air pour aller rejoindre sa compagne : il n'a vu qu'un point noir vers l'horizon, et pourtant il ne se trompe pas ; l'ibis ne court point après la grue, ni le chardonneret après la mésange. Qui donc leur enseigne ces merveilleux instincts qui ne sont pas donnés à l'homme ? C'est l'amour qu'ils ont pour un sexe différent du leur.

Quant à nous, nous ne connaissons pas ces sublimes extases, ces transports de joie et ces caresses enivrantes : nous aimons à converser ensemble, à partager nos repas ; mais cette amitié n'est pas assez puissante pour que la séparation soit désespérée, ni pour que le battement du cœur nous annonce l'approche de l'ami absent. Nous n'avons que des peines légères et des joies tièdes. Dieu seul, Dieu notre immortel principe, nous ravit d'une joie inaccoutumée ; mais pouvons-nous toujours penser à lui ? Sa grandeur, que nous adorons, nous défend-elle de comparer notre destinée à celle des autres créatures, et de leur envier les biens que nous n'avons pas ?

D'autres hommes se levèrent à leur tour, et dirent :
— Les bêtes ont encore un avantage que nous n'avons pas. Elles se reproduisent d'elles-mêmes, elles donnent la vie à des créatures de leur espèce, qui sont leur chair et leur sang. Il y a plusieurs siècles, avant que la terre

fût tranquille et féconde, la reproduction nous semblait une tâche pénible, un sceau de misère imprimé à la matière. Nous avions compassion de la jument obligée de porter son fruit dans son flanc durant le cours de plusieurs lunes, de la perdrix forcée de couver patiemment ses œufs et de les féconder par la chaleur de son sein. Nous pensions que l'homme avait assez de cultiver la terre et de protéger les animaux; que Dieu, dans sa sagesse, l'avait dispensé du rude travail de la génération, et lui avait donné l'immortalité, la jeunesse et la santé éternelle, pour marquer sa royauté sur la terre. Mais aujourd'hui nos grands travaux sont accomplis. Les animaux, libres et paisibles sous notre domination, s'aiment avec plus de bonheur encore, et nous voyons en eux des joies et des forces que nous n'avons pas. Nous admirons le soin avec lequel l'hirondelle nourrit sa compagne accroupie sur ses œufs, nous admirons surtout la mère qui décrit de grands cercles dans les cieux pour attraper une pauvre mouche, dont elle se prive afin de l'apporter à ses enfants, car les oiseaux à cette époque sont maigres et malades; mais le gazouillement de leurs oisillons semble les réjouir plus que toutes les graines d'un champ, et plus encore peut-être que les caresses de l'amour. Les plus faibles créatures acquièrent alors une folle audace pour la défense de ce qu'elles ont de plus cher : la brebis défend son agneau contre le loup, et la poule, cachant ses poussins sous son aile, glousse avec colère quand le renard approche; c'est elle qui meurt la première, et l'ennemi est forcé de passer sur son cadavre pour s'emparer de la famille abandonnée.

Tout cela n'est-il pas digne d'admiration? et s'il y a des fatigues et des douleurs attachées à ces devoirs, n'y a-t-il pas des ravissements et des émotions qui les rachètent? Quand ce ne serait que pour chasser l'ennui que nous éprouvons, ne devrions-nous pas les demander à Dieu?

Quand ceux-là eurent dit, il y en eut d'autres qui répondirent : — Avez-vous songé à ce que vous proposez? Si l'homme se reproduisait sans cesser d'être immortel, la terre ne pourrait bientôt lui suffire. Voulez-vous accepter la maladie, la vieillesse et la mort en échange des biens et des maux dont vous parlez? Lequel de nous peut concevoir l'idée de mourir? N'est-ce pas demander à Dieu qu'il fasse de nous la dernière créature du monde? Lequel de nous voudra renoncer à être ange?

— Nous ne sommes pas des anges, reprirent les premiers. Les anges que nous voyons dans nos rêves ont des ailes pour parcourir l'immensité, et quoiqu'ils se révèlent à nous sous une forme à peu près semblable à la nôtre, cette forme n'est pas saisissable; nous ne pouvons les retenir au matin, lorsqu'ils s'éloignent; nous embrassons le vide, ils nous échappent comme notre ombre au soleil. Ils n'ont de commun avec nous que l'esprit, lequel n'est que la moitié de nous-mêmes. Nous appartenons à la terre où notre corps est à jamais fixé. Si nous sommes condamnés à la misère d'exister corporellement, pouvons-nous sans injustice être privés des avantages accordés aux autres animaux? Pourquoi serions-nous imparfaits et déshérités du bonheur qui leur est échu?

Ces différents avis excitèrent dans l'esprit des hommes une douloureuse inquiétude. Les uns pensaient qu'en effet la partie physique était incomplète chez eux; les autres répondaient que l'immortalité, l'absence de maladie et de caducité, étaient des compensations suffisantes à cette absence de sexe.

Et, en effet, rien n'était plus suave et plus paisible en ce temps-là que le sort de l'homme. N'éprouvant que des besoins immédiatement satisfaits par la fécondité de la terre et la liberté commune, la faim, la soif et le sommeil étaient pour lui une source de jouissance douce et jamais de douleur. La privation était inconnue; aucun despotisme social n'imposait les corvées et la fatigue; il n'y avait ni larmes, ni jalousies, ni injustices, ni violences. Rien n'était un sujet de rivalité ou de contestation. L'abondance régnait avec l'amitié et la bienveillance.

Mais cette secrète inquiétude, qui est la cause de toutes les grandeurs et de toutes les misères de l'esprit, tourmentait presque également ceux qui désiraient un changement dans leur sort et ceux qui le redoutaient.

Alors les hommes firent de grandes prières dans les temples, et ils invoquèrent Dieu afin qu'il daignât se manifester.

Mais l'Eternel garda le silence; car il veut que les hommes et les anges soient librement placés entre l'erreur et la vérité. Autrement l'ange et l'homme seraient Dieu.

III.

Mais comme le cœur de l'homme était humble et doux en ce temps-là, la sagesse éternelle fut touchée; car les hommes ne disaient pas : — Il nous faut cela, fais-le; mais ils disaient : — Tu sais ce qui nous convient, sois béni ; — et ils souffraient sans blasphémer.

La Sagesse, la Miséricorde et la Nécessité, les trois essences infinies du Dieu vivant, tinrent conseil dans le sein de l'Éternel; et comme il fallait que l'homme connût l'amour ou la mort, la matière ne pouvant s'augmenter indéfiniment, l'Esprit saint dit par la bouche de la Sagesse :

« Livrons l'homme aux chances de sa destinée ; que sa vie sur la terre soit éphémère et douloureuse, qu'il connaisse le bien et le mal, et qu'entre les deux il soit libre de choisir. ».

Alors le Verbe de miséricorde ajouta : « Que dans la douleur il aït pour remède l'espérance, et dans le bonheur pour loi la charité. »

Jehovah envoya donc ses anges sur la terre en leur disant : « Qu'il soit fait à chaque homme selon son désir. »

Et l'ange étant entré la nuit dans la demeure des hommes, et au nom de l'Éternel ayant interrogé leurs pensées, il n'en trouva qu'un seul qui désirât l'amour au point d'accepter la mort sans crainte. C'était un de ceux qui n'avaient jamais rien demandé au Seigneur. Il vivait retiré sur une montagne, occupé le soir à contempler les étoiles, et le jour à nourrir les chevrettes et les chamois. C'était une âme forte et un des plus beaux parmi les anges terrestres.

L'ange du sommeil l'appela, et lui dit comme aux autres hommes : — Fils de Dieu, demandes-tu la fille de Dieu ? Et cet homme, au lieu de répondre en frissonnant comme les autres : Que la volonté de Dieu soit faite, s'écria, en se soulevant sur sa couche : — Où est la fille de Dieu ? L'ange lui répondit : — Sors de ta demeure, tu la trouveras au bord de la source, elle vient vers toi, elle vient du sein de Dieu.

Alors l'ange disparut, et l'homme, s'étant levé plein de surprise, se sentit accablé d'une grande tristesse ; car il pensa que c'était un vain songe, et que la fille de Dieu n'était pas au bord de la source.

Cependant il se leva et sortit de sa demeure, et il

trouva la fille de Dieu qui marchait vers lui, mais qui, le voyant venir, s'arrêta tremblante au bord de la source.

Et comme la source était sombre, et qu'il distinguait à peine une forme vague, il lui dit : — Etes-vous la fille de Dieu ? — Oui, répondit-elle, et je cherche le fils de Dieu.

— Je suis le fils de Dieu, reprit l'homme, vous êtes ma sœur et mon amour. Que venez-vous m'annoncer de la part de Dieu ?

— Rien, répondit la femme, car Dieu ne m'a rien enseigné, et je ne sais pourquoi il m'envoie. Il y a un instant que j'existe ; j'ai entendu une voix qui m'a dit : « Fille de Dieu, va sur la terre, et tu trouveras le fils de Dieu qui t'attend. » J'ai reconnu que c'était la voix de l'Eternel, et je suis venue.

L'homme lui dit : — Suis-moi, car tu es le don de Dieu, et tout ce qui m'appartient t'appartient.

Il marcha devant elle, et elle le suivit jusqu'à la porte de sa demeure, qui était faite de bois de cèdre et recouverte d'écorce de palmier. Il y avait un lit de mousse fraîche ; l'homme cueillit les fleurs d'un rosier qui tapissait le seuil, et, les effeuillant sur sa couche, il y fit asseoir la femme en lui disant : — L'Eternel soit béni.

Et, allumant une torche de mélèze, il la regarda, et la trouva si belle qu'il pleura, et il ne sut quelle rosée tombait de ses yeux, car jusque-là l'homme n'avait jamais pleuré.

Et l'homme connut la femme dans les pleurs et dans la joie.

Quand l'étoile du matin vint à pâlir sur la mer, l'homme s'éveilla ; il ne faisait pas encore jour dans sa demeure. Se souvenant de ce qui lui était arrivé, il n'osait point tâter sa couche, car il craignait d'avoir fait un rêve, et il attendit le jour, désirant et redoutant ce qu'il attendait.

Mais la femme, qui s'était éveillée, lui parla, et sa voix fut plus douce à l'homme que celle de l'alouette qui venait chanter sur sa fenêtre au lever de l'aube.

Mais aussitôt il se mit à verser des pleurs d'amertume et de désolation.

Ce que voyant, elle pleura aussi, et lui dit : — Pourquoi pleures-tu ?

— C'est, dit l'homme, que je t'ai, et que bientôt je ne t'aurai plus, car il faut que je meure; c'est à ce prix que je t'ai reçue de l'Eternel. Avant de te voir, je ne m'inquiétais pas de mourir ; la faiblesse et la peur sont entrées en moi avec l'amour. Car tu vaux mieux que la vie, et pourtant je te perdrai avec elle.

La femme cessa de pleurer, et, avec un sourire qui fit passer dans le cœur de l'homme une espérance inconnue, elle lui dit : — Si tu dois mourir, je mourrai aussi, et j'aime mieux un seul jour avec toi que l'éternité sans toi.

Cette parole de la femme endormit la douleur de l'homme. Il courut chercher des fruits et du lait pour la nourrir, et des fleurs pour la parer. Et, dans le jour, quand il se remit au travail, il planta de nouveaux arbres fruitiers, en songeant au surcroît de besoins que la présence d'un nouvel être apportait dans sa retraite, sans songer qu'un arbre serait moins prompt à grandir que lui et la femme à mourir.

Cependant le souci avait pénétré chez lui avec la femme. La pensée de la mort empoisonnait toutes ses joies. Il priait Dieu avec plus de crainte que d'amour; les moindres bruits de la nuit l'effrayaient, et, au lieu d'écouter avec une religieuse admiration les murmures des grandes mers, il tressaillait sur son lit, comme si la voix des éléments eût pleuré à son oreille, comme si les oiseaux de la tempête lui eussent apporté des nouvelles funèbres. La femme était plus courageuse ou plus imprévoyante. Ses faibles membres se fatiguaient vite, et, quand son époux trouvait dans le travail une excitation douloureuse, elle s'étendait nonchalante sur les fleurs de la montagne, et s'endormait dans une sainte langueur en murmurant des paroles de bénédiction pour son époux et pour son Dieu.

Elle ne savait rien des choses de la terre où elle venait d'être jetée; elle trouvait partout de la joie, et ne s'effrayait de rien. La brièveté de la vie, si terrible pour l'homme, lui semblait un bienfait de la Providence. L'homme la contemplait chaque jour avec une surprise et une admiration nouvelles. Il la regardait comme supérieure à lui, malgré sa faiblesse, et souvent il lui disait :
— Tu n'es pas ma sœur, tu n'es pas ma femme, tu es un ange que Dieu m'a envoyé pour me consoler, et qu'il me reprendra peut-être dans quelques jours, car il est impossible que tu meures. Une si belle création ne peut pas être anéantie. Promets-moi que, si tu me vois mourir, tu retourneras aux cieux pour n'appartenir à personne après moi.

Et elle promettait en souriant tout ce qu'il voulait, car elle ne savait pas si elle était immortelle, elle ne s'en inquiétait pas, pourvu que son époux lui répétât sans cesse qu'il l'aimait plus que sa vie.

Or, ils vivaient sur une montagne élevée, loin des lieux habités par les autres hommes; car l'époux de la femme, tourmenté de crainte, avait transporté sa demeure et ses troupeaux dans le désert, afin de mieux cacher le trésor qui faisait son bonheur et ses angoisses.
— Je ne comprends pas, lui disait-il, le sentiment que vous m'avez inspiré pour mes frères. Je les chérissais

avant de vous connaître, et, malgré mon goût pour la solitude, j'aurais tout partagé volontiers avec eux. Quand je descendais dans la vallée aux jours de fête, leur vue réjouissait mon âme, et je priais avec plus de ferveur prosterné au milieu d'eux dans le temple. Aujourd'hui leur approche m'est odieuse, et quand je les vois de loin je me cache, de peur qu'ils ne m'abordent et ne cherchent à pénétrer aux lieux où vous êtes. A la seule idée qu'un de mes frères pourrait vous apercevoir, je frissonne comme si l'heure de ma mort était venue. L'autre jour j'ai vu près d'ici la trace d'un pied humain sur le sable, et j'aurais voulu être un rocher pour attendre au bord du sentier l'audacieux qui pouvait revenir, et l'écraser à son passage. Mais, hélas! ajoutait-il, les autres hommes sont immortels, et seul je puis craindre la chute d'un rocher. Si je tombais dans un précipice, vous descendriez dans la vallée pour être nourrie et protégée par un autre homme, et vous m'auriez bientôt oublié ; car il n'est pas un de ces immortels qui ne fît le sacrifice de son immortalité pour vous posséder. C'est pourquoi, malgré mon amour pour vous, je ne puis m'empêcher de désirer que la mort vous atteigne aussi tôt que moi.

Et la femme lui répondait : — Si tu tombais dans un ravin, je m'y jetterais après toi ; et si Dieu me refusait la mort, je mutilerais mon corps et je détruirais ma beauté pour ne pas plaire à un autre.

Lorsque la femme mit au monde son premier-né, il lui sembla que sa mort était proche, car elle sentait de grandes douleurs ; et comme son époux criait avec angoisses vers le Seigneur, elle lui dit : — Ne pleurez point et réjouissez-vous, car mon corps se brise, et mon âme est heureuse de ce qui m'arrive ; je sens que je ne suis pas immortelle, et que je ne resterai pas sans vous sur la terre.

L'époux de la femme fut rencontré dans les montagnes par quelques-uns de ses frères, et ceux-ci virent qu'il était pâle et maigri, et qu'une singulière inquiétude était répandue sur sa figure. Ils racontèrent ce qu'ils avaient vu; et comme jusque-là les fatigues et l'ennui n'avaient point été assez rudes à l'esprit de l'homme pour que son corps indestructible pût en recevoir une telle altération, chacun s'étonna de ce qu'il entendait de la bouche de ces témoins, comme s'ils eussent annoncé l'apparition d'une nouvelle race dans le monde, ou une perturbation dans l'ordre de la nature.

Plusieurs, entraînés par la curiosité, s'enfoncèrent dans les montagnes pour chercher leur frère; mais il avait si bien caché sa demeure derrière les lianes des forêts et les pics des rochers, qu'il se passa plusieurs années avant qu'on la découvrît. Enfin il fut rencontré, et ceux qui le virent s'écrièrent : — Homme, quel mal as-tu fait pour être ainsi vieilli et malade comme les animaux périssables? Il répondit : — Je ne ressemble pas à mes frères, mais je n'ai fait aucun mal, et Dieu m'a visité et révélé plusieurs secrets que je vous enseignerai. Il parlait ainsi pour donner le change à leur curiosité, et pendant la nuit il essaya de transporter sa famille dans un lieu encore plus inaccessible. Mais le jour le surprit avant qu'il fût parvenu à sa nouvelle retraite, et il fut rencontré avec sa femme montée sur un âne sauvage, et ses enfants, dont le plus jeune était dans ses bras.

A cette vue, les voyageurs se prosternèrent; la femme leur parut si belle qu'ils la prirent pour un ange; et, malgré la résistance de l'époux, ils l'entraînèrent dans la vallée, la firent entrer dans le temple, et, lui élevant un autel, ils l'adorèrent. Ce fut la première idolâtrie.

L'époux espérait que le respect les empêcherait de convoiter cette femme; mais elle, craignant d'offenser le Seigneur, brisa les liens de fleurs dont on l'avait enlacée, et tomba dans les bras de son époux en s'écriant :

— Je ne suis point une divinité, mais une esclave de Dieu, une créature périssable et faible, la femme et la sœur de cet homme. Je lui appartiens, parce que Dieu m'a envoyée vers lui ; si vous essayez de m'en séparer, je me briserai la tête contre cet autel, et vous me verrez mourir, car je suis mortelle, et mon époux l'est aussi.

A ces mots, les voyageurs éprouvèrent une émotion inconnue, et furent saisis d'une sympathie étrange pour ces deux infortunés ; comme ils étaient bons et justes, ils respectèrent la fidélité de la femme. Ils la comtemplèrent avec admiration, prirent ses enfants dans leurs bras, et, ravis de leur beauté délicate et de leurs naïves paroles, ils se mirent à les aimer.

Alors le peuple immortel, tombant à genoux, s'écria :
— O Dieu, ôte-nous l'immortalité, et donne à chacun de nous une femme comme celle-ci ; nous aimerons ses enfants, et nous travaillerons pour notre famille jusqu'à l'heure où tu nous enverras la mort ; nous te bénirons tous les jours si tu exauces notre vœu.

La voûte du temple fut enlevée par une main invisible, un escalier ardent, dont chaque marche était une nuance de l'arc-en-ciel, parut se dérouler jusqu'à la terre. Du sommet invisible de cet escalier, on vit descendre des formes vagues et lumineuses, qui peu à peu se dessinèrent en se rapprochant ; des chœurs de femmes plus belles que toutes les fleurs de la terre et toutes les étoiles des cieux remplirent le sanctuaire en chantant ; un ange était venu s'abattre sur le dernier degré, et à chaque femme qui le franchissait, il appelait un homme qu'il choisissait selon les desseins de Dieu, et mettait la main de l'époux dans la sienne.

Quelques hommes, cependant, voulurent conserver

leur immortalité. Mais l'amour de la femme était si enivrant et si précieux, qu'ils ne purent résister au désir de le goûter, et qu'ils essayèrent de séduire les femmes de leurs frères. Mais ils moururent de mort violente; Dieu les châtia, afin que le premier crime commis sur la terre n'eût point d'imitateurs.

Pendant longtemps, malgré les souffrances de cette race éphémère, l'âge d'or régna parmi les hommes, et la fidélité fut observée entre les époux.

Mais peu à peu le principe divin et immortel qui avait animé les premiers hommes s'affaiblissant de génération en génération, l'adultère, la haine, la jalousie, la violence, le meurtre et tous les maux de la race présente se répandirent dans l'humanité; Dieu fut obligé de voiler sa face et de rappeler à lui ses anges. La Providence devint de plus en plus mystérieuse et muette, la terre moins féconde, l'homme plus débile, et sa conscience plus voilée et plus incertaine. Les sociétés inventèrent, pour se maintenir, des lois qui hâtèrent leur chute; la vertu devint difficile et se réfugia dans quelques âmes choisies. Mais Dieu infligea pour châtiment éternel à cette race perverse le besoin d'aimer. A mesure que les lois plus absurdes ou plus cruelles multipliaient l'adultère, l'instinct de mutuelle fidélité devenait de jour en jour plus impérieux : aujourd'hui encore il fait le tourment et le regret des cœurs les plus corrompus. Les courtisanes se retirent au désert pour pleurer l'amour qu'elles n'ont plus droit d'attendre de l'homme, et le demandent à Dieu. Les libertins se désolent dans la débauche et appellent avec des sanglots furieux une femme chaste et fidèle qu'ils ne peuvent trouver. L'homme a oublié son immortalité; il s'est consolé de ne plus être l'égal des anges, mais il ne se consolera jamais d'avoir perdu l'amour, l'amour qui avait amené la mort par la main, et si beau qu'il avait obtenu grâce pour la laideur de cette sœur terrible : il ne sera guéri qu'en le retrouvant. Car, écoutez les Juifs : ils disent que la femme a apporté en dot le péché et la mort, mais ils disent aussi qu'au dernier jour elle écrasera la tête du serpent, qui est le génie du mal.

Comme Myrza achevait les derniers versets de son poëme, des prophètes austères, qui l'avaient entendue, dirent au peuple assemblé autour d'elle : — Lapidez cette femme impie; elle insulte à la vraie religion et à toutes les religions, en confondant sous la forme allégorique les dogmes et les principes de toutes les genèses. Elle joue sur les cordes de son luth avec les choses les plus saintes, et la poésie qu'elle chante est un poison subtil qui égare les hommes. Ramassez des pierres et lapidez cette femme de mauvaise vie, qui ose venir ici prêcher les vertus qu'elle a foulées aux pieds; lapidez-la, car ses lèvres souillées profanent les noms de divinité et de chasteté.

Mais le peuple refusa de lapider Myrza. — La vertu, répondit un vieux prêtre d'Esculape, est comme la science : elle est toujours belle, utile et sainte, quelle que soit la bouche qui l'annonce, et nous tirons des plantes les plus humbles que chaque jour le passant foule sur les chemins un baume précieux pour les blessures. Laissez partir cette sibylle; elle vient souvent ici, nous la connaissons et nous l'aimons. Ses fictions nous plaisent, à nous, vieux adorateurs des puissants dieux de l'Olympe, et les jeunes partisans des religions nouvelles y trouvent un fonds de saine morale et de douce philosophie. Nous l'écoutons en souriant, et nos femmes lui font d'innocents présents de jeunes agneaux et de robes de laine sans tache. Qu'elle parte et qu'elle revienne, nous ne la maudissons point; et si ses voies sont mauvaises, que Minerve les redresse et l'accompagne.

— Mais nous parlons au nom de la vertu, reprirent les prophètes; nous avons fait serment de ne jamais connaître un embrassement féminin.....

— Hier, interrompit une femme, d'autres prophètes nous engageaient, au nom de je sais quel nouveau dieu, à nous abandonner à notre appétit; et la veille, d'autres nous disaient d'être esclaves d'un seul maître : les uns fixent la chasteté d'une femme au nombre de sept maris, les autres veulent qu'elle n'en ait point, nous ne savons plus à qui entendre. Mais ce que dit cette Myrza nous plaît : elle nous amuse et ne nous enseigne point. Que ses fautes soient oubliées, et qu'elle soit vêtue d'une robe de pourpre, pour être conduite au temple du Destin, qui est le dieu des dieux.

Et comme les disciples des prophètes furieux s'acharnaient à la maudire, et ramassaient de la boue et des pierres, le peuple prit parti pour elle, et voulut la porter en triomphe. Mais elle se dégagea, et, montant sur le dromadaire qui l'avait amenée, elle dit à ce peuple en le quittant : — Laissez-moi partir, et si ces hommes vous disent quelque chose de bon, écoutez-le, et recueillez-le de quelque part qu'il vienne. Pour moi, je vous ai dit ma foi, c'est l'amour. Et voyez pourtant que je suis seule, que j'arrive seule, et que je pars seule.... Alors Myrza répandit beaucoup de larmes, puis elle ajouta : — Comprenez-vous mes pleurs, et savez-vous où je vais?

Et elle s'en alla par la route qui mène au désert de Thébaïde.

GEORGE SAND.

RÉFLEXIONS

SUR

JEAN-JACQUES-ROUSSEAU

QUELQUES RÉFLEXIONS

SUR

JEAN-JACQUES ROUSSEAU.

Fragment d'une Réponse à un Fragment de Lettre.

FRAGMENT DE LA LETTRE.

« . . . . . . J'allai de là visiter les Charmettes. Pour arriver à l'humble enclos, il faut suivre un petit vallon que traverse un petit ruisseau, et dont les pentes sont tapissées de prairies semées de jeunes taillis et bordées de vieux arbres. C'est un site frais, solitaire et tranquille, qui rappelle un peu nos traînes de *la Renardière*. Après un quart-d'heure de marche, on est en face de la maisonnette. — Un toit en croupe dont l'ardoise ternie imite à s'y méprendre des rebardeaux usés par le temps, des contrevents verts, une petite terrasse fermée par une barrière rustique, et, dans son prolongement, le jardinet où Jean-Jacques aimait à cultiver des fleurs. — Le jardin a toujours ma première visite. J'y cherchai le cabinet de houblon; mais il a disparu. Je cueillis pour vous quelques rameaux d'un vieux buis, que je suppose être un des plus anciens hôtes de cet enclos. L'on assure que l'intérieur des appartements n'a point été changé : c'est un carreau de pièces inégales, des murs peints à la détrempe, avec des oiseaux et des fleurs imaginaires sur les impostes. A part une petite épinette, où Rousseau s'exerça sans doute bien souvent à déchiffrer la musique de Rameau, le surplus du mobilier rappelle beaucoup celui de Philémon ; mais propre et rangé comme si le maître n'était parti que d'hier. Tout ici respire la simplicité, l'innocence et le bonheur. Que de douces et tristes pensées évoque la vue de ces chaumières! leur histoire est celle de nos plus beaux jours! jours trop tôt écoulés, et dont il n'est pas sage de rêver le retour!

« Le chemin que j'ai pris pour retourner à Chambéry doit être celui que suivait Rousseau en faisant sa prière du matin, et l'admirable horizon qui s'y déroule de toutes parts est bien fait pour attirer l'âme au ciel. C'est un cadre de hautes montagnes ceignant une vaste plaine variée de prairies, de vergers, de riches guérets, et que découpent en larges festons les flots capricieux de l'Isère, etc................. »

FRAGMENT DE LA RÉPONSE.

« .... Surtout, cher Malgache, n'oublie pas le rameau de buis. Nous le mettrons en guise de signet dans cette vieille Bible hollandaise que mon grand-père lui prêta pour composer *le Lévite d'Éphraïm*, et nous léguerons ces reliques à nos petits-enfants.

« *L'histoire de ces chaumières est celle de nos plus beaux jours!* Ce que tu dis là est bien vrai! Qui de nous n'a pas vécu en imagination aux Charmettes les plus beaux jours de sa jeunesse! Mon Dieu! comme ce livre des *Confessions* nous a impressionnés! Comme il a rempli toute une période de notre vie! Comme nous l'avons aimé, ce Jean-Jacques, avec tous ses travers et tous ses défauts! Comme nous avons suivi chacun de ses pas dans la montagne, chacune de ses transformations dans la vie, et comme nous l'avons pleuré en lisant ses dernières pages, les plus belles qu'il ait écrites avec les premiers livres des *Confessions!*

« Comme nous l'avons aimé! » Dirai-je « comme nous l'aimons encore? Quant à moi, oui, je lui reste fidèle ; ou plutôt je suis revenu à lui après un refroidissement de quelques années. Il a tant de contradictions apparentes, qu'à l'âge où, moins enthousiastes, nous devenons plus sévères, nous sommes un peu effrayés des taches que nous lui découvrons. Te répéterai-je pourquoi et comment j'ai subi ces alternatives de vénération, de terreur et d'amour? Tu le sais : nous avons parlé si souvent des *Confessions* sous nos ombrages de la Vallée-Noire ! Souviens-toi que nous tombions toujours d'accord sur ce point, et que c'était même notre consolation : *Jean-Jacques a été l'un des esprits les plus avancés du siècle dernier, quoiqu'à certains égards il ait conservé des préjugés barbares, qu'il ne faut imputer qu'à l'époque où il écrivait, et qu'il proscrirait aujourd'hui s'il recommençait son œuvre.* Ceci posé et démontré pour nous avec la plus grande évidence, nous nous sentions à l'aise pour entrer avec un respect mêlé de tendresse et de douleur dans la vie privée, dans la conscience intime, dans les *Confessions* de l'immortel ami. L'homme et l'œuvre, c'est-à-dire la conduite et les écrits, si contradictoires en apparence, et si souvent opposés l'un à l'autre dans les déclamations haineuses du temps, nous semblaient au contraire rentrer l'un dans l'autre, et s'expliquer mutuellement, sans qu'il fût besoin de charger la mémoire du grand homme ou de flétrir ceux de ses contemporains qu'il appela ses ennemis, et qui n'eurent d'autre tort que de ne pouvoir le comprendre. Quoique la lecture de ses plaintes éloquentes nous identifiât aux douleurs du philosophe persécuté, et nous fît parfois prendre en haine ceux qui concoururent involontairement au lent suicide de sa vie, nous reconnaissions leur devoir beaucoup de ménagements quand nous examinions de près les choses, quand nous lisions les pièces de ce long et amer procès intenté par lui à eux dans les *Confessions,* par eux à lui dans les mémoires où ils ont essayé de le rabaisser pour se justifier, quand nous songions surtout que cette cause est encore pendante devant le tribunal de l'opinion, et qu'elle affecte diversement les esprits sans avoir reçu la solution définitive que les parties ont réclamée avec tant de chaleur, et que Jean-Jacques, en plusieurs endroits, demande à la postérité d'un ton à faire tressaillir les juges les plus farouches.

« Te souviens-tu comme nous avons compulsé le dossier de cette grande affaire dans le précis qui accompagnait l'édition de 1824? Ce soin consciencieux qu'on avait alors de justifier Jean-Jacques par des faits fut très-louable, et il a porté ses fruits. Mais à mesure que le temps marche et que les impressions personnelles, les haines de parti, les susceptibilités de famille et les préjugés de caste s'effacent derrière nous, le jugement des hommes devient plus impartial, et l'auteur d'*Émile*, excusé et justifié sur certains points, reste inexcusable et injustifiable sur certains autres. Quelle sera donc l'impression de nos fils lorsque, fermant ce livre, si attachant et si fatigant, tantôt si brillant de poésie et tantôt si lourd de réalité, cynique et sublime tour à tour, ils se dedemanderont, au milieu du scepticisme de l'époque, ce que c'est que la grandeur humaine, et à quoi servent l'éloquence, les hautes inspirations, les rêves généreux, si toutes ces choses aboutissent, dans la vie de Jean-Jacques, au crime, au désespoir, à la misère, à l'isolement, à la folie, au suicide peut-être?

« Cette question de toute une jeune génération n'est

pas sans importance, et ce serait un devoir sérieux d'y répondre. Le temps n'est plus où l'on se tirait d'affaire en cachant les clefs de la bibliothèque, tandis que le bourreau lacérait solennellement de sa main souillée les protestations de la liberté morale, et qu'un mot de madame de Pompadour étouffait la voix des philosophes. Les modernes arrêts de l'intolérance administrative frappent aujourd'hui plus vainement encore, et nos enfants lisent, malgré les cuistres de tout genre qui aspirent à la direction des idées. Les œuvres de Voltaire et de Jean-Jacques sont dans la poche des étudiants tout aussi bien que sur le bureau des prétendus gardiens de la morale publique. Tous s'y complaisent, ceux qui condamnent sans appel comme ceux qui approuvent sans restriction. Si Jean-Jacques vivait, il irait encore en prison ou en exil; il se trouverait encore des mains pleines de péché pour lui jeter des pierres, et des âmes pleines d'amour pour le consoler. La fureur des uns, l'enthousiasme des autres, le placeraient-ils à son véritable rang? J'en doute beaucoup!

« Mais puisque nous voici sur ce chapitre de causerie, qui en vaut bien un autre, essayons à nous deux de le bien juger, sans avoir recours à des preuves matérielles, sans dresser une enquête, et sans chercher ailleurs que dans l'examen philosophique des *Confessions* le sens de cette vie de philosophe, mêlée de bien et de mal, pleine d'amour et d'égoïsme, et présentant ce contraste monstrueux, ces deux faits : la création d'*Émile* et l'abandon de ses propres enfants à la charité publique. En un mot, au lieu de nous attacher à la lettre du plaidoyer, efforçons-nous d'en saisir l'esprit. Il se passera encore du temps avant que cette manière d'envisager les causes soit introduite dans la législation, et que les hommes appelés à prononcer sur d'autres hommes aient vraiment l'intelligence du cœur humain ou se soucient de l'acquérir.

« De tout temps le progrès s'est accompli, n'est-ce pas, par le concours de deux races d'hommes opposées en apparence et même en fait l'une à l'autre, mais destinées à se réunir et à se confondre dans l'œuvre commune aux yeux de la postérité ? La première de ces races se compose des hommes attachés au temps présent. Habiles à gouverner la marche des événements et à en recueillir les avantages, ils sont pleins des passions de leur époque, et ils réagissent sur ces passions avec plus ou moins d'éclat. On les appelle communément *hommes d'action*, et, parmi ces hommes-là, ceux qui réussissent à se mettre en évidence sont appelés *grands hommes*. Je te demanderai la permission, pour te faire mieux entendre ma définition, de les appeler *hommes forts*.

« Ceux de la seconde race sont inhabiles à la science des faits présents, incapables de gouverner les hommes d'une façon directe et matérielle, par conséquent de diriger avec éclat et bonheur leur propre destinée et d'élever à leur profit l'édifice de la fortune. Les yeux toujours fixés sur le passé ou sur l'avenir, qu'ils soient conservateurs ou novateurs, ils sont également remplis de la pensée d'un idéal qui les rend impropres au rôle rempli avec succès par les premiers. On les nomme ordinairement hommes de méditation, et leurs principaux maîtres, appelés aussi *grands hommes* dans l'histoire, je les appellerai *grands* par exclusion ; bien que, dans ma pensée, les autres soient aussi revêtus d'une grandeur incontestable, mais parce que le mot de grandeur s'applique mieux, selon moi, à l'homme détaché de toute ambition personnelle, et celui de force à l'homme exalté et inspiré par le sentiment de son individualité.

« Ainsi donc, deux sortes d'hommes illustres : les forts et les grands. Dans la première série, les guerriers, les industriels, les administrateurs, tous les hommes à succès immédiat, brillants météores jetés sur la route de l'humanité pour éclairer et marquer chacun de ses pas. Dans la seconde, les poètes, les vrais artistes, tous les hommes à vues profondes, flambeaux divins envoyés ici-bas pour nous éclairer au delà de l'étroit horizon qui enferme notre existence passagère. Les forts déblaient le chemin, brisent les rochers, percent les forêts; ce sont les sapeurs de l'ambulante phalange humaine. Les autres tracent des plans, projettent des lignes au loin, et lancent des ponts sur l'abîme de l'inconnu. Ce sont les ingénieurs et les guides. Aux uns la force de l'esprit et de la volonté, aux autres la grandeur et l'élévation du génie.

« Je ne prétends pas que ma définition ne soit pas très-arbitraire dans la forme. Selon ma coutume, je demande que tu t'y prêtes, et que tu ne m'interrompes pas en me citant des noms propres, exceptions apparentes qui ne détruiraient pas mon raisonnement quant au fond. Selon cette définition, Napoléon ne serait qu'un *homme fort*, et je sais parfaitement qu'il serait contraire à tous les usages de la langue française de lui refuser l'épithète de *grand*. Je la lui donnerais d'ailleurs d'autant plus volontiers, qu'à bien des égards sa vie privée me semble empreinte d'une véritable grandeur de caractère qui me le fait admirer au milieu de ses fautes plus qu'au sein de ses victoires. Mais, philosophiquement parlant, son œuvre personnelle n'est pas grande, et la postérité en jugera ainsi. Ce que je dis de lui s'applique à tous les hommes de sa trempe que nous voyons dans l'histoire.

« Ainsi, je divise les hommes éminents en deux parts, l'une qui arrange le présent, et l'autre qui prépare l'avenir. L'une succède toujours à l'autre. Après les penseurs, souvent méconnus et la plupart du temps persécutés, viennent des hommes forts qui réalisent le rêve des grands hommes et l'appliquent à leur époque. Pourquoi ceux-là, me diras-tu, ne sont-ils pas grands eux-mêmes, puisqu'ils joignent à la force de l'exécution l'amour et l'intelligence des grandes idées? C'est qu'ils ne sont point créateurs; c'est qu'ils arrivent au moment où la vérité, annoncée par les penseurs, est devenue évidente pour tous, à tel point que les masses consentent, que tous les esprits avancés appellent, et qu'il ne faut plus qu'une tête active et un bras vigoureux (ce qu'on appelle aujourd'hui une grande *capacité*) pour organiser. L'obstacle au succès immédiat des penseurs et à la gloire durable des applicateurs, c'est l'absence de foi au progrès et à la perfectibilité. Faute de cette notion, les institutions ont toujours été incomplètes, défectueuses, et forcément de peu de durée. L'homme fort a voulu toujours se bâtir des demeures pour l'éternité, au lieu de comprendre qu'il n'avait à dresser que des tentes pour sa génération. A peine avait-il fait un pas, grâce aux grands hommes du passé, que, méconnaissant les grands hommes du présent, les traitant de rêveurs ou de factieux, il asseyait sa constitution nouvelle sur des bases prétendues inamovibles, et croyait avoir construit une barrière infranchissable. Mais le flot des idées, montant toujours, a toujours emporté toutes les digues, et il n'y a plus sur les bancs un seul professeur ni un seul écolier qui croient à la perfection de la république de Lycurgue.

« Le jour où la notion du progrès sera consacrée comme principe fondamental de toute législation sur la terre, où la loi, au lieu d'être considérée comme un poteau de mort autour duquel il faut accumuler les cadenas et les chaînes pour enserrer les hommes, mais comme un arbre de vie dont la sève, entretenue avec soin, doit toujours pousser des branches nouvelles pour abriter et protéger l'humanité, ce jour-là les institutions seront revêtues d'un caractère durable, parce que l'essence même de la foi sera le renouvellement perpétuel des formes. Alors il ne sera plus nécessaire qu'une loi tombe en décrépitude et devienne odieuse ou absurde au point d'être violemment abrogée au milieu des convulsions sociales. Toute loi sera développée, continuée, perfectionnée, et, par là, éternelle dans son essence. Les formes successives qu'elle aura revêtues en traversant les siècles pourront être enregistrées dans les archives de la famille humaine et gardées avec respect comme les monuments du passé, au lieu d'être lacérées et foulées aux pieds dans un jour de colère comme des prétentions tyranniques et des obstacles injustes.

« Quand ce jour, dont nous saluons l'aube dans notre pensée, sera venu pour nos descendants, cette vaine distinction des hommes forts et des grands hommes, des penseurs et des réalisateurs, des philosophes et des administrateurs, s'effacera comme un rêve des ténèbres. Le penseur, n'étant plus gêné dans son essor, pourra voir la société accepter ses décisions, et il ne sera plus nécessaire dans les vues providentielles que le martyre sanctionne toute démonstration nouvelle, tout essor de grandeur. L'homme d'action pourra donc être un homme de méditation, n'ayant plus à lutter contre les obstacles sans nombre et sans cesse renaissants qui absorbent et tuent aujourd'hui la raison et la vérité dans les âmes les plus énergiques. Et réciproquement, le penseur, n'étant plus livré à la risée des sots ou à la brutalité des puissants, ne risquera plus comme aujourd'hui de s'égarer à travers les abîmes et de tomber, par l'effet d'une réaction inévitable, dans des erreurs ou dans des travers causés par l'amertume et l'indignation de la souffrance. Jusque-là, nous verrons encore souvent, comme nous voyons toujours dans le passé, ces deux principes en lutte, le présent et l'avenir; et au lieu de s'unir et de s'entendre dans une œuvre commune, les hommes forts et les grands hommes se livrer une guerre acharnée; les premiers, intelligents et grossiers malgré tout leur génie d'application, ne voyant que le jour présent et ne produisant que des faits éphémères sans valeur et sans effet le lendemain; les seconds, injustes ou insensés, ne connaissant point assez les hommes de leur époque faute de pouvoir les étudier en paix et en liberté, présumant ou désespérant trop d'eux, se faisant de trop riantes illusions ou se livrant à de trop sombres découragements; astres presque toujours voilés! flambeaux tourmentés par le vent, qui presque tous s'éteignent dans l'orage sans avoir éclairé au delà d'un certain point de la route, malgré de rapides éclairs et de brillantes lueurs.

« Disons-le encore une fois, et posons-le en fait : cette erreur de la société engendre des vices inévitables chez ces hommes divers. Les hommes de force sont nécessairement enivrés et corrompus par l'ambition. Le besoin d'agir à tout prix sur des hommes ignorants ou vicieux les force d'abjurer dans leur cœur l'amour de la vérité et de la vertu. Voilà pourquoi je ne puis me résoudre à les placer aussi haut qu'ils le voudraient dans la hiérarchie des intelligences. Leur œuvre est facile, parce qu'ils profitent des éléments qu'ils trouvent dans l'humanité, au lieu d'imprimer à l'humanité une grandeur émanée de Dieu et d'eux-mêmes. Ce ne sont que d'habiles arrangeurs; ils ne créent rien : une conscience timorée est un obstacle qu'ils ne connaissent plus, et, cet obstacle mis de côté, on ne sait pas combien la fortune et la puissance sont faciles à conquérir avec tant soit peu d'intelligence et d'activité. Pour agir dans un milieu corrompu, il est impossible de ne pas se corrompre soi-même, quoiqu'on soit parti avec une bonne intention. — De leur côté, les penseurs, les grands hommes, toujours rebutés par le spectacle de cette corruption, et toujours exaltés par le rêve d'un état meilleur, arrivent aisément à l'orgueil, à l'isolement, au dédain, à l'humeur sombre et méfiante, heureux quand ils s'arrêtent à l'hypocondrie et ne vont pas jusqu'à l'égarement du désespoir.

« De là, Jean-Jacques d'une part; Jean-Jacques le penseur, l'homme de génie et de méditation, l'homme misérable, injuste et désespéré. De l'autre, Voltaire, Diderot et les *holbachiens*, les hommes du jour, les critiques pleins d'action et de succès (applicateurs de la philosphie du dix-huitième siècle, désorganisant la société sans songer sérieusement au lendemain, pensant, dénigrant et philosophant avec la multitude, hommes puissants, hommes forts, hommes nécessaires, chers au public, portés en triomphe, écrasant et méprisant le misanthrope Rousseau au lieu de le défendre ou de le venger des arrêts de l'intolérance religieuse, contre lesquels il semble qu'ils eussent dû, conformément à leurs principes, faire cause commune avec lui.

« C'est que ces hommes si forts pour détruire (et la destruction était l'œuvre de cette époque-là, œuvre moins sublime, mais aussi utile, aussi nécessaire que l'était l'œuvre de Jean-Jacques), c'est, dis-je, que ces hommes d'activité et de popularité ne méritaient pas, rigoureusement parlant, le titre de philosophes. On les appelait ainsi, parce que c'était la mode : tout ce qui n'était pas catholique ou protestant s'appelait philosophe; mais ils n'étaient, à vrai dire, que des critiques d'un ordre élevé. Ce qui prouve la différence entre eux et Jean-Jacques, c'est que, dès ce temps, dans le monde, on appelait Jean-Jacques *le philosophe*, comme si on eût senti qu'il était le seul. On disait de Voltaire *le philosophe de Ferney :* il était un de ces philosophes du siècle, le plus grand, le plus puissant dans cet ordre de forces; mais Jean-Jacques était le philosophe de tous les temps comme celui de tous les pays. Les définitions instinctives d'une époque ont parfois un sens plus profond qu'on ne pense.

» Nous savons quelle était cette époque où naquit Rousseau. Nous savons dans quel milieu il se développa. Il l'a exprimé dans ses *Confessions* avec un cynisme effrayant. Ce cynisme de certains détails, qu'un bon goût susceptible voudrait pouvoir supprimer, est pourtant bien nécessaire pour caractériser l'horreur et l'effroi de cet homme éminemment chaste par nature au milieu des turpitudes de son époque. Je ne pense pas que l'aveu des misères auxquelles il fut entraîné ait jamais été contagieux pour les jeunes gens qui l'ont lu. Lorsque, dépravé secrètement lui-même par l'imprudence ou l'abandon de ceux qui devaient veiller sur lui, il se charge consciencieusement de honte et de ridicule, il est difficile de l'accuser d'impudence. Lorsque, exposé à des dangers immondes, il se sent défaillir de dégoût et d'épouvante, il est impossible de méconnaître le sentiment qu'il veut inspirer à la jeunesse. Lorsque appelé dans les bras de madame de Warens, il éprouve quelque chose qui ressemble au remords de l'inceste, il faut bien reconnaître en lui une admirable pureté de sentiments. Enfin, lorsque à Venise il pleure sur la dégradation d'une belle courtisane, au lieu d'assouvir sa passion, on est vivement pénétré de cette soif de l'idéal, qui, en amour comme en philosophie, en fait de religion comme en fait de socialisme, domine toute la vie de Jean-Jacques Rousseau.

« Il arrive à Paris, au foyer de la civilisation et de la corruption. Le venin de la contagion s'empare de lui, car il est homme, et à quelle foi irait-il demander une force surhumaine ? Le catholicisme et le protestantisme tombent en ruine autour de lui, et, comme toutes les intelligences de son temps, il sent que son œuvre est de créer une foi nouvelle. Mais, au sortir d'une existence et d'un entourage comme ceux qu'il nous a dépeints dans la première partie des *Confessions*, où prendrait-il tout à coup cette vertu sauvage, cette réaction ardente contre la société, cette passion de la vérité et de la liberté vers lesquelles nous le voyons, plus tard, aspirer de toutes les forces de son âme ?

« Jusque-là j'avais été bon : dès lors je devins ver-
« tueux, ou du moins enivré de la vertu. Cette ivresse
« avait commencé dans ma tête, mais elle avait passé
« dans mon cœur. Le plus noble orgueil y germa sur
« les débris de la vanité déracinée. Je ne jouai rien :
« je devins en effet tel que je parus ; et, pendant quatre
« ans au moins que dura cette effervescence dans toute
« sa force, rien de grand et de beau ne peut entrer dans
« un cœur d'homme dont je ne fusse capable entre le ciel
« et moi. Voilà d'où naquit ma subite éloquence : voilà
« d'où se répandit dans mes premiers livres ce feu vrai-
« ment céleste qui m'embrasait, et dont, pendant qua-
« rante ans, il n'était pas échappé la moindre étincelle,
« parce qu'il n'était pas encore allumé. » (*Confessions*, seconde partie, livre ix, 1756.)

« Cette page et les deux qui suivent, combien de fois je les ai méditées ! J'y ai vu Jean-Jacques tout entier, se connaissant, se jugeant et se dévoilant lui-même comme aucun homme ne s'est jugé, connu et confessé. Que pourrait lui demander le moraliste exigeant, lorsque après avoir montré comment il devint puissant par l'enthousiasme, il cessa de l'être par lassitude et par douleur ? Certes ce n'est pas là un homme qui se farde ou qui se drape : c'est un homme, un homme véritable, non pas tel que les hommes célèbres enivrés de leur supériorité consentent à se montrer, mais tel que Dieu les fait et nous les envoie. C'est un être sujet à toutes les faiblesses, capable de tous les héroïsmes : c'est l'être *ondoyant et divers* de Montaigne, sensitive divine qui subit les influences délétères ou vivifiantes du milieu où elle s'élève, qui se crispe sous le vent et s'épanouit sous le soleil. Enfin c'est l'homme vrai, tel que la philosophie chrétienne l'avait en partie découvert et défini, toujours en butte au mal, toujours accessible au bien, libre et flottant entre les deux principes allégoriques d'un bon et d'un mauvais ange.

« Quand la philosophie et la religion de l'avenir auront étendu et développé cette définition, nous connaîtrons mieux nos grands hommes, et nous donnerons à ceux du passé leur véritable place dans un martyrologe nouveau. Jusque-là nous flottons nous-mêmes entre une puérile intolérance pour leurs fautes, et un aveugle engouement pour leur grandeur. Nous prenons généralement le parti de nier tout ce que nous ne savons pas expliquer, nous nous enrôlons sous des bannières exclusives; nous sommes pour Voltaire ou pour Rousseau, comme on était pour Gluck ou pour Piccini, lorsque nous devrions reconnaître que nous avons été engendrés spirituellement par les uns et par les autres, et que, s'il nous est permis d'avoir une sympathie particulière pour certains noms, ce doit être pour ceux qui ont le plus aimé, le plus senti et le mieux compris, plutôt que pour ceux qui se sont fait le plus admirer, le plus voir et le mieux comprendre.

« Acceptons donc les erreurs de Rousseau, nous qui l'aimons; acceptons même ses crimes, car c'en fut un que l'abandon de ses devoirs de père ; et ne cessons pas pour cela de le vénérer, car il a expié ces jours d'erreur par de longs et cuisants remords. Ne l'eût-il pas fait, il nous faudrait encore vénérer en lui la vertu qui, après ces jours malheureux, vint rayonner dans sa pensée, et l'ardeur sainte qui en consuma les souillures.

« Entraîné par de mauvais exemples, séduit par des sophismes odieux, il avait abandonné ses enfants. Lorsque après des années de méditation, il pesa l'énormité de sa faute, il écrivit l'*Émile*, et Dieu, sinon l'opinion des hommes, fit sa paix avec lui. Peut-être n'eût-il pas donné à son siècle ce livre qui devait faire une si grande révolution dans les idées, et qui, malgré ses défauts, a produit de si heureux résultats, s'il avait élevé paisiblement et régulièrement sa famille. Il eût sauvé quelques individus de l'isolement et de la misère ; il n'eût pas songé à améliorer, ainsi qu'il l'a fait, toute une génération, et conséquemment toutes les générations de l'avenir. Ceci justifie la Providence seulement.

« Les remords de Jean-Jacques percent plutôt qu'ils ne sont avoués dans les *Confessions*. C'est dans ses derniers écrits, dans *les Rêveries*, que, sans jamais être explicites, ils se révèlent dans toute leur profondeur. A l'endroit des *Confessions* où il fait le récit de cette action capitale et terrible de sa vie, il ne montre pas, comme il l'a fait dans des aveux moins importants, une promptitude naïve et entière à s'accuser lui-même. Il rejette le tort sur les pernicieuses influences au milieu desquelles il s'est trouvé ; il se défend d'avoir, durant plusieurs années, éprouvé le moindre repentir ; enfin il fait valoir des motifs qui pourraient le justifier auprès de ceux-là seulement qui n'auraient jamais senti frémir en eux des entrailles paternelles. Mais ce sentiment-là est au nombre de ceux que l'humanité ne méconnaîtra plus jamais, et cet endroit de la vie de Rousseau n'a pas trouvé grâce devant elle.

« Mais est-il donc nécessaire d'arracher cette page sinistre pour conserver le respect qu'on doit au grand homme infortuné? Des générations se sont prosternées durant des siècles devant l'effigie de saints qui furent, pour la plupart, les plus grands pécheurs, les plus douloureux pénitents de l'humanité. La postérité n'a pas contesté l'apothéose des pères de l'Église, en dépit des égarements et des turpitudes au sein desquels l'éclair de la grâce divine vint les trouver et les transformer. Le temps n'est pas loin où l'opinion ne fera pas plus le procès à saint Rousseau qu'elle ne le fait à saint Augustin. Elle le verra d'autant plus grand qu'il est parti de plus bas et revenu de plus loin ; car Rousseau est un chrétien tout aussi orthodoxe pour l'Église de l'avenir, que le centenier Matthieu et le persécuteur Paul le sont pour l'Église du passé. Dans un temps où tout dogme se voile et s'obscurcit sous l'examen de la raison épouvantée, l'âme de Rousseau reste foncièrement chrétienne; elle rêve l'égalité, la tolérance, la fraternité, l'indépendance des hommes, la soumission devant Dieu, la vie future et la justice divine, sous d'autres formes, mais non en vertu d'autres principes que les premiers chrétiens ne l'ont fait. Elle pratique l'humilité, la pauvreté, le renoncement, la retraite, la méditation, comme ils l'ont fait, et il couronne cette vie fortement empreinte de sentiments, sinon de formules chrétiennes, par un acte éclatant de christianisme primitif, par une confession publique. Cherchez un autre philosophe du dix-huitième siècle, qui, en secouant les lois religieuses, conserve une conduite et des aspirations aussi pieusement conformes à l'esprit de la religion éternelle dont le christianisme est une phase, et où le scepticisme n'est qu'un accident!

« Résumons-nous. De tous les *beaux esprits* qui, des salons du baron d'Holbach, se répandirent sur le siècle, Jean-Jacques est le seul philosophe, parce qu'il est le seul religieux. Enveloppée durant quarante ans dans un milieu détestable, sa grandeur éclate tout d'un coup, se révèle à lui-même et au monde entier. Mais combien d'obstacles ne rencontre-t-elle pas aussitôt, et quelles affreuses luttes ne va-t-elle pas soutenir! L'intolérance et le fanatisme des catholiques et des luthériens se réunissent contre lui; mais c'est trop peu pour son malheur et pour sa gloire. Il ne suffit pas des arrêts du parlement, de la persécution des petites républiques huguenotes, du fanatisme des paysans de Moutiers-Travers, des dépits rancuniers de l'aristocratie; ses plus amers, ses plus dangereux ennemis, ceux-là seuls dont le jugement peut le poursuivre et l'atteindre aux yeux d'une postérité désabusée de l'esprit de secte, ce sont ses anciens amis, ses illustres contemporains, les plus beaux esprits philosophiques et critiques de l'époque, et, pour rentrer dans ma définition, les hommes forts de son temps.

« Mais pourquoi donc, de leur part, cette haine mesquine, ou tout au moins ce persiflage cruel qui jeta tant d'amertume dans sa vie et d'égarement dans ses idées? C'est que les hommes d'action et les hommes de méditation sont ennemis naturels par le fait de la société et par l'absence de la notion de perfectibilité. Non-seulement les holbachiens ont nié la supériorité de Rousseau, parce qu'elle blessait leur vanité et irritait en eux les petites passions d'hommes de lettres; mais encore ils l'ont méconnue, parce qu'elle offusquait leurs idées d'hommes du dix-huitième siècle. Son amour subit et ardent pour des vertus qu'il n'avait pas pu pratiquer encore, et qui n'étaient pas immédiatement praticables (elles ne le furent pas pour Rousseau lui-même !) ne pouvait être compris que par des esprits évangéliques de la trempe du sien. Et l'on sait que les mœurs de l'athéisme dominaient alors. Ces hommes de mouvement, ne concevant pas qu'il pût chercher ailleurs que dans la vie réelle et le principe des institutions connues son rêve de grandeur et de félicité, ne comprirent ni ses douleurs, ni ses défaillances, ni ses erreurs de jugement. Ils lui reprochèrent de haïr les hommes, parce qu'il ne tolérait pas les ridicules et les vices de son temps, tout en portant l'humanité future dans ses entrailles. Ils le déclarèrent sauvage, misanthrope, parce qu'il méprisait les enivrements de la vanité et fuyait le théâtre des rivalités puériles. En un mot, ils firent comme les pharisiens de tous les âges à la venue des prophètes, et Dieu put dire d'eux aussi : « Je leur ai envoyé mon fils, et ils ne l'ont point connu. »

« Mais vous aussi, Jean-Jacques, vous fûtes aveuglé, vous ne comprîtes point l'œuvre de ces hommes qui marchaient devant vous pour vous préparer le chemin. Ils aidaient à votre œuvre en vous faisant la guerre, et ils déblayaient les obstacles de la route où votre parole devait passer. A vous aussi la foi en l'avenir a manqué. Vous étiez dévoré de la soif du progrès ; vous en aviez le religieux instinct, puisque vous écriviez *le Contrat Social* et *l'Émile.* Si vous n'eussiez pas senti au fond de votre âme que l'homme est perfectible (vous qui en étiez une si auguste preuve), vous n'eussiez point cherché les moyens de le rendre heureux et juste ; mais votre calice fut si amer, que le découragement s'empara de vous, et que votre âme tomba dans l'angoisse. Au lieu de placer votre idéal devant vous, vous vous retournâtes douloureusement pour le trouver dans le passé, à l'aurore de la vie humaine, au fond de cette forêt primitive que vous alliez cherchant toujours, à l'île Saint-Pierre comme aux Charmettes, à l'ermitage de Montmorency comme à la ferme de Wooton, et qui vous fuyait toujours, parce que votre royaume n'était pas de ce monde, mais bien du monde que vous aviez d'abord aperçu en avant des siècles ; non au berceau, mais à l'âge viril de l'humanité....»

GEORGE SAND.

www.ingramcontent.com/pod-product-compliance
Lightning Source LLC
Chambersburg PA
CBHW050738170426
43202CB00013B/2286